KAY WAECHTER

Studien zum Gedanken der Einheit des Staates

Beiträge zur Politischen Wissenschaft

Band 79

Studien zum Gedanken der Einheit des Staates

Über die rechtsphilosophische Auflösung der Einheit des Subjektes

Von

Kay Waechter

Duncker & Humblot · Berlin

Die Deutsche Bibliothek – CIP-Einheitsaufnahme

Waechter, Kay:
Studien zum Gedanken der Einheit des Staates : über die rechtsphilosophische Auflösung der Einheit des Subjektes / von Kay Waechter. – Berlin : Duncker und Humblot, 1994
(Beiträge zur politischen Wissenschaft ; Bd. 79)
Zugl.: Berlin, Freie Univ., Habil.-Schr., 1993
ISBN 3-428-08082-3
NE: GT

Fremddatenübernahme und Druck:
Berliner Buchdruckerei Union GmbH, Berlin
Printed in Germany

ISSN 0582-0421
ISBN 3-428-08082-3

Gedruckt auf alterungsbeständigem (säurefreiem) Papier
gemäß der ANSI-Norm für Bibliotheken

Inhaltsverzeichnis

Einleitung 9

A. Carl Schmitt 15

I. Einheit als binnenstaatliche Friedensfähigkeit 15

II. Die Notwendigkeit der Orientierung am Ausnahmezustand für die Begründung von Einheit 18

III. Schmitts Überzeugung von der Existenz einer mehrfachen Ausnahmesituation 20

1. Der politische Ausnahmezustand: Der latente Bürgerkrieg als geistesgeschichtliches Phänomen 21

2. Die Ausnahmesituation in der juristischen Methode: Die beschränkte Ableitbarkeit der Entscheidung aus dem Gesetz 24

IV. Die durch die Einheitsherstellung zu überbietende Radikalität der Auseinandersetzung 31

1. Der Ausgang vom Paradigma des religiösen Bürgerkrieges 31

2. Die Selbstbekräftigung der Souveränität bei Hobbes 32

3. Die Verarbeitung von Hobbes bei Schmitt 37

V. Die Einheitsherstellung durch den Akt der Suspension. Die theologische Lösung als Paradigma. Carl Schmitt im Verhältnis zu Sören Kierkegaard 43

1. Die Überwindung der Ausnahmesituation bei Kierkegaard 44

a) Die Ausnahmesituation 44

b) Die Überwindung durch Suspension der Norm und Wiedereinsetzung in das Normative 47

c) Die Ungewißheit des Gelingens der Wiedereinsetzung 50

2. Einheitsbegründung in der Ausnahmesituation bei Schmitt 52

a) Suspension der Rechtsordnung und Wiedereinsetzung in das Recht durch die einheitsherstellende souveräne Diktatur 53

b) Die Gefahr und das Wagnis der Politik. Beseitigung des Wagnischarakters durch Rückgriff auf vorfindliche Homogenität 56

3. Das Subjekt der Einheitsbegründung: Der Hüter der Verfassung 61
4. Das Anwendungsbeispiel: Der Führer schützt das Recht 65

VI. Exkurs: Schmitts Nachkriegsdenken 67
1. Der erneute Rückgriff auf die politische Theologie 67
2. Dreifaltigkeit als Modell staatlicher Einheit: Einheit in der Dreiheit 68

VII. Ergebnis: C. Schmitt 71

Exkurs: Die Begründung von Souveränität aus der Grenzerfahrung: G. Bataille 72

B. Rudolf Smend 80

I. Die geisteswissenschaftliche Methode: Der Lebenszusammenhang ersetzt das Subjekt als Ausgangspunkt 82
1. Die Methodendoppelung: Einheit Verstehen und Begründen 84
2. Exkurs: Methodendoppelung bei der Bearbeitung des Ich-Begriffes ... 87

II. Der Staat als Struktur: Einheit als Interdependenz 92
1. Die Eigenart des Strukturdenkens 92
2. Smends Fruchtbarmachung des Strukturbegriffes 94
a) Die Einheit in der Struktur 95
b) Der Rückgriff auf das Denken in Substanzen 98
3. Das Anwendungsbeispiel: Bundestreue 100

III. Einheitsherstellung durch Integration bei Smend 102
1. Zur personellen Integration 102
2. Zur funktionellen Integration 104
3. Zur sachlichen Integration 105
4. Zu der Einheit der Integrationsfaktoren 107

IV. Ergebnis: R. Smend 109

C. Hermann Heller 110

I. Die vorfindliche Heterogenität des Volkes 110

II. Die Vereinheitlichung durch Organisation und Entscheidung 112
1. Organisation als Mittel der Vereinheitlichung 113
2. Die Entscheidung als Vorgang der Einheitsbildung 114
3. Keine staatliche Einheit aufgrund politischer Neutralität 117

III. Die „Gestalt" der Organisation: Einheit in der Vielfalt 118
1. Hellers Anknüpfung an den Gestaltbegriff 119

2. Organisation, Gestalt und Einheit 121

a) Gestalt und Organisation 121

b) Gestalt und Souveränität 126

c) Organisierte Einheit und Staatszwecke 127

3. Das Anwendungsbeispiel: Föderalismus 127

Exkurs: Der Ich-Begriff als Modell für das Verständnis staatlicher Einheit 129

IV. Heller im Zusammenhang der Weimarer Staatsrechtslehre 130

V. Ergebnis: H. Heller 137

D. Rückblick auf den historischen Teil 138

E. Die Systemtheorie der Schule Luhmanns: Eine Rechtstheorie der Polyzentrik 142

I. Die staatliche Einheit und die Vielzahl unabhängiger Teilsysteme 143

F. Exkurs: Prinzipieneinheit in der rechtsphilosophischen Begründung des Gedankens der Selbstbestimmung 150

I. Rousseau: Einheit aufgrund von Verstand und Gefühl 154

II. Kant: Einheit durch Wissen und Glauben 160

Gesamtergebnis 163

Literaturverzeichnis 167

Einleitung

Seit Beginn des zwanzigsten Jahrhunderts ist in der europäischen Philosophie eine Tendenz erkennbar, die zur Auflösung der Einheit des Subjektbegriffes führt. Diese Einheit des Subjekt war die gedankliche Voraussetzung dafür, daß das Denken der Aufklärung das Subjekt und die reflexive Subjektivität zu ihrer zentralen Begründungs- (vergleiche das cogito Descartes) und Ordnungskategorie (beispielsweise in Kants Kritik der reinen Vernunft) machen konnte. In der neueren philosophischen Diskussion aber zeigt sich von unterschiedlichen Ansätzen her — z.B. Sprachphilosophie oder Ethnologie —, daß es schwierig ist, weiterhin von einer begründbaren Einheit des Subjekts zu sprechen. Dieses ist vom Begründenden zum Begründeten geworden und damit nicht mehr zur autonomen Produktion von Einheitlichkeit in der Lage. Bei der Lektüre mancher Richtungen der neueren französischen Philosophie, aber nicht nur dieser, drängt sich der Eindruck auf, daß das Subjekt in seine unterschiedlichen Bestimmungsfaktoren aufgelöst zu werden droht. Gesprochen wird vom „Tod des Subjekts". Wird dessen Stelle aber nur noch als Schnittpunkt verschiedener Außenstrukturen bestimmt, dann stellen sich alle Ordungs- und Erkennbarkeitsfragen neu, die durch die konstituierende Rolle des Subjekts gelöst schienen.

Die philosophischen Zweifel an der Begründbarkeit der Einheit des Subjekts finden ihr Pendant in den Theorien der Psychologie. Die bis in das 19. Jahrhundert weitgehend unbezweifelte Einheit des Ich und seiner Bewußtseinsakte wird begründungsbedürftig. Was im 19. Jahrhundert mit psychologischem Scharfblick Nietzsche erkannte, ist inzwischen verbreitete Erkenntnis[1]: Das Ich ist nur noch eine „grammatikalische Illusion". War die Einheit der Person bis zum 19. Jahrhundert unhinterfragte Voraussetzung, ja, konnte sie Kant zur Vereinheitlichung der Welt dienen, so wird diese Einheit nun als Problem offenbar. Das betrifft alle Aspekte der Person von der Einheit der Bewußtseinsakte des Wahrnehmens bis zu der Einheit des Selbst in Umweltbeziehungen[2].

---

1 *Musil* bezeichnet als eines der Hauptprobleme des Helden in dem Roman ‚Der Mann ohne Eigenschaften' den Verlust der integrierenden Einheit des ‚Ich' (vgl. *Musil,* Tagebücher, Bd. 1, S. 601). Diese Einheit wird bei *Musil* nur im mythologischen der Geschwisterliebe erreicht.

2 Vgl. Handbuch der Psychologie, Bd. 4, dort *Revers* S. 418, 352. In ihrer Frühphase macht die Psychologie diese Einheit aufgrund der naturwissenschaftlichen Ausrichtung nicht zum Problem, indem sie sich mit quantitativen Gesetzmäßigkeiten befaßt. Dies geschieht dann aber zu Beginn des 20. Jahrhunderts (S. 352).

Die Rechtswissenschaft hat versucht, die Erkenntnisse in diesen Bereichen für sich fruchtbar zu machen. So wie C. Schmitt an die Vorstellung eines einheitlichen Subjekts anknüpft, so Smend an die Psychologie Wilhelm Diltheys und Hermann Heller an Elemente der Gestaltpsychologie[3]. Diese erlaubt ebenso wie Diltheys Auffassung eine differenzierte Sicht der Einheit des ‚Ich'. Die Möglichkeit dieser Sichtweise wird jedoch erkauft mit mangelnder normativer Kraft dieser Theorien[4]. Sie eignen sich daher wenig als Modelle für juristische Einheitskonzeptionen, während sich dies mit der Tiefenpsychologie wegen deren normativen Anspruches[5] anders verhält.

Das besondere psychologisch-philosophische Interesse, daß das zwanzigste Jahrhundert den Erscheinungen des Wahnsinns entgegenbringt, ist Indiz für die Sensibilität gegenüber den Bedrohungen der Einheit des Ich, die in der Geisteskrankheit aufgelöst zu sein scheint[6].

In der neueren Soziologie finden sich Parallelen in den Theorien des Strukturalismus und der Systemtheorie. Beide stellen die Steuerungsfähigkeit einer zentralen Stelle — des Staates — in Frage. Betont werden die Eigengesetzlichkeit von einzelnen Bereichen und die Verschiedenartigkeit ihrer Reaktionsmechanismen. Dem staatlichen Rechtssystem wird nur eine beschränkte Fähigkeit zugestanden, diese Bereiche zu beeinflussen und aufeinander abzustimmen.

Der Gedanke der Souveränität hat in der Staatstheorie eine ähnliche (Begründungs- und Ordnungs-)Funktion inne wie in der Philosophie der des Subjekts. Wiederholt, wenn auch stets wieder kritisiert, hat die Staatstheorie deswegen mit Analogien zur Individualpsychologie argumentiert. Daher stellt sich die Arbeit die Aufgabe festzustellen, ob und in welcher Weise die Erosion des Subjektbegriffes auf den der Souveränität beziehungsweise der durch diese gewährleisteten staatlichen Einheit einwirkt und übergreift. Vorab und leicht zu konstatieren ist jedenfalls das seit 1900 gestiegene Unbehagen am Souveränitätsbegriff[7].

---

3 Zu dieser *Helms*, Handbuch der Psychologie, Art. Gestalt II S. 357 ff.

4 Aus der Sicht der Psychologie zur Gestalt: Synonymität mit Struktur, Erhalt der Gestalt durch Transponierbarkeit auch bei Austausch aller Teile, Eigenschaft des offenen Systems: Selbstregulation, Anpassungsfähigkeit, Feldabhängigkeit, therapeutische Schwäche. Vgl. zu allem außer *Helms* noch Lexikon der Psychologie, Bd. 1, Art. Ganzheit-Gestalt-Struktur (Sp. 662); Historisches Wörterbuch der Philosophie, Bd. 3, 1974, Art. Gestaltpsychologie (Sp. 549) *(Hofstätter)*.

5 So auch *Hofstätter* S. 543.

6 Vgl. zu dieser Auffassung der Geisteskrankheit, Lexikon der Psychologie, Bd. 2 Sp. 949 (Art. Ich) (953).

7 Vgl. neuestens *Gauchet*, S. 67: „Der Horizont bleibt, aber das Gefühl gewinnt Tag für Tag an Raum, ..., daß sich die Ziele der kollektiven Autonomie besser durch indirekte Mittel verwirklichen lassen als über den revolutionären Weg der Nähe zu sich selbst. Letzten Endes skizziert Montesquieu den praktikablen Weg zum von Rousseau angegebenen Ziel. Eine neue Figur des politischen wie des individuellen Subjekts setzt sich gegenwärtig durch, ...". Die Schrift von Gauchet führt u. a. vor, wie die Vorstellung der Einheit des Subjekts die Souveränitätsvorstellung der franz. Revolution prägte.

Von diesem abstrakten Interesse her befragt die Arbeit vier Theorien innerhalb der Weimarer Staatsrechtslehre und der bundesrepublikanischen Rechtstheorie auf ihre Vorstellung und Begründung von staatlicher Einheit hin. Die oben angeführten Parallelen in anderen Wissenschaftsdisziplinen werden hier nur insofern behandelt, als sie für das Verständnis und die Beurteilung der untersuchten rechtswissenschaftlichen Ansätze von Bedeutung sind.

Der Einsatzpunkt der Untersuchung wird in der Weimarer Pluralismusdebatte[8] gewählt, weil dort die Einheitsproblematik besonders deutlich aufgebrochen war, nachdem sie in Deutschland bis 1918 durch die Existenz eines fast „allmächtig" scheinenden Staates kaschiert[9] worden war (beziehungsweise nur als Bundesdebatte geführt wurde). Untersucht werden die Positionen der drei wirkungsgeschichtlich wichtigsten deutschen Staatsrechtslehrer: Schmitt, Smend und Heller[10].

Nicht dargestellt wird die Problembehandlung bei H. Kelsen als dem Hauptvertreter des logischen Positivismus[11]. Das Einheitsproblem kann bei der rein formalen Denkweise[12] des logischen Positivismus nicht in einer behandlungsbedürftigen Schärfe auftreten; so werden dort alle sozialen Interessen aus der Erörterung ausgeschieden und auch bei der Behandlung des Prinzips der Gewaltenteilung nicht thematisiert[13]. Staatsgewalt sei „Geltung einer Rechtsordnung"; da diese Geltung nur einheitlich sein könne, impliziere auch der Terminus der Staatsgewalt deren Einheit[14], die durch die formale Einheitlichkeit der hypothetischen Grundnorm gesichert wird[15]. Die Formalität dieser Sicherung weist auf die Funktion

---

8 Für die Staatstheorie gilt, was Schnädelbach für die Philosophie behauptet: „In der Zeit der Weimarer Republik geht manches zu Ende, und es werden die Weichen des Neuen gestellt, was man auch in der Philosophie daran erkennen kann, daß die großen Kontroversen, die unsere Gegenwartsdiskussion bestimmen, sämtlich auf jene Jahre zurückgehen." *Schnädelbach*, S. 15/16. Vgl. auch *Hofmann*, Legitimität und Rechtsgeltung, S. 38 f. zur Theorie prägenden Kraft der Weimarer Zeit. Vgl. zur Relevanz der Einheitsdebatte in der rechtswissenschaftlichen Diskussion der Weimarer Republik *Göldner*, S. 11.

9 Von Verdeckung spricht *Bracher*, S. 27 und weist damit auf den Ursprung der Existenz der Verbände schon im frühen 19. Jahrhundert hin.

10 Zur Auswahl dieser Autoren bei einer auf die Einheitsproblematik bezogenen Studie vgl. die Auswahl von *Vesting*. Das Gedankengebäude Kelsens läßt von seiner Grundkonzeption her die fraglichen Probleme kaum zum Ausdruck kommen. Hinsichtlich der Nachwirkung ist in Bezug auf Schmitt eine kontinuierliche und breite Rezeption festzustellen. Mit geringerer Öffentlichkeit hat eine Aufnahme von Smend und Heller bereits stattgefunden und beeinflußt auch die Judikatur des Bundesverfassungsgerichtes (bei Smend über K. Hesse, bei Heller über E. W. Böckenförde).

11 Vgl. dazu aber kurz *Meyn*, S. 120 ff.

12 *Kelsen*, Die Lehre von den drei Gewalten oder Funktionen des Staates, S. 1627. Hier greift Kelsen eine substanzhafte Staatsauffassung an, weil sie keine Einheit dartun könne, indem sie Institutionen und Interessen berücksichtigen müsse.

13 Vgl. dazu *Kelsen*, Die Lehre von den drei Gewalten, S. 1625 ff.

14 *Kelsen*, Die Lehre von den drei Gewalten, S. 1626; eine erste entscheidende Weiche ist also mit der neukantianischen Definition der Staatsgewalt gestellt.

15 *Kelsen*, Die Lehre von den drei Gewalten, S. 1650, 1654.

dieser Konstruktion von Kelsen hin. Sie garantiert durch das Absehen von Inhalten die Einheit auch noch in der fragmentierten Gesellschaft der Weimarer Republik. Kelsens Positivismus schützt damit beispielsweise Minderheiten gegen die Zumutungen einer inhaltlichen ausgrenzenden Staatstheorie, wie sie bei Schmitt deutlich geworden ist. Die Funktion eines solchen Positivismus hat v. Oertzen für den Beginn des 19. Jahrhunderts beschrieben. Auch er ermöglicht die Wahrung von Friedlichkeit unter den Bedingungen der Existenz antagonistischer Kräfte (z.B. monarchische und Volkssouveränität). Diese Leistung ist aber mit dem Verzicht auf die Stellung bestimmter Fragen erkauft und schafft eher eine Frist, als daß sie Probleme löst.

Aus der bundesrepublikanischen Debatte wird die von N. Luhmann beeinflußte Rechtstheorie angesprochen, weil sie sich einmal mehr bemüht, das Verhältnis unabhängiger Teilsysteme zum Ganzen der staatlich verfaßten Gemeinschaft zu begreifen. Mit ihren Ergebnissen steht sie in der Tradition der fortwährenden Schwächung des Souveränitätsbegriffes.

Jeder dieser Ansätze verfügt über ein eigenes Verständnis der Einheitsproblematik und damit auch weitgehend über eine spezielle Terminologie. Auch die Fragestellung selber verschiebt sich allmählich[16]; diesen Verschiebungen muß als Konsequenzen der Begründungsschwierigkeiten die Aufmerksamkeit gelten.

Bei der problemgeschichtlichen Untersuchung zeigt sich, daß Einheit, auch auf den Staat bezogen — wenn dabei die Stellung der gesellschaftlichen Kräfte mitberücksichtigt werden soll — äußerst schwierig zu begründen ist, wenn nicht auf unbeweisbare Überzeugungen zurückgegriffen werden kann. Die für eine inhaltliche Einheitsvorstellung wesentliche Voraussetzung realer (sozialer) und ideeller (wertbezogener) Homogenität ist weitgehend entfallen. Staatliche Einheit lebt von Voraussetzungen kultureller und sozialer Art, deren Existenz der Staat selber nicht garantieren oder gar reproduzieren kann und darf. Dies hat zwei Folgen. Zum einen muß man anerkennen, daß für die Begründung einer Einheitskonzeption, die sich über den Bereich der staatlichen Organisation hinaus erstrekken soll, ein vorfindlicher Bestand an Homogenität unerläßlich ist. Dementsprechend finden sich in den thematischen Einheitskonzeptionen der Weimarer Zeit nicht begründbare Restbestände vorausgesetzter Homogenität. Zum anderen muß auf die Begründungsschwierigkeiten mit einer durch diese erzwungenen Zurücknahme der Fragestellung reagiert werden. Auch diese läßt sich der Tendenz nach feststellen. Schmitt stellt für sein Einheitskonzept noch einen umfassenden An-

---

16 Es soll hier der Versuch gemacht werden, Kontinuität und Wechsel in der Fragestellung bzgl. der Einheit des Staates von der Weimarer Republik bis zu der neuesten Debatte über die polyzentrische Struktur des Staates aufzuweisen. Von der Inauguration der Rede von „Einheit" durch die Weimarer Staatsrechtslehre spricht z.B. *Müller,* Die Einheit der Verfassung, S. 228. Müller selbst behandelt die formale Texteinheit und also die Frage nach der Einheit der Verfassung, nicht des Staates (vgl. zur Terminologie S. 168 Fn. 1).

spruch, der die Integration der intermediären (gesellschaftlichen) Mächte und die Auflösung des Spannungsverhältnisses zwischen Recht und Macht im Staat umfaßt. Von einem anderen methodischen Ausgangspunkt versucht Smend noch einmal, eine die gesellschaftlichen Kräfte umgreifende Einheit im Staat zu begründen. Demgegenüber wird die Aufgabenstellung bei Heller herabgestuft. So wird das Spannungsverhältnis zwischen Recht und Macht bewußt aufrechterhalten; der Anspruch muß sich schließlich darauf reduzieren, Einheit nur noch in der staatlichen (Binnen-)Organisation aufzuweisen und zu begründen. Der erneute Versuch der neueren Systemtheorie zum Aufzeigen einer umfassenden Einheit scheitert ebenso wie die älteren Versuche. Es bleibt daher bei der Einsicht von H. Heller: „Die Staatseinheit ist sowohl soziologisch wie juristisch nur als organisierte Herrschaftseinheit zu verstehen"[17].

Der Einheitsbegriff selber wird einer zunehmenden inneren Differenzierung in Richtung auf ‚Einheit in der Vielheit' hin unterzogen. Nachdem Schmitt Einheit noch in Nachfolge der klassischen philosophischen Subjektskonzeption vom Individuum her herstellen will, knüpft Smend an den Begriff der Struktur und Heller an den der Gestalt an, um diese innere Ausdifferenzierung zum Ausdruck zu bringen.

Bezüglich der Entwicklung der Fragestellung ergeben sich zwei Tendenzen: die eine richtet sich auf Reduktion des Umfanges der Fragestellung. Diese läßt sich teilweise bereits an den untersuchten Theorien feststellen; im übrigen ergibt sie sich notwendig als aus den Begründungsschwierigkeiten abzuleitende Forderung und Folgerung. Die andere lenkt die Fragerichtung von inhaltlichen Vorstellungen von Einheit zu stärker formalen Auffassungen um und zieht damit die Folgerung aus der nicht mehr garantiert vorfindlichen sozialen und ideellen Homogenität.

Aus der inneren Ausdifferenzierung des Einheitsbegriffes ergeben sich jedoch erneut Einheitsprobleme, die nun im Innenbereich der staatlichen Organisiertheit auftreten. Sie sind Resultat der Begründungsschwierigkeiten, die sich daraus ergeben haben, daß eine Einheitskonstruktion aus einem zentralen Fixpunkt kaum noch möglich erscheint. Die Betrachtung der untersuchten Stellungnahmen zum Einheitsproblem legt es nahe, den Staat als polyzentrisches Gebilde aufzufassen. Diese Vermutung erhält bei dem Blick auf die institutionelle Praxis neue Nahrung.

Für die Rechtswissenschaft kommt es jedoch nicht in Betracht, die Auflösung des Einheitsgedankens so weit zu treiben, daß eine wildwüchsige und machtbestimmte Polyzentrik akzeptiert wird. Dies gilt unabhängig von der real festgestellten Situation; in einer solchen Vorstellung wären die Aufgaben des Staates bei der Sicherheitsgewährleistung und seine Innovationsfähigkeit gleichermaßen auf-

---

17 *Heller*, Gesammelte Schriften, Bd. 3 S. 19. Deutlich kommt an dieser Stelle auch zum Ausdruck, daß der Grund dafür darin liegt, daß die gesellschaftlichen Homogenität niemals vollständig gegeben ist.

gegeben. Eine Vielheit von Handlungszentren ohne vereinheitlichende Zuordnung stellt lediglich den Kompromiß unterschiedlich starker Mächte dar[18]; auch die Philosophie von der Auflösung des Subjekts ist bei Foucault in einer Machttheorie geendet. Daß ein schlecht geordneter Polyzentrismus freiheitsbedrohend wirken kann, zeigt die Forschung zum Nationalsozialismus: die gegenseitige Hemmung von Instanzen kann für dritte Machtspielräume eröffnen[19]. Einheitlichkeit ist also mindestens notwendig im Sinne einer regulativen Idee, an der polykratische Strukturen zu messen sind[20]. Dabei ist diese Einheitlichkeit nicht zeitlos vorgegeben, sondern abhängig von sich wandelnden Vorgaben, die sich teils explizit aus den Staatsaufgaben des Grundgesetzes ergeben, teils aus einer Funktionsanalyse der fraglichen Institutionen erst noch ermittelt werden müssen.

---

18 Die faktischen Machtverhältnisse zwischen den Institutionen tragen zunächst ebenso Kompromißcharakter, wie Müller es für den Verfassungstext betont. Dieser Verzicht auf Sinngebung hat denn auch im Neostrukturalismus Foucaults bei einer Theorie bloßer Macht geendet. Dieses Denken erkennt kein Sinnzentrum der Struktur an; diese ist ohne ratio, „ohnmächtige Positivität" (*Frank*, S. 148 zu Foucault). Zur Aufgabe der Sinneinheit bei Foucault wegen dessen Auflösung der Ich-Einheit, indem der hermeneutische „Vorgriff auf die Vollkommenheit" abgelehnt wird, *Habermas*, Der philosophische Diskurs der Moderne, S. 293 f.

19 Als erste wohl hat *Arendt* darauf hingewiesen, S. 618 ff. Vgl. *Broszat*, S. 169, 438. Zur Schwächung des Reichstages durch die starke Stellung von Reichsfinanzminister und Reichsrechnungshof vgl. z.B. *Bracher*, S. 32 f.

20 Vgl. *Müller*, Entfremdung, S. 172: „Sie (die theoretische Einheit) formuliert ... die legitimierende Grundlage dieser Ordnung, die Rechtsordnung für alle sein will, nicht ein Teilrechtssystem der herrschenden zur Niederhaltung der beherrschten Klasse."

„Ahn und Urahn lassen sich nicht erzeugen, Voraussetzungen lassen sich nicht erzeugen, nichts und niemand hatte je die prometheische Kraft, die eigene Grenze zu überschreiten, nichts und niemand wird sie je überschreiten ... Unrichtig!"

A. Carl Schmitt

Carl Schmitt nimmt ebenso wie Rudolf Smend und Hermann Heller die Zerstörung vorfindlicher gesellschaftlicher Homogenität in der Weimarer Republik wahr. Anders als diese sieht er dadurch die Grundlagen staatlicher Einheit prinzipiell bedroht. In der Schmitt eigenen Denkweise begrifflicher Zuspitzung faßt er die bestehende Situation, vom normativen Ideal einer Einheit her gesehen, als Ausnahmezustand auf. Er gelangt zu der Überzeugung, daß dieser nur in der Neubegründung von Einheit (Homogenität) überwunden werden kann. Diese Neubegründung muß durch eine Instanz vorgenommen werden, die selbst das Merkmal der Homogenität aufweist. Schmitt orientiert daher seine Vorstellung von Einheit an einer als ungeteilt aufgefaßten Einheit des Subjekts; dabei kann er an die Aufklärungsphilosophie und insbesondere an die Souveränitätsbegründung Hobbes' anknüpfen.

Bei dem Versuch, solche Einheit als ohne Rückgriff auf nicht beweisbare Grundüberzeugungen herstellbar zu zeigen, verläßt Schmitt selber dann im Ergebnis allerdings den Bereich rationaler Begründbarkeit.

I. Einheit als binnenstaatliche Friedensfähigkeit

Für die Staatsrechtslehre der Weimarer Republik ist die Einheit des Staates zum Problem geworden[1]. Die staatliche Macht steht öffentlich wahrnehmbar in Konkurrenz zu der von sozialen Verbänden, das öffentliche Gewaltmonopol wird nicht mehr fraglos akzeptiert[2]. Die gesellschaftlichen Verbände sind ökonomische Interessenvertreter oder Verfechter bestimmter ideologischer Postitionen. Sie verfügen über eine innere Homogenität, die dem Staat abgeht, weil das Staatsvolk

---

1 Für die Dominanz des Problems der Einheit zu Lasten des Gedankens der inneren Differenzierung des Staates vgl. die kurze Darstellung zum Einheitsgedanken bei Schmitt, Smend und Heller bei *Meyn,* S. 123 ff.

2 Typisch dafür war der Erfolg, den Sorels Schrift ‚Refléxions sur la violence', 1906 erzielte. Sorel wurde gleichermaßen von Schmitt wie von W. Benjamin rezipiert. Vgl. z. B. *Benjamin,* Ges. Schriften, Bd. II/1, Zur Kritik der Gewalt, S. 193.

nach (antagonistischen) Interessen gespalten ist und unterschiedlichen Wertüberzeugungen folgt. Das staatliche Recht muß hinsichtlich seines Gehorsamsanspruches mit den Loyalitätsforderungen dieser Gruppen konkurrieren[3]. Das Fehlen eines inhaltlichen Konsenses und die Infragestellung des staatlichen Machtmonopols bedrohen die staatliche Einheit grundlegend. Von unterschiedlichen Standpunkten aus widmet sich die Staatsrechtswissenschaft diesem Problem.

Die Debatte um die Einheit des Staates kristallisiert sich während der Weimarer Republik um den Begriff der Souveränität, in dem Macht und Konsens aufgehoben sind: Souverän ist, wer über höchste Macht und höchstes Recht verfügt[4]. Die Infragestellung der Einheit des Staates wird als Krise des Souveränitätsbegriffes deutlich[5]. Es kommt zu einem Grundlagenstreit, auch über Deutschland hinausgreifend, in dem Positionen von der Leugnung staatlicher Souveränität bis zu dem Versuch der Neubegründung vertreten werden[6]. Dabei deuten die Internationalität der Auseinandersetzung und die Grundsätzlichkeit der Positionen darauf hin, daß es sich um kein spezifisch deutsches Problem handelt.

Die wesentliche Leistung der Einheit gewährleistenden Souveränität, wie Schmitt sie sieht, wird deutlich, wenn man dessen Selbstverständnis als in der Tradition Hobbes' stehend beachtet. Die Konkurrenz der Partikularinteressen ohne inhaltliche Konsensfähigkeit und mit hoher Gewaltbereitschaft liest Schmitt auf der Folie der friedenszerstörenden konfessionellen Bürgerkriege. Wie Hobbes erscheint auch ihm ein Souverän als Garant gegen den drohenden Verlust des inneren Friedens[7]. Hobbes wie Schmitt gilt dieser gleichermaßen als gefährdet.

---

[3] Diese Konkurrenz ist besonders hart, weil die vertretenen radikalen Positionen auch nicht vor der Funktionalisierung des Staates für Partikularinteressen haltmachen. Andererseits war diese Radikalisierung teilweise auch Reaktion auf staatliche Ausgrenzungsversuche; insofern wirkte die Politik des Kaiserreiches in doppelter Weise nach; durch verfestigte Ausgrenzungsideologien und in der fortbestehenden ideologischen Schlagseite von Teilen des Staatsapparates, durch die der Staat sich selbst funktionalisierte.

[4] Obwohl *Schmitts* auf den Ausnahmezustand bezogene Definition der Souveränität bekannter ist, verwendet er auch diese, vgl. Politische Theologie I, S. 12.

[5] Zum Souveränitätsbegriff arbeiten z. B. Schmitt, Heller, Kelsen, früher schon z. B. Krabbe.

[6] Als einen solchen Versuch kann man Schmitts Gedanken begreifen. Für England vgl. *Laski,* Studies in the Problem of Souvereignty; in Frankreich arbeitet die Auseinandersetzung um Einheit des Staates und Souveränität zunächst wie auch in Deutschland am Begriff des Bundesstaates; das eigentliche Interesse gilt aber nicht diesem, sondern der Bewältigung der Zersplitterungserscheinungen des Staatlichen, die sich nicht nur in gesellschaftlichen Partikulargewalten, sondern auch in staatlicher Dezentralisation und Dekonzentration zur Geltung bringen. Vgl. pro Souveränität *Le Fur,* Etat fédéral et Confédération d'Etat, (Teilung der Souveränität gefährdet die Einheit des Staates, S. 488); für Teilbarkeit der Souveränität *Hauriou,* Précis de droit constitutionel, (wie Schmitt unter dem Eindruck sich rakikalisierender Partikulargewalten S. 194); contra Souveränität als Kriterium des Staates *Carré de Malberg,* Contribution à la Theorie générale d'Etat; *Duguit,* Traité de droit constitutionel; *Scelle,* Précis de droit des gens.

[7] Bei aller Unterschiedlichkeit der historischen Situationen, in denen Hobbes und Schmitt standen, muß doch bemerkt werden, daß die Bereitschaft zur Unfriedlichkeit

Staatliche Souveränität bietet für Schmitt die Garantie, daß Gewalt nur in geregelter staatlicher Form ausgeübt wird und daß der Gehorsamsanspruch des staatlichen Rechts allen anderen Ansprüchen auf Loyalität gegenüber sich durchsetzen kann. Diese friedensbewahrende Funktion der Souveränität ist für Schmitt so entscheidend, daß es ihm auf das Subjekt ihrer Ausübung weniger ankommt. Wichtig ist nicht die neuzeitliche Form der Staatlichkeit des Zusammenlebens, sondern die durch Einheit garantierte innere Friedlichkeit; dieser gegenüber ist die Nationalstaatlichkeit weniger wichtig[8]; so kann Schmitt in mehreren Versuchen, den Garanten der Einheit zu finden, diese Funktionsstelle immer wieder neu besetzen[9]: Rasse oder Großraum treten an die Stelle der Nation[10].

Das Interesse dieser Arbeit gilt einer frühen Form der Begründung von Einheit bei Schmitt[11]. Diese versucht, die Herstellbarkeit von staatlicher Einheit zu be-

---

und die Angst davor durch die Subjektivität der Furcht eines klaren Vergleichskriteriums entbehren.

8 Demgegenüber sieht *Hofmann* in der Souveränität des Nationalstaates die Ursache für die Auflösung der europäischen Staatenordnung, weil Souveränität zum Imperialismus neige *(Hofmann,* Legitimität gegen Legalität, S. 213).

9 In diesem Sinne setzt der Begriff des Staates den des Politischen voraus; politische Einheit kann sich staatlich konstituieren, muß es aber nicht. Entscheidend für die Form, in der sie entsteht, ist das Zentralgebiet des Politischen.

10 Die von Schmitt selbst vorgetragene These der Parallelität von normativem, dezisionistischem und konkretem Ordnungsdenken scheint mir von ihm selbst nicht praktiziert zu werden. Vielmehr entwickelt er den Dezisionismus aus einer von ihm diagnostizierten Schwäche des Normativismus und endet bei der konkreten Ordnung, nachdem sich auch bei der Mittelposition Schwächen erwiesen hatten. Das ergibt sich nicht nur aus der Entwicklung seines Denkens, sondern z. B. auch bei einer Betrachtung der Aufgaben, die die institutionelle Garantie haben soll. Die Arbeit wird zu zeigen versuchen, daß theoretisch gesehen in dieser Entwicklung teilweise ein Rückschritt liegt. So führt der Gerechtigkeitsmangel des reinen Ordnungscharakters der Dezision dazu, Gerechtigkeit bei dezisionistischer Einheitsbildung durch die Homogenität von Volk und Führer in der Rasse zu garantieren. Als dies scheitert, da eine solche Homogenität nur spekulativ behauptet werden kann, versucht Schmitt noch einen Schritt weiter zurückzugehen: von der scheinbaren Objektivität des Menschen als biologischen Rassewesens zur Objektivität des Raumes; aus dessen scheinbaren Vorgebenheiten soll sich der Nomos der Aufteilung und damit der Einheiten ergeben. Dabei übersieht Schmitt, daß auch der Raum seine Einheit nur in Abhängigkeit von Interessen und den damit verbundenen Zentralgebieten findet. Die Einheitsbildung des Raumes nach Kriterien wirtschaftlicher Autarkie rechtfertigt also lediglich die Verfolgung der Interessen der Kräfte, deren politisches Zentralgebiet das Ökonomische ist. Faktisch also der Industriestaaten. Spätestens seit dem Scheitern des Warschauer Paktes und der USA in Süd- und Mittelamerika ist deutlich geworden, daß über solche Raumordnungen (Breschnew- / Monroe-Doktrin) weder Konsens noch Akzeptanz besteht. Vesting, Politische Einheitsbildung und technische Realisation, behauptet demgegenüber, bei Schmitt finde eine Reduktion des Staates auf das Nationale statt (S. 57); das ist angesichts der Großraumtheorie unhaltbar. An anderer Stelle führt *Vesting* Schmitt denn auch durch Zitat als Zeugen für das „Ende der Epoche der Staatlichkeit“ an (S. 150).

11 *Maus* dagegen geht bei ihrem Versuch (Bürgerliche Rechtstheorie und Faschismus), Kontinuität im Werk Schmitts zu finden, dergestalt vor, daß stets auf Schmitts politische Absichten abgestellt und von daher die Kontinuität erkannt wird. Hier soll weniger die politische Funktion der Theorien Schmitts untersucht werden, als vielmehr deren theoretische Problemlösungskapazität.

gründen, ohne auf vorgegebene Homogenitäten zurückgreifen zu müssen. Ein solcher Versuch erscheint theoretisch tragfähiger und auch interessanter als die späteren Versuche, die hinter die Geschichtlichkeit der Einheit zurückfallen in Richtung auf scheinbar invariante Vorgaben, sei es aus vermeintlichen biologischen (Rasse) oder geologischen (Geopolitik) Grundgegebenheiten.

II. Die Notwendigkeit der Orientierung am Ausnahmezustand für die Begründung von Einheit

Staatliche Einheit als Friedensfähigkeit ist voraussetzungsreich. Wenn sie gegeben sein soll, setzt sie entweder einen Zustand voraus, in dem die staatliche Macht anerkannt und ein minimaler inhaltlicher Konsens vorhanden sind oder es muß eine wirkkräftige Instanz in der Lage sein, Einheit herzustellen. Schmitt faßt die erste Situation in einer normativen Sicht als staatlichen ‚Normalzustand' auf; die zweite Alternative reagiert auf das Vorhandensein eines Ausnahmezustandes.

Als einen solchen diagnostiziert Schmitt die Situation der pluralistischen Moderne [12]. Die vielfachen Voraussetzungen einer möglichen Einheit seien verlorengegangen und müßten daher erst neu produziert werden; dabei seien wesentliche traditionelle Reproduktionsbedingungen im Zusammenhang mit den Verschiebungen der Hauptgebiete des Politischen (Konsensbildung aus religiösen oder nationalstaatlichem Gedankengut) entfallen [13].

Der Zwang zur Neubegründung staatlicher Einheit wird für den Inhalt von Schmitts Einheitskonzeption entscheidend, weil er die Anforderungen an diese Konzeption bestimmt. Deswegen ist es wichtig, zu zeigen, was für ihn die Orientierung am Ausnahmezustand bedeutet [14] und warum für ihn dieser zum

---

[12] Vgl. *Schmitt,* Politische Romantik, S. 19: „Heute wird überall gleich Kulisse konstruiert, hinter der sich die eigentlich bewegende Wirklichkeit verbirgt. Darin verrät sich die Unsicherheit der Zeit und ihr tiefes Gefühl, betrogen zu sein." Vgl. auch in: Der Status quo und der Friede S. 41; zu Schmitts Streben nach Stabilität und Harmonie *Hofmann,* Legitimität gegen Legalität S. 95. Zum Gefühl der Zeit vgl. auch Horkheimers „Hotel Abgrund" oder *Bloch,* Geist der Utopie, Schriften Bd. 3, S. 212/213: „Nicht nur der analytische Nihilismus zerstört, sondern auch tiefer, im Zentrum selbst: wir schwanken gegenwärtig (1. Aufl. 1915, 2. Aufl. 1923) in der größten Verdunkelung, sowohl des Innen als vor allem auch des Außen und Oben, die jemals in der Geschichte vorkam."

[13] Damit stellt sich Schmitt eine ähnliche Frage, wie sie Max Weber und Habermas bewegt: Wie kann der Staat sich reproduzieren, wenn er von den traditionellen Bedingungen seiner Reproduktion abgeschnitten ist. Dabei geht *Weber* (Die protestantische Ethik und der Geist des Kapitalismus) bekanntlich von einer erfolgreichen Transformation der ehemals religiös gebundenen Motivation aus, während *Habermas* skeptischer ist (Legitimationsprobleme des Spätkapitalismus, S. 106 ff.). Mit ähnlicher Fragestellung auch *Blumenberg,* Die Legitimität der Neuzeit, Bd. 1. Vgl. auch *Böckenförde:* Der Staat kann die Voraussetzungen der eigenen Reproduktion nicht mehr sicherstellen (Die Bedeutung der Unterscheidung von Staat und Gesellschaft im demokratischen Sozialstaat der Gegenwart, S. 209 ff. [237 ff.]).

Synonym der modernen Situation — nicht nur im staatlichen Bereich — werden kann.

Wesentliches Merkmal des politischen Ausnahmezustandes im Staat ist das Bestehen einer Mehrzahl von innerhalb des Staates (aber gegebenenfalls auch mit ihm) konkurrierenden Mächten, die sich nicht in einer praestabilierten Harmonie befinden. Einheitlichkeit kann auch nicht auf einem inhaltlichen Konsens basieren; eine materielle Einheitsformel, die gemeinsame Grundüberzeugungen zum Ausdruck bringt, kann nicht mehr mit allgemeinem Geltungsanspruch begründet werden. Der Ausnahmezustand ist für Schmitt dadurch gekennzeichnet, daß alle Sicherheiten für den Menschen in seinem sozialen Zusammenleben verloren gegangen sind; dadurch ist gleichzeitig eine Partikularisierung der Gemeinschaft in Teilgruppen eingetreten, die gegeneinander streiten. Die geschichtliche Entwicklung zu diesem angenommenen Ausnahmezustand hin sieht Schmitt als die Geschichte von Konfrontationen unvereinbarer Ansprüche; die entstehenden Widersprüche können nicht gelöst, sondern nur dadurch neutralisiert werden, daß dem Feld der Konfrontation jeweils seine zentrale politische Lebensbedeutung genommen wird. Darin liegt die Verlagerung der Zentralgebiete des Politischen. Der zu erreichende Friedenszustand muß dadurch stets inhaltsärmer werden, bis seine bloße Ordnungsleistung ganz im Vordergrund steht.

In dieser Situation bleibt als einzig Gewisses der Ausnahmezustand selbst. Ein Teil des Denkens der Weimarer Zeit, und mit ihm Schmitt, hat daher versucht, an diesem einen Halt zu finden. Die Grundstruktur des Argumentes ist die folgende: der Ausnahmezustand ist dadurch gekennzeichnet, daß in ihm Grenzüberschreitungen stattfinden. Schmitt nimmt nun mit der existentialistischen Philosophie an, daß der Mensch sich (nur) im Akt der Grenzüberschreitung der Grenze selbst versichern könne. Damit wäre eine neue Sicherheit gewonnen. Schmitt unternimmt es nun (m. E. vergleichbar mit dem Modell bei Kierkegaard) diesen Gedanken für die Begründung der staatlichen Einheit fruchtbar zu machen. Daran wird deutlich, daß seine Hoffnung auf Herstellung von staatlicher Einheit voraussetzt, daß die Struktur der Herstellung individueller Einheit der Person in den politischen Bereich übertragbar ist. Schon daran sind erhebliche Zweifel angebracht, die sich bei näherer Betrachtung bestätigen werden[15]. Darüber hinaus deutet vieles darauf hin, daß die Figur der Grenzüberschreitung ohnehin nicht geeignet ist, zu irgendeiner Versicherung von Normativem zu führen, sondern daß statt dessen die Grenzen stets nur weiter hinausgeschoben werden, so daß ein Zwang zu immer neuen Überschreitungen entsteht[16].

---

[14] *Schneiders* Monographie, Ausnahmezustand und Norm, 1957, denkt von der späteren Einheitskonzeption Schmitts her, die sich an vorgegebenen Ordnungselementen zu orientieren versucht (Land und Meer, Großraum) und ist daher hier von geringer Bedeutung.

[15] Vgl. dazu einerseits die Ausführungen zu Kierkegaard, andererseits den Exkurs zu G. Bataille.

Gegenüber einer Auffassung wie der Schmitts, die sich am Ausnahmezustand orientiert, greift eine Kritik, die eben diese Orientierung betrifft, weil Staatsrechtsdenken sich nicht von der Situation eines drohenden Bürgerkrieges leiten lassen dürfe, zu kurz. Es geht Schmitt nicht nur um die Reaktion auf eine historische, eng zu begrenzende staatliche Gefahrenlage, sondern um die Möglichkeit von Einheitsbegründung unter den Bedingungen der Moderne [17].

Richtig ist allerdings, daß durch Schmitts Auffassung der Begriff des Ausnahmezustandes ambivalent wird, indem dieser gerade die moderne Normalität beschreiben will. Dies hat E. Bloch mit der Bemerkung, der Ausnahmezustand werde bei Schmitt zur Gewohnheit, kritisiert [18]. Dies ist aber, obwohl ein verbreitetes, kein zwingendes Gegenargument; Schmitt definiert den Ausnahmezustand von einem normativ geforderten Zustand her; von daher kann ein gegebener Zustand stets Ausnahmesituation sein. Die dadurch bewirkte Umkehrbarkeit der Begriffe war als Gedankenfigur der Diskussion der Weimarer Zeit nicht fremd [19] und enthält ein spezifisch normatives Moment. Dem Staatsrechtler Schmitt hatte dieses normative Moment der aufgegebenen Einheit als Bedingung der Möglichkeit der innerstaatlichen Friedlichkeit dringendes Anliegen zu sein.

III. Schmitts Überzeugung von der Existenz einer mehrfachen Ausnahmesituation

Im folgenden soll dargelegt werden, wie Schmitt die Diagnose der Ausnahmesituation im einzelnen in verschiedenen Bereichen begründet. Dabei wird sich zeigen, daß die Ausnahmesituation für ihn nicht eine historisch zufällige Erscheinung war, sondern daß sie zu den geistesgeschichtlichen Lebensbedingungen der Moderne gehört.

---

16 Dazu einerseits die Kritik Adornos an der ausschließlich privaten Philosphie Kierkegaards, an der Schmitt m. E. orientiert ist, andererseits zur Grenzüberschreitung die Schriften von G. Bataille.

17 Allerdings kann man vielleicht dennoch sagen, daß diese Kritik Recht hat, insofern die Rechtswissenschaft stets im Rahmen des Normierbaren verbleiben muß; vom vollständig außeralltäglichen hat sie zu schweigen. Vgl. *Goethe*, Die natürliche Tochter, 1803. Das nimmt aber der Fragestellung von Schmitt nicht ihre Berechtigung. Möglicherweise ist das Ergebnis, daß sich Einheit nicht mehr begründen läßt; darauf deutet die moderne Hinwendung zu neokorporatistischen Gedanken hin.

18 *Bloch*, Naturrecht und menschliche Würde, Werke, Bd. 6, S. 172.

19 So sieht Benjamin die vorfindliche Normalität als Ausnahmezustand dadurch, daß er sie an der Utopie mißt (Ges. Schriften, Bd. I/2, S. 697, achte geschichtsphilosophische These). Vgl. die analoge Umkehrungsfigur bei *Schmitt:* „Man will die Abnormalität als status quo legitimieren, weil man ein Rechtsprinzip (das eine Normalität voraussetzt) nicht hat. Die Anormalität ist Versailles. Friede kann aber nicht unter der Berufung auf eine Abnormalität garantiert werden, sondern stets bedarf er des Rechts und das heißt der Normalität.“ Der Status quo und der Friede, S. 40. Mit einer anderen Intention hat schon *Nietzsche* die Inversion benutzt: Jeder Rechtszustand sei ein Ausnahmezustand, insofern er eine Bändigung des Machtwillens zur Voraussetzung habe (Werke, Bd. 2, S. 817).

1. Der politische Ausnahmezustand: Der latente Bürgerkrieg als geistesgeschichtliches Phänomen

Carl Schmitt verdeutlicht die Situation, in der er mit Hobbes zu stehen meint, in seiner Analyse der politischen Praxis des Parlamentarismus. Dabei sucht er zu zeigen, daß auch in der Weimarer Republik die Situation des Bürgerkrieges latent gegeben ist, indem er die geschichtliche Partikularisierung der Vernunft konkretisiert. Schmitts Analyse geht dergestalt vor, daß zunächst für die die geistige Situation seiner Zeit prägenden Theorien bzw. Strömungen[20] das „metaphysische Pendant" aufgewiesen wird.

So wird das Prinzip des Parlamentarismus als das der Diskussion dargestellt, in der die Überzeugung der Anderen durch rationale Argumentation erfolgen kann[21]. Parlamentarismus wird von Schmitt als die einzige Theorie der Weimarer Zeit verstanden, die nicht den Bürgerkrieg als Möglichkeit in sich trägt. Sie ruht aber auf einem Bestand von Grundvorstellungen, über die bei den Beteiligten Einigkeit bestehen muß. Die notwendige gemeinsame Basis des Parlamentarismus ist gekennzeichnet mit den Begriffen Rationalität, Konkurrenz und (sich daraus zwangsläufig ergebender) Harmonie. Diese Rationalität des Meinungswettbewerbes soll nach der Vorstellung des Liberalismus zu der Erkenntnis der gesellschaftlich nützlichen Wahrheit führen[22]. Schmitt sucht nun durch eine Analyse anderer Theorieansätze darzutun, daß die Theorie des Parlamentarismus unter den gegebenen Umständen nicht zu friedlicher Einheit des Staates führen kann. Dies weist er durch die Darstellung des Mangels an gemeinsamen Voraussetzungen auf, auch durch die der Latenz der Diktatur in verschiedenen Theorien; denn diese Latenz bedeutet, daß Bereitschaft und Überzeugung von der Berechtigung bestehen, den Parlamentarismus auf gewaltsame Weise zu beseitigen. Latenz der Diktatur bedeutet auch die Möglichkeit, die den eigenen Vorstellungen entsprechende Wirklichkeit als Normalität zu deklarieren und damit den Parlamentarismus zum Ausnahmezustand. Dies wird deutlich in Schmitts Formulierung des Begriffes des Politischen. Der Andere, der Feind, ist derjenige, der außerhalb einer solcherart konstituierten Normalität steht. Normalität verbürgt Einheit und enthält sowohl den Aspekt soziologischer wie normativer Normalität[23]. Nur wenn es gelingt, im Staat Normalität herzustellen, wird Einheit geschaffen.

In Konkurrenz zum Parlamentarismus sieht Schmitt das Prinzip der Demokratie. Er stellt dar, daß das Prinzip der Demokratie die Gleichheit ist, die stets der Ungleichheit als Kontrasthintergrund bedarf[24]. Gleichheit wird durch Homogeni-

---

20 Manche Bewegungen bezeichnet man wegen ihrer Gegnerschaft zum Systemcharakter aller Theorie vielleicht lieber als Strömungen; insb. könnte dies für die anarchistische Bewegung gelten.

21 *Schmitt*, Parlamentarismus, S. 9 ff.

22 *Schmitt*, Parlamentarismus, S. 43 ff.

23 *Schmitt* setzt entsprechend seiner Hobbes folgenden Konstruktionsmethode gezielt solche Begriffe ein, die das Doppelantlitz von Macht und Recht tragen.

tät des Volkes erreicht[25]. Wo Gleichheit als durchgesetzt angegeben werde, verschleiere sie in der Regel Strukturen tatsächlicher Ungleichheit; diese habe sich lediglich in andere Lebensbereiche verlagert und kontrolliere von dort aus den Bereich der Politik im engeren Sinne. Dadurch würden aber die neuen Bereiche der Ungleichheit politisiert; sie stellen das neue Zentralgebiet des Politischen dar. Ungleichheit sei in der Demokratie zwingend mitgedacht; nach innen gegenüber der überstimmten Minderheit. Nach außen beruhe die Demokratie häufig auf einer Masse von Ungleichen, die die materielle Basis erarbeiten[26]. Schmitt zeigt, wie die überstimmte Minderheit vermittels gedanklicher Operationen (insbesondere via Argument aus der Teilnahme an der abstimmenden Versammlung) zur Identität mit der Mehrheit gebracht wird. Diese demokratische Identität ist allerdings juristisch fiktiv. Aus dem fiktiven Charakter dieser Identifikation der Minderheit mit der Mehrheit, die die Verbindlichkeit der Entscheidung rechtfertigt, folgert Schmitt, daß die gleiche Operation auch seitens einer Minderheit in Bezug auf die Mehrheit durchgeführt werden könne. Demokratie habe die Erziehungsdiktatur als Gefahr inhärent. Damit liegt die Darstellung Schmitts in einer Argumentationsebene mit der Kritik, die besoders aus dem angelsächsischen Bereich an Rousseau geäußert worden ist[27]. Wenn man dieser Darstellung folgt, ist in der Tat das Prinzip der Demokratie nicht mit dem des Parlamentarismus kompatibel; denn die Offenheit des Ausganges der Meinungskonkurrenz ist von vornherein gefährdet[28].

Den analogen Nachweis sucht Schmitt für den Marxismus zu führen. Er kristallisiert als Kernprinzip des Marxismus die Geschichtsphilosophie Hegels heraus und problematisiert von da aus das Verhältnis von dialektischer Entwicklung und Diktatur[29]. Zunächst scheint eine Entwicklung aus geschichtsphilosophischer Notwendigkeit, in der sich das Zeitgemäße durchsetzt, jede Diktatur sinnlos zu machen; das Vernünftige setzt sich ohnehin durch[30]. Schmitt glaubt aber zeigen zu können, daß es auch in einem solchen Verständnis geschichtlichen Ablaufes

---

24 *Schmitt,* Parlamentarismus, S. 13 ff.

25 *Schmitt,* Parlamentarismus, S. 13/14.

26 *Schmitt,* Parlamentarismus, S. 15.

27 Vgl. *Crocker,* passim; *Talmon,* Bd. 1 Kap. III.

28 Schmitts Schrift über den Parlamentarismus ist auch auf einer anderen Ebene interessant. Sie vollzieht seine Thesen über das Verhältnis wissenschaftlicher Theorie und politischer Praxis, indem durch die Darstellung mangelnder Akzeptanz von Grundlagen des Parlamentarismus eben diese Akzeptanz zerstört wird. Der beschriebene Prozeß ist gleichzeitig geschriebener Prozeß. M. E. ist es allerdings Schmitt nicht gelungen, ein Verhältnis von juristischer Begriffsbildung und politischer Praxis zu skizzieren, das von der Gefahr des Opportunismus frei ist. Seine Gedanken bezeichnen eher die Aufgabe als die Lösung.

29 *Schmitt,* Parlamentarismus, S. 68 ff.

30 Vgl. zu der Problematik dieser Vorstellung die bekannte Debatte zum Verhältnis Wirklichkeit / Vernünftigkeit im Anschluß an die Vorrede zur Rechtsphilosophie von Hegel.

eine Diktatur geben kann. Keine solche, die einen Ablauf hemmen könnte, auch nicht jene, die einen Zustand antezipierend verwirklicht, sondern diejenige, die das, was geschichtlich reif für den Fall ist, stößt und damit selbst Moment der Entwicklung ist[31]. Nur eine Diktatur, die außerhalb des dialektischen Prozesses steht, sei undenkbar. Fraglich bleibt dann, wie die Situation erkannt wird, die reif für die Diktatur ist. Schmitt geht auch hier von der Prägung des Marxismus durch Hegel aus: da die Eule der Minerva ihren Flug in der Dämmerung beginnt, ist die Epoche, wenn sie erkannt wird, bereits abgelebt. In dem Moment also, in dem die Gesetzlichkeit des Kapitalismus durchschaut wird, ist die Zeit reif für die Diktatur des Proletariats[32]. Auch der Marxismus gewinnt also aus der geschichtsphilosophischen Erkenntnis einen Standpunkt, wo er der Konkurrenz der Argumente und der letztendlichen Harmonie, die sich daraus ergeben soll, bereits im Grundsatz entzogen ist. Die Normalität des geschichtlichen Prozesses steht in dieser Sicht gegen die Diskussion; wer diesen Prozeß aufhalten will, hat keine geschichtsphilosophische Legitimität. Daher findet nicht Konkurrenz der Meinungen, sondern Konfrontation der Prinzipien statt. Diese ist für Schmitt nach der Rückübersetzung vom metaphysischen Prinzip in die soziale Realität stets Konfrontation der Institutionen.

Schließlich steht der Parlamentarismus im Gegensatz zum Anarchismus. Auch wenn dieser keine Diktatur kennt, ist die Konfrontation womöglich noch schärfer als gegenüber dem Marxismus. Denn diese Ablehnung der Diktatur begründet sich auf der Ablehung jeder Einheit, Gottes, des Staates, des Systems, des Begriffes und der Rationalität als solcher. Der Anarchismus hat den Herrschaftscharakter der Sprache ebenso wie der Theorie und des Staates erkannt und bezieht seine Kraft nicht aus diesen Quellen, sondern aus denen des Irrationalen, aus dem Mythos[33].Für den Anarchismus ist der Parlamentarismus ebenfalls nur ein Herrschaftsmittel, die Negation der Prinzipien geht aber weiter als beim Marxismus, der die Überzeugung vom Vorrang der Rationalität noch mit dem Parlamentarismus teilt.

Weil jede dieser mit dem Parlamentarismus kollidierenden Theorien eine Möglichkeit der Rechtfertigung der Gewaltanwendung gegen den Parlamentarismus bietet, ist eine Diskussion zwecks Austragung der Differenzen ohne sichere Erfolgsaussichten. Der Gegner des Parlamentarismus wird sich auf eine Diskussion im Zweifel gar nicht erst einlassen; sie lieferte ihn schon im vorhinein den Strukturen einer nicht von ihm, sondern von seinem Gegner beherrschten Debatte aus. Schmitt sieht den Parlamentarismus einer Reihe von Antagonisten entgegengestellt, die nicht integrierbar sind, weil eine Integration für sie die Aufgabe von

31 *Schmitt,* Parlamentarismus, S. 69.

32 Vgl. *Schmitt,* Parlamentarismus, S. 70-75.

33 *Schmitt,* Parlamentarismus, S. 76 ff. Man denke an Sorels Mythos des Generalstreiks und der action directe, an Stirners Polemik gegen die Begriffe etc.

Grundprinzipien bedeutete[34]. Die Lösung, so scheint es, muß gewaltsam erfolgen. Insofern ist die Schmitt'sche Vorstellung der existierenden Ausnahmesituation drohenden Bürgerkrieges unentrinnbar. Sie ist derjenigen Hobbes', der sich den konkurrierenden Wahrheitsansprüchen der Konfessionen ausgesetzt sieht, vergleichbar. Durch das Einrücken von anderen Instanzen in die Stellung Gottes ist es möglich geworden, daß widersprüchliche ‚Wahrheiten' bestehen. Der Widerspruch ist möglich, weil die unterschiedlichen Theorien methodisch ihre Selbsterweisung beinhalten; sei es durch Analyse des historischen Prozesses oder anders. Diese Selbstbekräftigung macht jede Diskussion überflüssig. In dieser Situation der aufs Partikulare reduzierten Wahrheit bleibt als einzig Gewisses der Tod und als ausgezeichnete Situation, sich dieser Gewißheit intensiv zu versichern, der Krieg. Dieses einzig Gewisse radikalisiert wiederum den Einlösungsdruck für die Wahrheitsansprüche; alles muß in dieser Welt ausgeführt werden; eine höhere Gerechtigkeit im Jenseits existiert nicht[35]. Damit ist die Situation der absoluten Ausnahme diejenige geworden, an der sich alles orientiert.

2. Die Ausnahmesituation in der juristischen Methode: Die beschränkte Ableitbarkeit der Entscheidung aus dem Gesetz

Zu der Erkenntnis der Ausnahmesituation als der Regelsituation[36] kommt C. Schmitt auch in dem Gebiet der methodischen Probleme[37] der Rechtswissenschaft. Bei der Lösung der von ihm in diesem Zusammenhang behandelten Fragen

---

[34] Schon die Beschreibung dieser Analyse Schmitts widerlegt Vestings Vorwurf an Schmitt, dieser habe sich gegenüber den sozialen Erfahrungen seiner Zeit an Inhomogenität verschlossen gezeigt *(Vesting,* S. 57). Auch an dieser Stelle vertritt Vesting keinen einheitlichen Standpunkt; wieder an anderer Stelle bescheinigt er Schmitt eine soziale Sensibilität für seine Zeit „wie kein anderer" (S. 159); Schmitt sei äußerst sensibilisiert für den „Verlust aller metaphysischen Fundierungen" (S. 180). Diese Einschätzung trifft zu.

[35] In neuester Zeit werden bestimmte Vorstellungen über die Beschwörung von Atomtod und ökologischem Kollaps radikalisiert; wo die ganze Menschheit bedroht ist, ist jedes Mittel recht.

[36] Vesting kritisiert, daß Schmitt die Souveränität aus allen übergreifenden Kontexten herauslöse; damit ist auch die Kritik an der Orientierung am Ausnahmezustand impliziert (S. 44 f.). Vesting bemüht sich m. E. nicht intensiv genug um ein Verständnis für die Ursache dieser Orientierung; sonst hätte er erkannt, daß Schmitt mit dieser Orientierung nicht die Dissoziation des Staatlichen ins Partikuale der Interessen ignoriert (in diesem Sinne verstehe ich Vestings Kritik), sondern daß er gerade auf diesen Prozeß reagiert.

[37] Zum Zusammenhang von Methode und Einheit vgl. *Zimmer,* S. 30 ff. (42 ff.). Im weiteren Sinne ist die Methode wohl auf die Unterstellung der Einheit angewiesen, so z. B. im „Vorgriff auf die Vollkomenheit" auf die Sinneinheit des Textes in der hermeneutischen Methode (vgl. *Gadamer,* S. 299 f.). Auch Habermas gelangt in seiner Kommunikationstheorie zu einer Einheit der Teilnehmer (als Verständigungsmöglichkeit) nur durch idealisierende Unterstellungen, die stets das herzustellende Gemeinsame schon vorwegnehmen *(Habermas,* Der philosophische Diskurs der Moderne, S. 231 ff.; *ders.,* Moralbewußtsein und kommunikatives Handeln, S. 103).

entwickelt er bereits Positionen, die für das Problem einer Einheitsbegründung ohne Rückgriff auf vorfindliche Homogenität verwertbar sind. Die strukturelle Ähnlichkeit der Aufgabe liegt darin, daß auch das aus der Norm nicht vollständig ableitbare Urteil einer Legitimation bedarf, die für die angestrebte Befriedungsfunktion der richterlichen Entscheidung wesentlich ist.

Schmitt wurde bereits durch seine Dissertation auf diese methodischen Probleme aufmerksam; die Schrift[38] widmete sich dem strafrechtlichen Problem der Schuldarten. Dabei stieß er auf die Schwierigkeiten der Ableitung eines bestimmten Strafmaßes aus den gesetzlichen Vorgaben des normierten Strafrechts. Diese Fragestellung suchte Schmitt in verallgemeinerter Form in der nachfolgenden Schrift ‚Gesetz und Urteil' weiterzuverfolgen. Dort entsteht die Auffassung Schmitts, daß juristische Subsumtionsaussagen nicht gänzlich im logischen Sinne aus dem Gesetz ableitbar sind[39]. Damit wird gegenüber dem Bild des bloß gesetzesauslegenden Juristen der Urteilende in eine Situation gestellt, in der er Normen anwenden soll, die er in der anwendungsfähigen Form nicht vorfindet und aus denen er das Ergebnis nicht zweifelsfrei ableiten kann. Er muß also Normativität produzieren. Auch hier wird für Schmitt — gemessen an der Montesquieu'schen Vorgabe, daß die Justiz keine Gewalt sei, weil sie nur ausspreche, was anderwärts bestimmt sei, die seinerzeit wohl das Selbstverständnis auch der meisten Richter bestimmte, — die Ausnahmesituation zur Regelsituation.

Schmitt arbeitet zu dieser Zeit noch gänzlich auf positivistischer Basis. Deswegen ist es ein Hauptanliegen von ihm, einen Schuldbegriff zu finden, der nicht auf außerjuristische (Vor-)Verständnisse von Schuld angewiesen ist, aber für alle solche Auffassungen offen ist[40]. Seine Erörterung soll von den „unabsehbaren Kontroversen'[41] des metajuristischen Schuldbegriffes, dem „endlosen Streit der Strafrechtstheorien"[42] frei bleiben; der Schuldbegriff soll lediglich aus dem positiven Recht ermittelt werden[43]. Die dann ermittelte Schulddefinition soll zwar den Normativ- wie auch ihren Einzeltatcharakter der Schuld berücksichtigen, ohne indes eine bestimmte materielle Schuldinterpretation auszuschließen[44].

---

38 *Schmitt,* Über Schuld und Schuldarten, Nachdruck 1977.

39 Neumanns Vorwurf an Schmitt, dieser sei gegenüber dem Methodenproblem ignorant, läßt sich m. E. widerlegen *(Neumann,* S. 9 f.; wie Neumann auch *Vesting,* allerdings ohne nähere Begründung, S. 42). Neumann untersucht beispielsweise nicht, ob die Methode für Schmitt das Primäre ist, oder ob ein Methodenwechsel auf der Vorrangigkeit anderer Kriterien beruhen kann. So kann die historische Methode gegenüber der Bemühung, Geschichte fruchtbar zu machen, zurücktreten. In diese Richtung geht auch *Schmitt* (vgl. Positionen und Begriffe, S. 121).

40 *v. Liszt,* S. 126 (133). So sollen Repression und Prävention auf dieser Basis keine Gegensätze mehr sein (174-176).

41 *Schmitt,* Schuld, S. 15; also auch hier schon der Zwang, gegen den Pluralismus der Meinungen zu einer Entscheidung zu gelangen.

42 *Schmitt,* Schuld, S. 24

43 *Schmitt,* Schuld, S. 16/24/41

44 *Schmitt,* Schuld, S. 92

Schmitts Versuch, eine von metajuristischen Erwägungen freie dogmatisch juristische Stellungnahme zum Schuldproblem zu erarbeiten, gerät in ernste Schwierigkeiten, sobald er die Frage der Strafzumessung behandelt. Bei der Schulddefinition ging Schmitt noch davon aus, daß diese von außerjuristischen Positionen frei und für sie gleichermaßen offen sei (z. B. für das Determinismus / Indeterminismusproblem[45]); er erkennt, daß dies für die Strafzumessung nicht mehr gilt; insofern verwerte das Gesetz auch Elemente eines materiellen Schuldbegriffes[46]. Dies ist noch unproblematisch, soweit das Gesetz auf einen bestimmten materiellen Schuldinhalt verweist[47]. Schwierig wird es aber, wenn der Richter aufgrund dieser Vorgaben eine ‚Konkretisierung' für den Einzelfall leisten soll.

Um Unvereinbarkeiten mit seiner positivistischen Schulddefinition zu vermeiden, erwägt Schmitt zunächst das Argument, die Strafzumessung setze die Bejahung der Schuld bereits voraus; in der Folge würden nur noch Schweregrade der Schuld erörtert[48]. Dies sei jedoch kaum nachvollziehbar; wenn der vorausgesetzte Schuldbegriff ein rein positivrechtlicher sei, könnten nicht bei den Graden der Schuld heterogene Elemente eines metajuristischen Schuldbegriffes zu berücksichtigen sein. Für ein derartiges „logisches Schuldinterlokut" gebe das positive Recht nichts her. Schmitt resigniert angesichts der Aufgabe, ein Strafmaß aus dem Gesetz abzuleiten, ohne dabei über das positiv gegebene Gesetzesrecht hinauszugehen: das Ideal des Richters als Sprachrohr des Gesetzgebers sei vielleicht falsch, jedenfalls unerreichbar, aber immerhin Leitlinie für die Auslegung[49].

Das Problem, woraus die richterliche Entscheidung bestimmt wird, wird von der Schrift ‚Gesetz und Urteil' aufgenommen und dahingehend gelöst, daß die richterliche Entscheidung innerhalb eines gewissen Rahmens willkürlich ist[50].

Mit der Erörterung des Problems der normativen Determinierung der Einzelfallentscheidung stellt sich Schmitt wie bei der Schrift über die Schuld mitten in eine Debatte, die die Rechtswissenschaft um diese Zeit heftig aufrührt. Schmitt geht von der üblichen Fragestellung aus: Wann kann eine richterliche Entscheidung als richtig bezeichnet werden?

Die denkbare Antwort, innerhalb eines bestimmten Rahmens gäbe es nicht ‚richtig' oder ‚falsch', ist für Schmitt keine zulässige Antwort[51]: „Es gibt keinen rechtlosen Raum im Recht"[52]; ein Urteil muß gefällt werden[53].

---

45 *Schmitt,* Schuld, S. 44, 49.

46 *Schmitt,* Schuld, S. 43, insb. 128/129.

47 *Schmitt,* Schuld, S. 128/9.

48 *Schmitt,* Schuld, S. 43 ff.

49 *Schmitt,* Schuld, S. 129

50 *Schmitt,* Gesetz, S. 48/49.

51 Man kann also nicht sagen: Im Rahmen der Interpretierbarkeit eines Gesetzes gibt es kein Richtigkeitskriterium.

52 *Schmitt,* Gesetz, S. 39.

Er definiert seine Fragestellung ausdrücklich als normativ, nicht empirisch beschreibend. Er stellt dazu klar, daß er ein Kriterium der Richtigkeit von Entscheidungen der Praxis sucht, nicht aber die herrschende Meinung zu diesem Kriterium oder die Praxis der Entscheidungen. Die Frage nach der Richtigkeit ist also Rechtsfrage, nicht Machtfrage[54]. Die Themenstellung impliziert weiterhin, daß es verschiedene Kriterien für Rechtswissenschaft und Rechtspraxis gibt[55]. Schmitt sucht nach „zwei Geltungen"[56] desselben Wissengebietes, nämlich der Beschäftigung mit dem Recht, getrennt nach der theoretischen und praktischen Behandlung.

Schließlich engt Schmitt die Suche nach dem Richtigkeitskriterium auf die „heutige Praxis" ein. Damit soll nicht gesagt sein, daß dieses Kriterium historisch bedingt i. S. von empirisch bedingt sei, denn Empirie rechtfertige niemals Normen, sondern es wird der Einsicht Rechnung getragen, daß historisch nicht radizierte Kriterien bloß formal, also inhaltsleer sein müssen. Diese Inhaltslosigkeit zeitloser Maßstäbe verweist auf die Schmitt zeitgenössische Theorie des Neukantianismus, der dieser ‚Mangel' als Produkt der Trennung von Sein und Sollen bei gleichzeitiger Bemühung um allgemeine Maßstäbe bekannt und bewußt ist.

Schmitt sucht aber nicht nur ein Richtigkeitskriterium für die heutige Praxis, sondern auch aus der heutigen Praxis. Das Kriterium soll an ein in dieser Praxis „wirksames Postulat"[57] angeknüpft werden, d. h. an ein Postulat, das empirisch in Geltung steht. Die Praxis soll sich ihren Gesetzgeber selber schaffen, sie ist methodisch autonom[58]. Eine Determinierung der Praxis durch die Theorie ist im umfassenden Sinne unmöglich.

Soll daher ein Kriterium für den einen beider Bereiche gefunden werden, muß es diesem Bereich zugehören. Die Auswahl einer Regel aus der und für die Praxis soll danach erfolgen, ob sie widerspruchsfrei und allgemein anwendbar ist; damit ist die Richtung auf das ‚richtige Recht' bezeichnet, da in beiden Forderungen die Gleichbehandlung als Kern enthalten ist; zum ersten in systematischer Hinsicht[59], zum zweiten hinsichtlich der Adressaten[60]. Nur über die An-

---

53 Auf diesen Aspekt hat, allerdings in anderem Zusammenhang, schon Radbruch hingewiesen, im den Unterschied zwischen philologischer und juristischer Auslegung klarzumachen. Der Richter habe nicht wie der Philologe die Befugnis zur Schaffung eines Verständnisses, also Rechtsschöpfung, da er im Rahmen der Montsquieu'schen Gewaltenteilung stehe *(Radbruch,* S. 355).

54 *Schmitt,* Gesetz, S. 3. *Hofmann* geht allerdings davon aus, daß Schmitt schon hier an der Ausnahmesituation orientiert sei (Legitimität gegen Legalität, S. 37).

55 *Schmitt,* Gesetz, S. 4.

56 *Schmitt,* Gesetz, S. 4.

57 *Schmitt,* Gesetz, S. 3.

58 *Schmitt,* Gesetz, S. 44.

59 Dazu die inzwischen umfangreiche Literatur zur Verpflichtung auf Systemgerechtigkeit nach Art. 3 GG. Vgl. z. B. *Peine,* Systemgerechtigkeit, 1985.

60 Die Gleichbehandlungsforderung des Art. 3 GG und des allgemeinen Gesetzes spiegelt sich hier in der Notwendigkeit der Ausnahmslosigkeit der methodischen Regelan-

knüpfung an ein praktisch geltendes Postulat hofft Schmitt eine Verbindung von Norm und Empirie herstellen zu können. Nicht zum Thema macht sich Schmitt die Beurteilung des zu findenden Richtigkeitskriteriums von einem höheren Richtigkeitskriterium aus; diese Fragerichtung wird in ‚Gesetz und Urteil' ausdrücklich als ausstehende Aufgabe bezeichnet, gerät aber im Verlaufe der weiteren Schriften Schmitts stets mehr in Vergessenheit. Damit kann freilich die Autonomie der Praxis sich selbst niemals überspringen: eine insgesamt falsche Praxis ist von den hier aufgestellten Prämissen Schmitts aus nicht denkbar.

Dieser Ansatz Schmitts ist an dieser Stelle zunächst verständlich, weil die Gesetzlichkeit als vorausliegende Legitimitätsquelle nicht zur präzisen Determinierung der (strafzumessenden) Entscheidung ausreicht. Dieses Nicht-Ausreichen kann in einem doppelten Sinne verstanden werden; als Nicht-Ableitbarkeit der Einzelfallentscheidung aus der Norm und als Zerfall des Glaubens an die Legitimierung durch die Norm.

Die Nicht-Ableitbarkeit sucht Schmitt darzustellen durch die Anführung der fehlenden Verbindung zwischen einem generell abstrakten Rechtssatz und der konkreten Entscheidung: Norm und Entscheidung seien zwei verschiedene Sphären[61]. Die richtige Interpretation einer Norm sei notwendige Bedingung für eine Entscheidung, nicht aber hinreichende. So darf der Richter sich zwar nicht über das Gesetz hinwegsetzen[62], aber hinreichendes Kriterium zur vollständigen Bestimmung der Entscheidung ist das Gesetz noch nicht. Was hinreichend sein könnte, macht Schmitt an einem Extremfall deutlich; in diesem Falle bestimmt das hinreichende Kriterium für die Entscheidung schon das Gesetz mit; dasjenige Gesetz nämlich, dessen Inhalt willkürlich, weil ohne Bezug auf Gerechtigkeitsvorstellungen ist: beispielsweise Straßenverkehrsregeln als reine Ordnungsregeln[63]; hier ist es wichtiger, daß etwas geregelt ist, als wie es geregelt ist. Gefragt ist Berechenbarkeit, nicht Gerechtigkeit[64].

---

weisung wider. Nicht umsonst spielt bei Art. 3 I GG die Prüfungstechnik (vgl. z. B. *Stein*, Staatsrecht, § 26, § 43 I 4) eine so ungewöhnlich große Rolle.

61 *Schmitt*, Gesetz, S. 29.

62 *Schmitt*, Gesetz, S. 42. Diese Frage betrifft das Verhältnis der Richtigkeitskriterien von Gesetzmäßigkeit und Rechtsbestimmtheit. *Schmitt* löst die Frage konsequent, indem er die Gesetzmäßigkeit in das Kriterium der Praxis ‚als Berechnungsfaktor' gleichsam inkorporiert (Gesetz S. 87/88). Der Richter soll das Gesetz benutzen, um die Rechtsbestimmtheit zu ‚berechnen'. Eindeutig ist *Schmitt* jedoch an dieser Stelle nicht, wenn er davon ausgeht, daß positives Recht eine ‚erwartete' Entscheidung falsch machen könne (S. 88). Dies spricht nicht für eine gleichberechtigte Inkorporierung von Gesetzmäßigkeit und Rechtsvorstellungen der Freirechtslehre in das Kriterium dr Praxis, sondern für ein zweites, außerhalb stehendes Kriterium. Diese Unklarheit scheint schon in der Bearbeitung des Hegelschen Zitats betreffend die richterliche Entscheidungsfindung von „begrenzter Willkür" zu liegen, wo Schmitt die Willkür zu Lasten der Begrenzung betont und das Verhältnis beider Elemente zueinander nicht abklärt.

63 Hier taucht auch das aus der Untersuchung über Schuld und Schuldarten verbleibene Problem der Bestimmung / Bestimmtheit der Strafzumessung wieder auf. In jener Untersuchung bestand die Schwierigkeit darin, die Entscheidung über das Strafmaß positiv-

Schmitt stellt nun dar, daß dieser Gedanke der Rechtssicherheit, der in jedem Gesetz im Element der Gesetztheit enthalten ist, auch Ausgangspunkt für das Richtigkeitskriterium der Praxis sein kann. Schmitt identifiziert die Rechtssicherheit der positiven Norm mit dem, was im Urteil zur Normauslegung hinzutritt: mit der Entschiedenheit.

Schmitt stellt nun das gefundene Richtigkeitskriterium der Praxis, die Rechtsbestimmtheit, so dar, daß die Entscheidung so zu fällen ist, daß ein anderer empirischer[65] Richter ebenso entschieden hätte. Schmitt erkennt dabei zutreffend, daß die Vorstellung des empirischen Durchschnittsrichters hier die Gelenkstelle zwischen Norm und Praxis ist[66]. Dabei soll aber nicht die Meinung des Durchschnittsrichters ermittelt und dann darunter subsumiert werden; denn dies wäre wiederum nur eine Gesetzmäßigkeit, bei der das Problem nicht hinreichender Determinationskraft des allgemeinen Gesetzes erneut auftauchen würde. Schmitt unterläßt hier leider eine genaue Darstellung der logischen Vorgänge. Hofmann interpretiert ihn so, daß Schmitt auf eine besondere Version des kategorischen Imperativs abziele. Schmitts Formel würde dann in etwa so lauten: ‚Entscheide so, daß deine Entscheidung von jedem Durchschnittsrichter[67] getroffen sein könnte‘.

Jedoch ist entgegen Hofmann nicht zu erkennen, wie hier eine Subsumtion unter eine Gesetzmäßigkeit vermieden werden kann, die stets die gleichen Probleme hinsichtlich der zu treffenden Einzelfallentscheidung aufwirft. Diese verlagert sich nur zu der normativen Figur des Durchschnittsrichters, weil in dieser der das rein Formale überschießende Teil des Kriteriums liegt. Der kategorische Imperativ vermeidet diesen Schluß nur durch sein Verbleiben im rein Formalen. Der empirische Richter läßt sich eben nicht konstruieren und ‚berechnen‘. Schmitt verschiebt also lediglich die Bruchstelle zwischen Norm und Empirie; genauer: er verdoppelt sie, indem er die Praxis als eigenständigen Bereich konstituiert, innerhalb dessen er aber ein normatives Kriterium sucht und so den Zwiespalt zwischen Norm und Entscheidung in die Praxis selbst hineinträgt, während er sonst der Praxis ‚vorgelagert‘ ist. Er hält eine Kritik des Kriteriums der Praxis vom Standpunkt eines übergeordneten Kriteriums für möglich, führt sie aber nicht durch . Fraglich wäre, ob diese Kriterien beide in einer Sphäre angesiedelt sind. Wenn aber aus der Theorie nicht auf die Richtigkeit der Praxis geschlossen werden kann und ungekehrt, wie Schmitt annimmt[68], so ist auch nicht vom

---

rechtlich zu determinieren und es entstand der Eindruck, daß hier auf metajuristische Topoi zurückgegriffen werden müsse. Schmitt löst das Problem nun, indem er das willkürliche Moment in jeder Entscheidung betont, das hier besonders deutlich zu Tage trete.

64 *Schmitt*, Gesetz, S. 18-51.

65 *Schmitt*, Gesetz, S. 78 f.

66 *Schmitt*, Gesetz, S. 82.

67 Hier liegt noch keine Betonung der Ausnahme als eines normativen Elementes vor.

68 *Schmitt*, Der Wert des Staates, S. 9.

Richtigkeitskriterium der Theorie eine Beurteilung des Richtigkeitskriteriums der Praxis möglich. Hier liegt der Zwiespalt unüberbrückt offen.

Was an Schmitts Verschiebung Bedeutung hat, ist, daß die Praxis nicht mehr unmittelbar dem Verdikt der Theorie ausgeliefert ist. Die Annahme, es gebe ein einheitliches Richtigkeitskriterium für Gesetzgeber und Richter, läßt sich nicht mehr halten[69]. Damit ist in der Tat der ‚Eigenwert der Entscheidung' erst einmal, wie fallibel auch immer, installiert. Von hier aus ist der Weg zum Konzept der sich selbst legitimierenden Entscheidungspraxis offen. Hier bereits erscheint damit eine Gedankenfigur, die in Schmitts späterem Werk wieder auftritt. In diesem Argument wird die Legitimität einer Handlung nicht aus einer dieser Handlung vorausliegenden Quelle abgeleitet, sondern die Handlung schafft sich ihre eigene Legitimitätsgrundlage. Damit kann Schmitt sich in Beziehung zu den Versuchen Hobbes setzen, eine Selbstbegründung der Souveränität ohne Rückgriff auf einen vorausliegenden Konsens zu finden. Die Argumentationsstruktur, die später eine Herstellung von Einheit plausibel machen soll, in der diese sich ihre eigene Legitimationsgrundlage schafft, ist bereits hier der Sache nach anzutreffen.

Schmitt hat damit in zweifacher Hinsicht die Ausnahmesituation als die Regelsituation aufgewiesen: Politisch in der Radikalität der Konfrontation gegnerischer Ideologien in der Weimarer Republik, scheinbar ohne die Möglichkeit einer Vermittlung (= latenter Bürgerkrieg) sowie methodisch (in der Schrift ‚Gesetz und Urteil') durch die Stärkung des Bewußtseins der Problematik der Ableitbarkeit der richterlichen Entscheidung[70]. Im weiteren Verlauf der Darstellung wird sich zeigen, daß Schmitts Gedankenfiguren denen Kierkegaards ähnlich sind; damit wird auch eine existentiale Ausnahmesituation in Schmitts Gedankenkreis eingeführt.

Weil gezeigt werden kann, daß Schmitt unter der Ausnahmesituation eine strukturelle Eigenschaft in den Phänomenen seiner Zeit versteht, und nicht die Zufälligkeiten der Weimarer Staatskrise, gehen m. E. alle diejenigen Interpreten C. Schmitts in die falsche Richtung, die die Orientierung am Ausnahmezustand als willkürlich und unbegründet betrachten[71].

---

69 *Schmitt* macht auf die gegenteilige Annahme bei Bentham aufmerksam (Gesetz S. 66); (Diktatur, Vorrede S. XIX).

70 Vgl. zu diesen Aspekten: Complexio Oppositorum, S. 193 ff.

71 Gleichzeitig muß gesehen werden, daß es Schmitt zunächst nicht gelungen ist, zu diesem Ausnahmezustand mehr als das Verhältnis der Interessiertheit zu entwickeln. Erst in der Weiterführung seiner Theorie zum konkreten Ordnungsdenken versucht er, den Ausnahmezustand nicht mehr als Regelzustand zu sehen und die Indifferenz, die in der Möglichkeit der jederzeit neuen Entscheidung (selbst als unentschiedene Romantik) liegt, zu einem Alltagszustand hin zu überarbeiten. Dieser ist der schlechte der institutionellen Garanten auch der Ordnung durch Ortung, die beide vor den Dezisionismus zurückfallen.

IV. Die durch die Einheitsherstellung zu überbietende Radikalität der Auseinandersetzung

1. Der Ausgang vom Paradigma des religiösen Bürgerkrieges

Schmitt fand in Hobbes ein Vorbild für Einheitsbegründung in einer Situation zerfallener Homogenität, in der diese Begründung auf neuer Basis, die nicht durch Tradition legitimiert ist, vorgenommen werden muß. Durch die Orientierung Schmitts an der Denkmethode und einigen Ausgangspositionen Hobbes' ergeben sich einige der für Schmitt gegenüber Smend und Heller spezifischen Probleme.

Hobbes reagierte mit seiner Souveränitätskonzeption auf die Radikalität der Auseinandersetzung zwischen den Konfessionen. Die Konfessionalisierung des Christentums war in das System mittelalterlicher Herrschaft nicht mehr integrierbar. Dies ist wesentlich in dem absoluten Forderungs- und Wahrheitscharakter des monotheistischen Christentums begründet. In dem Moment, wo dieser absolute Charakter nicht mehr gemeinsame Klammer der pluralen Herrschaftsgewalten war, sondern in den konkurrierenden konfessionellen Ausprägungen den Absolutheitsanspruch als Forderung und als Wahrheit beibehielt — mit ihr auch die Sanktion des Verlustes von Seligkeit und ewigem Leben für eine Abweichung von der rechten Lehre —, wandten sich die unterschiedlichen, vorher einander zugeordneten Herrschaftsgewalten gegeneinander. Gefördert wurde die Radikalisierung der Auseinandersetzung durch den eschatologischen Aspekt. Auch wenn die Naherwartung der Erlösung auf eine unbestimmte Zeit vertagt worden war, blieb die Aussage bestehen, daß mit Rechtgläubigkeit und Ketzertum nicht nur das jenseitige, sondern auch das diesseitige Leben in seinem Wert stehe und falle. Das Wahre und das Gute sind in der christlichen Theorie lange verbunden — Glauben ist Erkennen und Erkennen ist Glauben. Im Gegensatz zum griechischen Wahrheitsbegriff der Adäquatio ist der biblische ein Relationsverhältnis von Menschen zu Gott. Diese Relation ist gekennzeichnet von Zuverlässigkeit und Treue auf Seiten Gottes. Soll ein Mensch in der Wahrheit leben, muß er nach Gottes Gesetz leben. Das neue Testament bringt zu diesem Ausgangsbestand hinzu, daß die Wahrheit den Menschen verkündigt wird[72]. Von der Wahrheit als Gehorsam gegen Gottes Gebote verschiebt sich im Mittelalter der Akzent zu der Richtigkeit des Denkens über Gott, die freilich nur im Gehorsam gegen Gott erreicht werden kann[73]. Damit ist der Wahrheitscharakter der dogmatischen Aussagen des Katholizismus impliziert[74]. Die Wahrheit nimmt zwangsläufig an den Prädikaten der Göttlichkeit teil: Einzigkeit, Einigkeit, Ewigkeit[75].

---

72 Vgl. z. B. Realenzyclopädie für protestantische Theologie und Kirche, Bd. 20, Artikel Wahrheit, S. 781 ff.; auch Theologisches Begriffslexikon zum NT, Bd. II/2, Artikel Wahrheit, Sp. 1343 ff.

73 Vgl. Evangelisches Kirchenlexikon, Bd. 3, Artikel Wahrheit, Sp. 1719.

74 Vgl. Handbuch theologischer Grundbegriffe, Bd. 2, 1963, Artikel Wahrheit, S. 799.

Dagegen stellte sich Luther mit Widersprüchen gegen die Dogmatik, aber einem ebenso radikalen Wahrheitsanspruch. Zwar schuf er als Nominalist in der Nachfolge Ockhams und mit der zugestandenen Unterscheidung von theologischen und philosophischen Wahrheiten erst die Voraussetzung für eine religiös neutralisierte Staatlichkeit, nimmt aber für religiöse Aussagen die volle Strenge des christlichen Wahrheitsanspruches an[76]. Da beide Seiten an ihren Positionen festhalten, muß es zum schärfsten Konflikt kommen.

Damit ist die Grundlage gekennzeichnet, auf der die Radikalität der Hobbes'schen Souveränitätskonzeption verständlich wird. Schmitt versucht, für die politischen Kräfte der Weimarer Republik ähnliche grundsätzliche Unvereinbarkeiten aufzuweisen.

2. Die Selbstbekräftigung der Souveränität bei Hobbes

Es war die Aufgabe der Hobbes'schen Konzeption, die Radikalität der konfessionellen Auseinandersetzung zu überbieten. Dazu sucht Hobbes die Souveränität des Herrschers auf eine Weise zu begründen, die nicht des Zurückgreifens auf eine vorgefundene Einheit bedarf. Diese Methode der Begründung findet er in der ‚generatio', die gleichzeitig Herstellung und Begründung ist. Diese Gedankenfigur muß zwangsläufig auch für Schmitt erhebliche Attraktivität haben, weil sie eine Herstellung und Begründung von Einheit auch unter den Bedingungen des Pluralismus zu versprechen scheint.

Die Reaktion der Theorie Hobbes' auf die geforderte Überbietung liegt in der Auffassung der staatlichen Souveränität als absolute, einzige, letztinstanzliche und einseitige Herrschaftsgewalt[77]. Parallel dazu wird der Wahrheitsbegriff umgestaltet. Er wird von der Relation zwischen Gott und Menschen abgelöst und der säkularen Sphäre allein zugewiesen. Statt verum et bonum heißt es nun verum et factum convertuntur[78]. Der Mensch stellt sich als Schöpfer an die Stelle Gottes

---

75 Vgl. z. B. Lexikon für Theologie und Kirche, Bd. 10, Artikel Wahrheit, S. 915 (summa veritas per se subsistens).

76 Vgl. *Luther Deutsch*, Werke, Bd. 3, S. 186.

77 Zum abweichenden Souveränitätsverständnis des Mittelalters vgl. *Quaritsch*, Souveränität, S. 52, 267 ff.

78 Für diese Verschiebung steht insbesondere G. Vico ein, der damit als Begründer der historischen Wissenschaft gilt. Der Terminus des verum et factum stammt von Vico; die Abgrenzung zu Hobbes bleibt dabei deutlich. Zwar rückt auch bei Vico der Mensch in die Stellung Gottes ein (vgl. *Croce*, S. 28, 97 und *Taege*, S. 97, 105; a.A. *Löwith*, Weltgeschichte, S. 119, der auch bei Vico das theologische Moment betont). Vico beschränkt aber die Erkenntnis more geometrico auf die Naturwissenschaften und reduziert für die Geschichtswissenschaft Wahrheit auf Wahrscheinlichkeit. Es gibt in diesem Bereich nur Klugheit, keine apriorische Erkenntnis (vgl. *Löwith*, Weltgeschichte, S. 114, *Habermas*, Die klassische Lehre von der Politik und ihr Verhältnis zur Sozialphilosophie, S. 13 ff. [S.52, 78]). Dagegen versteht Hobbes auch die Staatstheorie als Feld der Anwendung der geometrischen Erkenntnismethode (vgl. *Focher*, S. 52-54). Hobbes steht anders

— ob im Bereich der Kunst, der Technik oder der Geschichte. Das Wahre ist historisches Artefakt. Wichtig ist, daß dabei die Absolutheitsattribute der Wahrheit erhalten bleiben, lediglich auf menschlich hergestellte Wahrheit übertragen werden. Damit bleibt auch der Konflikt säkularer Wahrheitsansprüche eine Quelle radikaler Konflikte. Aufgrund der geschilderten Anforderungen ist es naheliegend, wenn Hobbes den Begriff der staatlichen Souveränität mit den Merkmalen der göttlichen ausstattet. Dabei kann offenbleiben, ob das von der Absicht herrührt, eingeführte Begrifflichkeiten und Vorstellungen für neue Inhalte zu funktionalisieren, ob eine Säkularisation des Souveränitätsbegriffes vorliegt[79], oder ob dessen Fassung lediglich Produkt der Reaktion auf eine gegebene Problemlage ist[80].

Diese Merkmale sind die Absolutheit der souveränen Entscheidung, ihre Letztinstanzlichkeit und ihre Einseitigkeit[81]. Die Absolutheit bedeutet, daß alle traditionell zugelassenen intermediären Gewalten (Stände) des Mittelalters grundsätzlich von der Teilnahme an Souveränitätsbefugnissen als Entscheidungsbefugnissen ausgeschlossen sind[82]. Der Souverän ist frei von der Bindung an Befehl oder Gesetz eines Dritten. Letztinstanzlichkeit bedeutet, daß es in dieser Welt keine Appellationsinstanz gegen Entscheidungen des Souveräns gibt. Die Bindung an göttliches Recht kann, auch, wenn sie wie bei Bodin als dem zweiten wichtigen Theoretiker der Souveränität ausdrücklich zugestanden wird[83], nicht eingeklagt werden. Schließlich ergeht die Entscheidung einseitig, d. h. ohne ein Zusammenwirken von Ständen und Souverän[84]; dadurch ist gesichert, daß die Macht ungeteilt ist und dadurch Einheit garantieren kann; das später auftauchende Problem der Infragestellung der Einheit durch die Gewaltenteilung taucht noch nicht auf.

---

als Vico ganz unter dem Eindruck des Paradigmas naturwissenschaftlicher Erkenntnis (Vgl. zu Hobbes noch *Weiß*, S. 42 ff., 60 ff., zu Vico *Gadamer*, Gesammelte Werke Bd. 2, S. 226 f., 280 f., 379).

79 Vorsichtig pro Säkularisation *Quaritsch*, Souveränität, S. 19 mit Fn. 37.

80 Zu allem siehe *Blumenberg*, Bd. 1, S. 75 ff.

81 Kelsen hat die Strukturgleichheit der Problemstellungen aufgewiesen: Der Frage, ob Gott seinen Willen auch zum Bösen ändern kann, entspricht die Frage nach dem legislativen Unrecht; jede Souveränitätskonzeption produziert diese Probleme. Das Grundgesetz hat in Art. 79 III den Versuch einer Antwort gegeben. Vgl. *Kelsen*, Gott und Staat, S. 261 ff.

82 *Quaritsch*, Souveränität, S. 55.

83 Bodin kennt mehrfache Bindungen des Souveräns, die zwar teils seine Herrschaft stabilisieren (beispielsweise die dynastische Thronfolge, vgl. *Quaritsch*, Souveränität, S. 51), teils aber auch als echte Schranken wirken können. Dabei werden diese auch bei Bodin entkonfessionalisierten Schranken aus göttlichem Recht so allgemein gefaßt, daß sie mit Hobbes Konkordienformel („Jesus is the Christ") wetteifern können: Verboten sei danach die Tötung Unschuldiger sowie rechtsgrundlose Konfiskationen bei Armen (vgl. *Quaritsch*, Souveränität S. 51). Das Beispiel zeigt, wie die Verhinderung der Auffüllungen von Tatbestandsmerkmalen durch konfessionelle Interpretationen das weltliche Recht gegen die religiöse Fraktionierung immunisiert.

84 *Quaritsch*, Souveränität, S. 56 ff.

In einer ähnlichen Situation wie Hobbes konzipiert Bodin seinen Souveränitätsbegriff, weist dabei aber noch Züge eines Verständnisses einer binnendifferenzierten Einheit auf. Gegenüber der konsequenten Durchführung der Konzentration der Entscheidungsbefugnisse bei Hobbes sind bei Bodin noch die früheren Mitwirkungsrechte der Stände erkennbar. Er anerkennt die Realität der Korporationen und das Bedürfnis nach dezentraler Verwaltung. Damit bleibt er einerseits hinter Hobbes zurück, indem er mittelalterliche Vorstellungen aufnimmt, andererseits aber liefert er bereits das Lösungsmodell für das spätere Problem des erneuten Auseinanderfallens von Entscheidungsbefugnissen zum Beispiel in der Gewaltenteilung: alle puissance publique wird als vom Souverän abgeleitet gedacht, auch die Gewalt der Korporationen und anderer Selbstverwaltungseinheiten beruht auf der des Souveräns[85]. Dadurch wird der Versuch gemacht, auch einer in sich differenzierten staatlichen Macht Souveränität und Einheit zusprechen zu können. Es können nach diesem Argument keine Widersprüche innerhalb des Bereiches öffentlicher Gewalt auftreten, die nicht lösbar wären. Alle legitime staatliche Gewalt geht von dem Souverän aus; er ist Inhaber der Souveränität, lediglich ihre Ausübung kann auf verschiedene Organe im Staat verteilt sein; diese begriffliche Lösung des Einheitsproblems wird später insbesondere auf die Gewaltenteilung angewandt.

Mit seiner Konzeption kann Hobbes zwar die Bedeutung einer konfessionellen Auseinandersetzung für seine Einheitskonzeption stark mindern. Die Souveränität wird unabhängig von theologisch-konfessionellen Elementen; es ergibt sich aber eine Reihe von neuen Problemen aus der Begründungsmethode von Hobbes.

Hobbes stellt die Souveränität als Ergebnis des Unterwerfungsvertrages zwischen den Einzelnen und dem späteren Herrscher dar. Um sich außerhalb des konfessionellen Streites behaupten zu können, muß Hobbes bemüht sein, die Geltung dieser Konstruktion gegen Zweifel abzusichern. Dabei darf der Aufweis ihrer Wahrheit sich nicht mehr aus einer Relation zwischen dem konfessionell vereinnahmten Gott und den Menschen ergeben, sondern muß im Bereich des Säkularen verbleiben. Hobbes bewegt sich demgemäß in der Form der Wissensbegründung, die Descartes und Galilei eingeführt hatten. Wissen ist nicht mehr Teilhabe an vorfindlicher, religiös garantierter Wahrheit, sondern menschliche Produktion von Wahrheit (‚generatio')[86]. Die generatio als Begründungsform löst die Wahrheit erfolgreich aus religiösen Zusammenhängen[87]. Der Modellfall für

85 Nur die Familie sei unabgeleitete Gewalt und als solche communauté naturelle (vgl. *Quaritsch,* Staat, S. 270). Das Problem natürlicher oder abgeleiteter Gewalt hat bis in die jüngst Zeit einen erheblichen Stellenwert bei der Einordnung der kommunalen Selbstverwaltung gehabt. Staatsrechtlich wird die Denkfigur zur Versöhnung von staatlicher Einheit und Gewaltenteilung benutzt.

86 Vgl. dazu ausführlich darstellend *Willms,* Thomas Hobbes, 2. Kapitel.

87 In dieser Leistung hat z. B. Cassirer das erkenntnistheoretische Verdienst von Hobbes gesehen. *Cassirer,* Das Erkenntnisproblem, Bd. 2, S. 48 f. Die Verbindung zwischen genetischer Begründung durch Konstruktion und punktueller Einheitsvorstellung

die Anwendung der Erkenntnismethode der generatio ist die Geometrie[88]. In ihr kann am deutlichsten demonstriert werden, was unter generatio zu verstehen ist und wie die religiöse Anbindung des Wahrheitsbegriffes, mit der Hobbes, der das religiöse Moment ausklammert[89], sich nicht zufriedengeben kann, zu vermeiden ist. Hobbes sucht eine Definitionsart, die den Rückbezug auf ein anderes definiendum (und damit einen infiniten Regreß) vermeidet und findet diese in der generatio. Diese ist „kausale" oder „generative" Definition; darin gehen Erschaffung und Begründung[90] des Begriffsinhaltes in einem Akt zusammen. Dieses ist der Akt der Herstellung. Indem der Kreis gezeichnet wird, ergibt sich seine Definition: alle Punkte der Kreislinie müssen zum Mittelpunkt gleichen Abstand haben[91]. Grundlegend für diese Auffassung war die Methode der resolutio und compositio des Galilei. Die ‚resolutio' zerlegt einen Gegenstand in seine kleinsten Elemente; nachdem diese erkannt und in ihrer Funktion verstanden sind, wird der Gegenstand wieder gedanklich zusammengefügt; in der damit vorgenommenen ‚Herstellung' (die gleichzeitig die rein gedankliche wie die bewußte tatsächliche sein kann, wie das Beispiel der Geometrie zeigt) des Gegenstandes erfährt dieser gleichzeitig seine Begründung[92], da die vorgenommene Operation alles für ihn wesentliche umfassen muß. Als die Kernstruktur der kausalen Definition kann man den notwendigen Zusammenhang von Gewißheit und Erzeugung bezeichnen[93]. Die Erzeugungsoperation enthält in sich das zu Wissende und wissen kann der Handelnde, weil er die Operation vornehmen kann.

Diese Methode nimmt ein Element der alten Wahrheitsvermittlung über Gott auf — auch dort ist offenbar die Erkenntnis der Wahrheit über Gott mit dem Schöpfungsakt verkoppelt. Es erfolgt in der neuen Methode aber eine Auswechselung des schöpferischen Subjekts; der Mensch tritt jetzt als Schöpfer auf und ist daher in der Lage, selbst die Gewißheit zu erlangen ohne der Garantien des göttlichen Schöpfers zu bedürfen. Damit gelingt Hobbes die Lösung der Wahrheitsbegründung aus theologischen Zusammenhängen: mit dem In-eines-fallen von Begründung im Sinne des Arguments und Begründung im Sinne der Herstel-

---

wird auch bei Cassirer deutlich; der Einzelne geht rückstandslos in der Einheit auf (vgl. auch den Hinweis auf die Einheitsvorstellung Rousseaus im Contrat social, Buch 1, Kap. 6, wo der Einzelne ebenfalls in der Einheit aufgeht. Dazu *Cassirer*, in: Das Problem J. J. Rousseau, S. 14. Vgl. zu diesem Aspekt Hobbes' auch *Bloch*, Naturrecht und menschliche Würde, Werke Bd. 6, S. 70 sowie Vorlesungen zur Philosophie der Renaissance, S. 141 ff. (145).

88 Vgl. *Weiß*, z. B. S. 25.

89 Vgl. *Weiß*, S. 42.

90 „Begründung" wird dann in seinem Doppelsinn aufgefaßt, der Aufweis und Herstellung beinhaltet. Vgl. zu Begründung als Synonym zu Definition: Hist. Wörterbuch der Philosophie, Bd. 2, Artikel Definition, Sp. 36. Vgl. zu Hobbes *Willms*, Thomas Hobbes, z. B. S. 159.

91 Vgl. genauer dazu *Weiß*, S. 86 f.

92 Zum Hobbesschen Denken im System vgl. allgemein *Rombach*, Bd. I S. 304, Bd. II S. 36 ff.

93 *Weiß*, S. 86.

lung scheint ein Geltungsanspruch in idealer Voraussetzungslosigkeit demonstriert zu sein[94]. In der resolutio führt Hobbes den Staat auf den Naturzustand konkurrierender Individuen zurück. In der Vorstellung dieses Zustandes produziert das Denken generativ einige Grundhypothesen[95], z. B. über die Anthropologie des Menschen im vorstaatlichen Status (mit dem Ergebnis z. B., daß der Naturzustand nicht harmonisch sein kann). Die Wahrheit dieser Hypothesen ist wie in der Geometrie und bei Descartes' „clare et distincte intellegere" durch bloße Evidenz gesichert. Auf dieser Basis kann deduktiv der Staat wieder denkend zusammengefügt werden (compositio). Dieser Teil der Operation ist als deduktiver frei von den Einflüssen von Sinnestäuschungen[96]. Die Sicherheit von Evidenz und Deduktion kann sich auf die Konkurrenz mit der erschütterten Gewißheit des Gaubens einlassen[97]. Allerdings ist diese Sicherheit in der Idee der generatio an das isolierte Individuum geknüpft. Soll die neu gewonnene säkulare Sicherheit der Wahrheitsbegründung und darin eingeschlossen der Hobbes'schen Begründung der staatlichen Souveränität und der bürgerlichen Gehorsamspflicht nicht zu neuen Auseinandersetzungen zwischen den Individuen führen, so ist ihre Verallgemeinerbarkeit (Intersubjektivität) erforderlich, die durch den individuell begrenzten Akt der Herstellung nicht garantiert wird. Die Herkunft der in der Deduktion waltenden Gesetzlichkeit (der Logik) bleibt also zunächst unklar[98]; ebenso ist unklar, warum die Evidenz der Grundhypothesen intersubjektiv überzeugen kann. Hobbes sucht diese Probleme dadurch zu lösen, daß er die Angeborenheit einer bestimmten Konfiguration der Vernunft annimmt[99], die sowohl die Logik wie die Evidenz verallgemeinerbar sein läßt.

---

94 Diese doppelte Leistung der Begründung wird in Folgendem besonders deutlich: Tritt die Situation ein, daß Bürger augrund vermeintlich besserer Einsicht in die Wahrheit der Verhältnisse — dem absoluten Anspruch von Wahrheit folgend —, sich dem Staat nicht beugen, so sieht Hobbes darin nicht eine Durchbrechung des Friedens, sondern behauptet, ein Frieden habe im Grunde nie bestanden; es handele sich um ein Wiederaufleben des Bürgerkrieges (*Hobbes,* z. B. S. 138 oder Kap. 29). Was zunächst wie eine Scheinlösung durch einen definitorischen Kunstgriff anmutet, hat die Doppeldeutigkeit der „Begründung" zum Grund: Im Akt der erfolgreichen Einheitsbildung des Staates wird auch die theoretische Wahrheit dieses Vorganges mitproduziert; Staats- und Rechtfertigungsproduktion geschehen zwangsläufig simultan. Daher ist es konsequent, zu sagen, daß, wo die Berechtigung staatlicher Herrschaft noch tatkräftig angezweifelt wird, ein Übergang aus dem Naturzustand in den staatlichen tatsächlich nicht stattgefunden hat.

Auch an dieser Stelle zeigt sich, daß Hobbes Friedensbegriff zwar sehr reduziert ist, aber auch positive Elemente enthält; insbesondere die Überzeugung von der Berechtigung von Herrschaft. So weist er ausdrücklich darauf hin, daß Furcht allein Herrschaft nicht aufrechterhalten kann (S. 209). In einer furchtdominierten Gesellschaft herrscht nicht wirklich Friede.

95 Zur Rolle der Hypothesen im Systemdenken *Rombach,* Bd. 1 S. 324 f.

96 Vgl. generativen Erkenntnis philosophiegeschichtlich *Rombach,* Bd. 1 S. 384 f.

97 Die Etappen der Säkularisation im Staat hat Böckenförde gezeigt: Zunächst wird mit Hilfe des Grundsatzes ‚cuius regio, eius religio' die Konfessionalität disponibel gemacht, dann ganz in den Bereich der Privatheit verdrängt. (*Böckenförde,* Die Entstehung des Staates als Vorgang der Säkularisation, S. 42 ff.)

98 Vgl. *Rombach,* Bd. 2 S. 501.

Es bleibt also ein Rest nicht explizit begründeter Voraussetzungen bestehen. Eine Selbstbegründung, wie Hobbes sie angestrebt hatte, ist auf die geschilderte Weise unmöglich; mit der Vorstellung der angeborenen allgemeinen Ideen bleibt etwas außerhalb des Denksystems, die nicht in dessen Vollzug begründet werden kann[100].

Der Akt der Begründung ist in Hobbes' Verständnis dem Einfluß sowohl der Zeit wie des gesellschaftlichen Kontextes entzogen. Wahrheit ist universell, weil intersubjektiv und ewig. Nach wie vor besteht nur die Möglichkeit einer Wahrheit und damit die Möglichkeit radikaler Konfrontation; es zeigt sich, daß bei der Überführung einer Argumentationsfigur aus theologischem Kontext in den weltlichen Zusammenhang Begriffsprädikate erhalten bleiben können. Um Frieden zu sichern, sieht sich Hobbes gezwungen, den Staat zum „sterblichen Gott" zu übersteigern. Damit werden für den Einheit herstellenden Souverän und für die zu gewährleistende Einheit Prädikate übernommen, die ein binnendifferenziertes Verhältnis von Einheit unmöglich machen (Ungeteiltheit). Einheit ist nicht als Ergebnis eines gesellschaftlichen Prozesses denkbar, sondern nur als Produkt eines schöpferischen Subjekts.

3. Die Verarbeitung von Hobbes bei Schmitt

Zunächst scheint die von Hobbes gewählte Methode aufgrund ihrer Leistung auch für Schmitt attraktiv zu sein in Bezug auf die Aufgabe, zu schildern, wie staatliche Einheit in einer Situation mangelnder vorfindlicher Homogenität herstellbar ist.

Dabei ergeben sich schon zahlreiche Vorgaben für die Argumentation Schmitts.

So ist die für Schmitt so wichtige ‚Entscheidung' als Begründungsakt ist latent bereits in Hobbes' Begründungsmethode enthalten. Auch die Vorstellung der generatio beinhaltet eine Entscheidung — die für eine bestimmte, evidenzgelenkte Hypothesenbildung. Entfällt dabei die Evidenz, so kehrt sich der Charakter der generatio als creatio ex nihilo hervor[101].

Der von Hobbes ausgehende Druck in Richtung auf die bloße Entscheidung läßt sich noch durch eine weitere Überlegung dartun. Die Begründung der Souveränität bei Hobbes weist Ähnlichkeit mit der Entstehung des Nominalismus, also der Theorie, die die zeitlose Existenz von Allgemeinbegriffen bestreitet, auf. Es steht außer Zweifel, daß Hobbes vom Nominalismus beeinflußt war. Er hat in

---

99 Auch hierin ist er sich mit Descartes einig (ideae innatae). Vgl. bei *Willms,* Thomas Hobbes, S. 145 die „natürlichen Gesetze"; Willms thematisiert den Widerspruch zu der durchgängig individuell nominalistischen Methode von Hobbes nicht.

100 Vgl. zu ähnlichen Problemen bei Descartes *Rombach,* Bd. 2 S. 86.

101 Zu dieser Bedeutungsrichtung der generatio, die auch bei Schmitt eine wichtige Rolle spielt, *Rombach,* Bd. 1 S. 123. Vgl. auch *Kersting,* S. 312.

seinen Schriften die Erkenntnisse des Nominalismus vertreten. Die Berufung auf einen Funktionszusammenhang von Furcht und Zwang als Wirkursachen menschlichen Handelns, statt auf eine Wesenseigenschaft z. B., kann als Produkt der nominalistischen Position betrachtet werden[102]. Rombach hat dargelegt[103], daß die Entstehung des Nominalismus verstanden werden kann als die Bemühung, die Souveränität Gottes zu retten. Dessen Allmacht wäre gefährdet, würde man zeitlose Allgemeinbegriffe (Universalien) anerkennen; die begriffliche Logik stünde dann höher als die göttliche Allmacht; diese wäre an die logische Ordnung gebunden. Deswegen betrachtet der Nominalismus die Welt, wie Gott sie in seiner ungebundenen Willkür geschaffen hat, als bloße Faktizität; die Dinge sind bloß sie selbst und verweisen nicht auf hinter ihnen stehende Urbilder (die Universalien). Damit ist der Vorrang der Sache vor der Idee, des Namens vor dem Allgemeinbegriff festgeschrieben. Nur unter diesen Bedingungen ist der Schöpfungsakt frei und nicht an zeitlose Wesensideen gebunden. Hält man sich diese Erklärung vor Augen, so ist die Parallelbewegung bei Hobbes deutlich. Hobbes will die Souveränität des Staates begründen; diese umfaßt angesichts unterschiedlicher, gesellschaftliche Wirksamkeit beanspruchender Wahrheitskonzepte, auch das Recht zur Normsetzung. Hobbes rettet nun die Souveränität, indem er alle Abhängigkeiten von vorgegebenen Werten kappt: der Positivismus des Gesetzes wird begründet. So wie der Nominalismus, um Gott von der Welt zu befreien, die Welt von Gott befreit hat[104], löst Hobbes, um das staatliche Recht zu begründen, dieses von naturrechtlicher Gerechtigkeit und Gerechtigkeiten des guten alten Rechts. Die Entscheidung hat freie Bahn[105].

Aus der Erkenntnismethode Hobbes' ergeben sich noch weitere Konsequenzen, die auf Elemente des Ausnahmezustandes, wie Schmitt ihn sieht, hinleiten. Das Denken in der Form der mos geometrica kann nicht alle Gegenstände erfassen; alles nicht in dieser Art Definierbare wird ausgeblendet[106]. Gegen die Ausblendung des gesellschaftlichen Lebenszusammenhanges[107] hat Hobbes auch seine

---

[102] Vgl. zur Beeinflussung Hobbes durch den Nominalismus *Regli,* insb. S. 79 ff.

[103] *Rombach,* Bd. 1 S. 78 ff.

[104] *Rombach,* Bd. 1 S. 134.

[105] Den Zusammenhang von säkularisiertem Nominalismus und Dezisionismus bei Hobbes sieht auch *Bloch,* Naturrecht und menschliche Würde, S. 61.

[106] Vgl. allgemein dazu *Rombach,* Bd. 1 S. 374.

[107] Mit dem Lebenszusammenhang ist auch die Geschichtlichkeit abgeblendet. Freilich darf der Vorwurf, das Hobbes'sche Konzept, und mit ihm das von Schmitt sei ahistorisch, nicht nur die üblichen Vorwürfe gegen einen falsch als historisch aufgefaßten Naturzustand reproduzieren, wenn dieser im Denken Hobbes eine regulative Rolle einnimmt, nicht als historischer gemeint ist. Eine solche Auffassung legt neuerdings die Hobbes-Forschung (vgl. *Zarka,* La décision métaphysique de Hobbes) näher, als es von der Entstehungssituation des Hobbes'schen Gedankengutes aus vermutet werden mag. Man kann die Souveränitätskonstruktion als Beschreibung der Bedingung der Möglichkeit von staatlicher Normalität verstehen, also transzendental im kantischen Sinne. Dann wäre Ungeschichtlichkeit des isolierten Subjektes bei Hobbes ebenso konsequent und theoretisch stimmig wie die des Kantischen transzendentalen Subjekts. Genau hier wird aber deutlich, daß Schmitt von diesem Argument nicht profitieren kann. Mit der Kantkri-

konventionalistische Sprachtheorie nicht geholfen. Von hier aus wäre es naheliegend gewesen, die Grundhypothesen des Naturzustandes in Zweifel zu ziehen, weil jedenfalls nach Hobbes die Sprache im Naturzustand offenbar schon existiert hat[108]. Von daher hätte der Schluß nahegelegen, daß auch Evidenzen und vernünftige Deduktionen wie die Sprache konventionalistisch aufgefaßt werden müssen. Damit wäre aber die Überzeugungskraft der Hobbes'schen Theorie stark gesunken; Wahrheit wäre im Rahmen der Konvention in Bezug auf ihre Geltung partikular geworden[109]. Auf etwas anderem Hintergrund geht Smend in Anknüpfung an Dilthey gegen Schmitt an und versucht diese Ausblendung des gesellschaftlichen Zusammenhanges und der Geschichtlichkeit zu überwinden.

Diese Ausblendung führt insbesondere dazu, daß der komplexe Lebenszusammenhang in der Gesellschaft nicht erfaßt wird, weil er nicht theoretisch „herstellbar" ist[110]. Einheit wird also durch ein Element der Ausgrenzung gesichert. Diese entspricht dem Denken vom isolierten Subjekt her[111], wie es von Descartes inauguriert worden ist. Dieser Aspekt der Methode wirkt sich auch inhaltlich aus; anders als für Bodin ist für Hobbes das Individuum kleinster Baustein der Gesellschaft. Der Einzelne ist in die Rolle des Schöpfers eingerückt[112]. Das Individuum ist aber anders als der göttliche Schöpfer sterblich; aus diesem zeitlichen Horizont ergibt sich für den isolierten Einzelmenschen[113] im Zusam-

---

tik der Romantik vom frühen „Systemfragment" Hegels und Hölderlins bis zu der Diltheys greift Schmitt die Reduktion des Kantischen Subjektes auf Rationalität an. Mit dem Anschluß an den Existenzialismus, der die Einbeziehung eines weiteren Erfahrungshorizontes als den der Naturwissenschaften fordert, hat Schmitt die Möglichkeit transzendaler Argumentation preisgegeben.

108 In dieser Hinsicht war Rousseau konsequenter, der für den Naturzustand erst die Entwicklung der Sprache ansetzt (vgl. *Rousseau,* Bd. 3, Sur l'origine de l'inégalite, S. 146 ff.).

109 Die Kritik aus dieser Richtung hat sich erst nach den Fortschritten der Sprachphilosophie voll ausbilden können.

110 Zum Mechanismus als Paradigma der Herstellbarkeit im Denken Hobbes vgl. *Rombach,* Bd. 2 S. 302; *Weiß* S. 42, 60; *Habermas,* Die klassische Lehre, S. 59 ff.; *Smid,* Der Staat 27 (1988) S. 325 (zu Hobbes 329); zu Mechanismus, Solipsismus und Kausalität bei Hobbes und Descartes *Dilthey,* Weltanschauung, S. 363 ff. (366, 370/1, 373 f.), zum Aspekt der generatio S. 380 ff.

111 Der Solipsismus wird auch in der Untersuchung von *Kramme,* passim, als eine für Schmitt entscheidende Kategorie gesehen. Vgl. außerdem *Willms,* Der Staat 27 (1988) S. 569 (584).

112 Hobbes sagt z. B., der Mensch sei neben Gott das einzige Wesen, das Universalien schaffen könne. Auch Schmitt hat sich mehrfach zur Neubesetzung der „Rolle" Gottes geäußert. So soll die französische Revolution die Menschheit, die Romantik das Individuum und der Marxismus die Geschichte in diese Rolle eingesetzt haben *(Schmitt,* Parlamentarismus, S. 64). Bei Nietzsche trete das Leben selbst in diese Stelle ein *(Schmitt,* Politische Romantik, S. 23, vgl. S. 90, 96 f.).

113 Vgl. *Habermas,* Der philosophische Diskurs der Moderne, S. 70: „Übereinstimmung besteht auch darüber, daß die autoritären Züge einer bornierten Aufklärung im Prinzip des Selbstbewußtseins oder der Subjektivität angelegt sind. Das sich auf sich selbst beziehende Subjekt erkauft nämlich Selbstbewußtsein nur um den Preis der Subjektivierung der äußeren wie der eigenen inneren Natur."

menspiel mit einem absoluten Wahrheitsanspruch[114] ein radikalisierend wirkender Druck[115]. Dieser wirkt sich dergestalt aus, daß unterschiedliche Überzeugungen kompromißunfähig werden; die Theorie von Schmitt muß der dergestalt radikalisierten Heterogenität der gesellschaftlichen Gruppen standhalten, wie die Hobbes'sche dem Druck der konfessionellen Überzeugungen zu begegnen hatte. Gleichzeitig legt das als gedanklicher Fixpunkt benutzte Bild des isolierten Einzelmenschen das Festhalten an der traditionellen Auffassung der einen, unteilbaren Souveränität nahe. In diesem Punkt bleibt Schmitt Hobbes gegen die seit Beginn des zwanzigsten Jahrhunderts sich verschärfenden Angriffe auf die Unteilbarkeit der Souveränität treu.

Hobbes Position scheint es Schmitt auch zu ermöglichen, seinen weitgespannten Anspruch bei der Begründung von Einheit hinsichtlich des Verhältnisses von Tatsachenwahrheit und normativer Geltung zu befriedigen. Weiß hat dies unter der Fragestellung nach einem naturalistischen Fehlschluß bei Hobbes untersucht; er kommt zu dem Ergebnis, daß durch die Konzeption der generatio als Begründung qua Herstellung ein solcher Fehlschluß vermieden wird[116]. Dadurch kann die Norm gleichzeitig historisch[117] und normativ werden. Macht und Recht werden bei Hobbes nicht getrennt[118], ohne daß bloße Äquivokation[119] vorläge, so daß Schmitt sich von Hobbes Denken auch insoweit eine Einheitsherstellung versprechen kann.

Schließlich läßt sich für Schmitt vom Boden des Hobbes'schen Denkens aus auch kaum ein Weg zur Aufsplitterung der staatlichen Macht, z. B. als Gewaltenteilung finden[120]. Das Individuum, bei Hobbes in Analogie zum göttlichen Schöpfer gedacht, hat wie dieser ein Recht auf die Schöpfung: Hobbes gesteht dem Einzelnen im Naturzustand ein „Recht auf Alles" zu. Auch hier wird die Ausklammerung des schon stets existierenden gesellschaftlichen Zusammenhanges wirksam. Dieses Recht auf Alles ist aus einer Grundhypothese Hobbes entwickelt: dem Machttheorem. Danach ist der Mensch mit einem unabänderlichen Macht-

---

114 Schmitt bezeichnet die Einsicht, daß es nur eine Wahrheit, aber auch nur eine höchste Gewalt geben könne, als überaus wichtigen Gedanken (*Schmitt*, Der Wert des Staates, S. 44).

115 Der eschatologische Aspekt einer Überzeugung ist ambivalent; einerseits kann er benutzt werden i. S. eines politischen Opportunismus; die noch belassene Frist verliert an Interesse (vgl. *Barion*, Kirche oder Partei?, Der Staat 4 [1965] S. 131 ff.). Andererseits kann er zur Radikalisierung führen; gerade weil das Leben kurz ist, muß man in der verbleibenden Spanne gegen das Unrecht angehen (vgl. mit Hinweis auf die Befreiungstheologie von J. B. Metz *Spaemann*, Zur Kritik der politischen Utopie, S. 57 ff.).

116 *Weiß*, S. 89, 147, 155.

117 Entgegen dem insoweit noch zögernden Bodin; vgl. *Roellenbleck*, Philosophie und Religion bei Bodin, S. 415 ff.

118 *Weiß*, S. 147 ff.

119 Vgl. *Habermas*, Die Klassische Lehre, S. 70 f.

120 Zum anscheinenden Widerspruch zwischen Souveränität und Gewaltenteilung vgl. hier nur *Stier-Somlo*, Die Dreiteilung der Gewalten, S. 217.

trieb, der durch nichts befriedigt werden kann, ausgestattet. Im Naturzustand entspricht diesem Trieb das Recht auf Alles. Zwangsläufig muß es so zum Konflikt kommen[121]. Die Ausgangsbedingungen auch für eine verfaßte Gewaltenteilung sind also äußert ungünstig. Dem entspricht es, daß Hobbes sich keinen stabilen Zustand einer Gewaltenteilung vorstellen kann. Er geht davon aus, daß bei geringen Machtverschiebungen der Begünstigte sofort versucht, seine Macht auszubauen und daß dies zwangsläufig in den Konflikt führt. Zwischen der Gewaltenteilung im Staat und dem Aufeinanderprallen der Machtansprüche im Naturzustand sieht er hinsichtlich der mangelnden Stabilitätsgewähr keinen Unterschied.

Schmitt kann sich aber selbstverständlich nicht mit dem unaufgeklärten Restbestand der „angeborenen Ideen“ in dem Denkmodell Hobbes' zufrieden geben. Die Erkenntnisse des Historismus haben zur Einsicht auch in die Geschichtlichkeit der Vernunft selbst geführt[122]. Damit ist die Verallgemeinerbarkeit der deduktiv gewonnenen Sicherheiten und die Überzeugungskraft angeborener Ideen, die Evidenz verbürgen, gefallen[123]. Die generatio wird in den Individuen partikularisiert, mit der Folge, daß die so erzeugte ‚Wahrheit‘ nicht mehr den Anspruch auf Verallgemeinerbarkeit erheben kann. Schmitts Reaktion auf diese Schwierigkeit versucht die Form der Selbstbegründung durch Ineinssetzen von Begründung und Vollzug zu retten; zusätzlich wird an die Stelle der bei Hobbes noch vorgegebenen Invarianten nun die ‚Entscheidung‘ gesetzt. Die Bemühung um Beseitigung der Schwachstellen der vorhistorischen Argumentation Hobbes' führt bei Schmitt m. E. dann zum Rückgriff auf Argumentationsfiguren von Kierkegaard.

Die Art der Einheitsbegründung, die C. Schmitt gewählt hat, beruht wesentlich auf den Anforderungen, denen sie sich ausgesetzt sieht. Diese werden dadurch bestimmt, daß Schmitt sich in einer Ausnahmesituation sieht, die weit umfassender ist als der instabile politische Zustand der Weimarer Republik; vielmehr bezieht Schmitt die Erkenntnis des Ausnahmezustandes auch auf die geistige Situation der Zeit. Weil die Ausnahmesituation viele Aspekte aufweist, die weit über den politischen hinausweisen, muß auch die Vereinheitlichungsleistung eine umfassende sein[124].

Mit dem Denken vom Ausnahmezustand her gerät Schmitt schon sachlich (also abgesehen von seinem persönlichen Interesse an theologischer Begriffsbildung) in Verbindung zur ihm zeitgenössischen dialektischen Theologie und zu

---

121 Macpherson hat hierin eine Beschreibung des Frühkapitalismus gefunden. *Macpherson,* Die politische Theorie des Besitzindividualismus, 1973.

122 *Schnädelbach,* Philosophie in Deutschland, S. 51 ff.

123 Zur Ahistorizität und Intersubjektivität von Vernunftregeln des Denkens more geometrico aus moderner Sicht *Frank,* Was ist Neostrukturalismus, S. 157.

124 Vgl. im Zusammenhang mit Schmitts Anforderungen *Göldner* S. 46: „Einheit höchster Potenzierung bedeutet auch: Einheit von Sollen und Sein, von Norm und Wirklichkeit, von Rechts- und Lebensordnung.“

deren Gewährsmann Kierkegaard. Deutlich ist jedenfalls die Auseinandersetzung Schmitts mit der dialektischen Theologie[125]. Darauf, daß auch das Denken Kierkegaards für Schmitt von Bedeutung gewesen ist, hat zunächst Karl Löwith hingewiesen[126]. Generell ist diese Bedeutung aufgrund der Kierkegaard-Renaissance der zwanziger Jahre leicht erklärlich. Kierkegaard bietet für Schmitt das Modell einer Normbegründung in der Ausnahmesituation. Dabei kann Schmitt von Hobbes' Theorie der generativen Produktion von Wahrheit ausgehen. Die Verbindung dieser Wahrheit mit der Subjektivität wird bei Hobbes durch die angeborene allgemeine Vernunft gesichert. Schmitt versucht nun, Gedanken Kierkegaards fruchtbar zu machen, um Normativität ohne diese Voraussetzung begründen zu können. Gleichzeitig scheint Kierkegaard ein Beispiel für die punktuelle Überwindung der Kluft zwischen der absoluten Forderung des Rechts und der stets relativen Existenz des Staates zu bieten. Damit scheint er eine Lösung dieses auch von Schmitt in der Schrift ‚Über den Wert des Staates und die Bedeutung des Einzelnen' erkannten Problemes zu bieten. Schließlich ergeben sich einige Anhaltspunkte für eine prekäre Stellung Schmitts zur Romantik; Kritik verdeckt Nähe: auch hier in Entsprechung zu Kierkegaard. Ob Schmitt Gedankenfiguren von Kierkegaard übernommen hat oder lediglich eine partielle Parallelität vorliegt, ist für den Zweck der Darstellung unerheblich: Die Argumentation Schmitts und ihre Voraussetzungen sollen deutlicher und damit kritikfähiger werden, indem sie modellhaft dargestellt werden.

---

125 Die dialektische Theologie betont die Wesensverschiedenheit des absoluten Gottes und des Menschen sowie die Geschichtlichkeit der menschlichen Existenz. Diese Geschichtlichkeit hat aber keine objektiv sinnvolle Kontinuität; in jedem Augenblick muß die Erschlossenheit der Existenz neu hergestellt werden. Vgl. z. B. *Bultmann,* Die Bedeutung der dialektischen Theologie für die neuzeitliche Wissenschaft, S. 114 ff. Auch die dialektische Theologie propagiert wie Schmitt einen Gleichlauf theologischer und staatsrechtlicher Begriffe. Beispielsweise Gogarten hat die absolute Forderung Gottes an den Menschen mit der absoluten Forderung des faschistischen totalen Staates an den Bürger parallel gesehen. Daraus ist ein bezeichnender Streit darüber erwachsen, ob das staatliche Gesetz dem göttlichen Gesetz aus der Sicht Gogartens gleichzuachten sei. Mit den Verschränkungen von Politik und Theologie fand sich Schmitt also nicht allein. (Vgl. *Gogarten,* Ist Volksgesetz gleich Gottesgesetz ?, 1934; gegen die Einheit von Evangelium und Volkstum z. B. *Vogel,* Wider die Gleichschaltung von Gottesgesetz und Staatsgesetz (Junge Kirche, Heft 19 [1933]).

126 *Löwith,* Der okkasionelle Dezisionismus von Carl Schmitt, Gesammelte Schriften Bd. 8, S. 32 ff. (zuerst in Archiv für Sozialwissenschaften und Sozialpolitik, 1927). Hofmann bestreitet die Relevanz von Schmitts Berufung auf Kierkegaard für die Argumente Schmitts; kritisch zu Hofmann wiederum Böckenförde in der Besprechung zu Hofmanns Werk über Schmitt.

V. Die Einheitsherstellung durch den Akt der Suspension. Die theologische Lösung als Paradigma. Carl Schmitt im Verhältnis zu Sören Kierkegaard

Für den Aufweis von Parallelen in den Argumentationsfiguren von Schmitt und Kierkegaard bedarf es neben dem Hinweis auf die Stimmung der Zeit[127] eines genaueren Nachweises[128] der Möglichkeit einer Übernahme Kierkegaard'scher Denkfiguren durch Schmitt[129]. Dafür wird im Folgenden kurz die Beschreibung eines hier wesentlichen Argumentationsstranges von Kierkegaard gegeben. Anhand dieser Darstellung kann erkannt werden, daß Schmitt Parallelen finden und Lösungsansätze ähnlich konzipieren konnte. Dadurch kann plausibel gemacht werden, daß die hier bezüglich der Begründung von Einheit für zentral gehaltene Position Schmitts im wesentlichen mit einem Modell aus dem Denken Kierkegaards übereinstimmt[130]. Direkte Belege für eine Abhängigkeit lassen sich im

---

127 Vgl. die Bemerkung von *Kramme*, Helmuth Plessner und Carl Schmitt, S. 162, ein Bezug auf Kierkegaard sei zeittypisch.

128 Das Verhältnis von Schmitt zu Kierkegaard ist erst neuerdings von Kramme angesprochen worden. Er stellt zutreffend eine Beeinflussung Schmitts durch Kierkegaard fest, wie sie schon von Löwith konstatiert worden war. Für den vorliegenden Zweck reicht die anthropologische Sichtweise von Kramme in ihren Ergebnissen nicht aus. Zweifellos ist es richtig, daß für Schmitt Kierkegaardsche Zentralerfahrungen der Existenz wie ‚Augenblickserfahrung', ‚Gefahrenbewußtsein' und ‚Sekuritätsverachtung' ebenfalls zentralen Charakter hatten (vgl. *Kramme* S. 164 mit Verweis auf *Kodalle* in *Taubes* [Hrsg.] Religionstheorie und politische Theologie, Bd. 1, S. 199). Aber diese Stimmungen, wie auch die, an einer Zeitenwende sich zu befinden *(Kramme* S. 163), waren damals allgemein und geben wenig mehr für die Nachkonstruktion der Schmitt'schen Argumentation her als einen allgemeinen Hintergrund, sofern sie nicht in ihrer begrifflichen Einkleidung und Entwicklung verfolgt werden. Soweit es um die grundlegende Differenz zwischen Schmitt und Kierkegaard geht, ist sicher zutreffend, daß Schmitt seine Hoffnung nicht in die Wiederherstellung des Glaubens gesetzt hat *(Kramme* S. 164-66, 175 f.). M. E. hat aber Schmitt die Strukturen von Kierkegaards Denken teilweise übernommen; er setzt alles auf die Herstellung einer neuen Legitimität und operiert dazu mit Mustern, die sich auch bei Kierkegaard finden.

129 Kierkegaard steht mit der Romantik in einer Umbruchssituation (und es wird sich erweisen, daß auch Schmitt der Romantik verhaftet ist in dem Sinne, wie sie sich als Denken über den Zwiespalt des Menschen zwischen absolutem Anspruch und Existenz verstehen läßt. Zu Schmitt als Romantiker vgl. *Lübbe*, Zur Theorie der Entscheidung, S. 118 f.). Die daraus folgenden Spezifika können ihn für Schmitt fruchtbar machen. Kierkegaard ist zunächst ein Autor der Subjektphilosphie, also der Linie, die Schmitt mit Hobbes verbindet. Dies wird in der Isoliertheit des Kierkegaard'schen Einzelnen überdeutlich. Gleichzeitig wird das Subjekt bei Kierkegaard unter den Vorrang Gottes gestellt. Seine Selbstbegründung scheitert und seine Chance liegt nur in der Gnade Gottes als des Anderen gegenüber dem Menschen. Hier liegt Schmitts Verbindung zur Theologie des Wunders und ein Punkt seiner Vergleichbarkeit mit G. Bataille: die Orientierung am Ausnahmezustand in der Grenzüberschreitung.

130 Die von *Kervegan*, Politik und Vernünftigkeit (Der Staat 27 [1988] S. 371 ff.) behauptete Nähe zwischen Schmitt und Hegel scheint mir wenig überzeugend. Die wenigen aufgezeigten Gemeinsamkeiten haben wenig gemeinsames: Die Ablehnung supranationaler Organisationen fußt bei Hegel auf dem Souveränitätsprinzip; bei Schmitt ist sie aus der politisch praktischen Ablehnung des Völkerbundes gespeist. Die jeweilige

veröffentlichten Werk Schmitts nicht finden[131]. Schmitts Vorliebe für die staatstheoretische Fruchtbarmachung theologischer Begriffe und Denkfiguren ist jedoch bekannt und von ihm selbst betont[132].

1. Die Überwindung der Ausnahmesituation bei Kierkegaard

Das Problem, das sich Kierkegaard stellt, ist die Überwindung der end- und ergebnislosen Reflexion zu verantwortbarem Handeln hin. Diese Fragestellung hat Ähnlichkeit zu der Fragestellung Schmitts, so daß ein Lösungsmodell Übertragbarkeit zu versprechen scheint. Die Ähnlichkeit ergibt sich daraus, daß für die Überwindung des Stadiums der Reflexion hin zur Einheit der Person ein Rückgriff auf feststehende Werte nicht möglich ist; es ist also ein Vorgriff auf das erst zu erreichende Stadium notwendig.

a) Die Ausnahmesituation

Die Grundsituation seiner Zeit ist für Kierkegaard die einer Entfremdung, die er wie Schmitt von einem normativen Ideal her als Ausnahmezustand auffaßt. Er begreift den Menschen als vereinzelt und in einem existentiellen Zwiespalt lebend. Der Mensch sei ein „Zwischenwesen", das sich in einem „Zwischenzustand" befindet[133]. Die Ausnahmesituation des Einzelnen ist der allgemeine Befund in Bezug auf die Befindlichkeit der individuellen Existenz[134]. Dieser Zwiespalt ist der zwischen Zeitlichem und Ewigem, Besonderem und Allgemeinem,

---

‚Rechtfertigung' der Diktatur ist bei Hegel keine: Die These, daß der erste Staat eine Diktatur gewesen sei, läßt sich mit Schmitts Position zur Diktatur gar nicht in Vergleichung setzen. Bei Hegel ist der Staat Produkt von Vermittlungen. Bei Schmitt soll er davon gerade befreit werden; Hegels bürgerliche Gesellschaft ist ja für Schmitt zerstört.

131 Bekannt ist nur die indirekte Anspielung auf den „protestantischen Theologen". Möglicherweise ist eine frühe, anonoym erschienene literarische Kritik Schmitts unter dem Titel ‚Schattenrisse' von einem gleichen Titel bei Kierkegaard beeinflußt.

132 Vgl. *Schmitt*, Politische Theologie I, S. 34; Der Wert des Staates, S. 53, 55, 65 ff.; Politische Romantik, S. 19, 89: Die Parallelisierung der Begriffe habe ihre Rechtfertigung aus der „methodischen Identität zahlreicher theologischer und juristischer, namentlich staatsrechtlicher Begriffe . . .". Diese Tendenz Schmitts ist unter dem Begriff der ‚Säkularisation' zum Thema einer Auseinandersetzung geworden. (Vgl. *Böckenförde*, Die Entstehung des Staates als Vorgang der Säkularisation; *Blumenberg*, Die Legitimität der Neuzeit, Bd. 1 mit der Fragestellung, ob die Neuzeit nicht doch eine vom Säkularisationsgedanken nicht erfaßte eigenständige Grundlage habe. Auch die Engführung von Begriffen zwischen Politik und Theologie ist zeittypisch; man vergleiche nur die Werke von Bloch und Benjamin (für letzteren vgl. z. B. Einleitung zum Passagenwerk, Ges. Schriften Bd. V/1 S. 22; vgl. zu Schmitt und Benjamin *Witte*, S. 112 f.).

133 *Weisshaupt*, S. 128; vgl. *Schulz*, S. 7. *Kierkegaard*, Unwissenschaftliche Nachschrift, S. 493 f.

134 Vgl. *Kierkegaard*, Furcht und Zittern, S. 57. Zur Ausnahmesituation des modernen Menschen als Zerfallenheit mit den Grundverhältnissen *Adorno*, S. 50 f.

Wirklichkeit und Möglichkeit. Insbesondere steht der Mensch steht unter der unbedingten Forderung der ethischen Norm, die Kierkegaard als das „Allgemeine“ bezeichnet, und ist doch nicht in der Lage, dieser Forderung vollständig zu genügen[135]. Der Zwiespalt besteht auch zwischen der christlichen Forderung, ein Leben in Ernst und Wahrheit zu führen und der dahinter grundsätzlich zurückbleibenden Fähigkeit der Menschen.

Die menschliche Unfähigkeit, Forderung und Existenz in Übereinstimmung zu bringen, ist von Kierkegaard nicht völlig ungeschichtlich aufgefaßt. Sie hat auch einen spezifisch historischen Bezug, insofern er den Zwiespalt als in seiner Zeit besonders ausgeprägt erkennt, da die Menschen in dieser nur in der Oberflächlichkeit und Unwahrheit lebten. Ein solches Leben, daß in steter subjektiver Reflexion verbleibt und nicht zum Handeln findet, wird von Kierkegaard einerseits mit dem Begriff der ‚Romantik‘ besetzt, andererseits mit dem politischen System der Demokratie verbunden.

Die bürgerliche Demokratie ist für Kierkegaard das System des Denkens in Quantitäten und Abstraktheit; es ist die politische Form, die der gesellschaftlichen Nivellierung der Einzelnen entspricht[136]. Da Nivellierung für Kierkegaard Leidenschaftslosigkeit und daher ein Leben in der Unwahrheit bedeutet, muß er der Demokratie der Bürger ablehnend gegenüberstehen.

Von hier aus findet sich eine Verbindung zur Romantik; diese ist für Kierkegaard gekennzeichnet durch ‚endlose Reflexion‘, die es nicht zum Entschluß, der der Ernst ist[137], kommen läßt. So ist die Zeit angefüllt mit Wissen; dies selbst bleibt aber objektiv, ohne Verbindung zu den existentiellen Problemen der Einzelnen[138]. Gleichzeitig ist die Zeit leidenschaftslos; aus diesem Grunde kann sie diese Beziehung des Wissens zum einzelnen Subjekt nicht herstellen, kommt nicht zur Tat. Was die Zeit also gegenüber früherer an Ausdehnung gewonnen hat, hat sie an Intensität verloren[139]. Die Unfähigkeit der Zeit, sich aus den Verstrickungen der Reflexion zu lösen, beruht auf der Zerstörung der alten Wertgewißheit und der Unmöglichkeit, eine neue Wertbasis durch Vernunftüberlegungen zu begründen. Die Romantik ist für Kierkegaard Ausdruck eines Krisenbewußtseins[140]. Die Auflösung aller Ordnungen und Maßstäbe wirft das Individuum auf sich selbst zurück[141]. Gegenüber der Halbherzigkeit dieser Leidenschafts-

---

135 Es ist für Kierkegaard unerheblich, ob die Nichtübereinstimmung mit dem Ethischen persönlich schuldhaft entstanden ist oder ob sie die allgemeine Befindlichkeit des zeitgenössischen Menschen ist. Vgl. *Kierkegaard,* Entweder / Oder, S. 288. Vgl. *ders.*, Stadien, S. 179, 183.

136 *Hausschildt,* S. 120

137 *Theunissen,* S. 138.

138 *Kierkegaard,* Literarische Anzeige, S. 111.

139 *Kierkegaard,* Literarische Anzeige, S. 103.

140 Vgl. *v. Hofe,* S. 73.

141 Zur Aufhebung des Objekts in Innerlichkeit bei Kierkegaard, *Adorno,* S. 55 f. (44 f.). Vgl. *v. Hofe,* S. 85; *Hegel,* Aesthetik, Bd. I S. 498 f. *Schmitt,* Romantik, S. 24.

losigkeit sieht Kierkegaard in den blutigen Schrecken des Krieges noch immer das Menschliche, nicht so Ausgestorbene[142].

Das von Kierkegaard gezeichnete Bild der Romantik findet sich bei Schmitt fast identisch für seinen Interessenbereich formuliert[143]. Auch für ihn ist Romantik eine Krisenerscheinung[144]; die Krise ist die Subjektivierung der Vernunft und der damit verbundene Verlust aller objektiven Maßstäbe[145]. Wie für Kierkegaard die Romantik im bloß ästhetisch Unverbindlichen (Kierkegaard kennzeichnet den Zustand endloser und entscheidungsloser Reflexion als ästhetisches Stadium der menschlichen Existenz) verbleibt, so kennzeichnet Schmitt sie als den Zustand endloser Diskussion[146]. Diese Diskussion kann und will nicht zu einer Entscheidung kommen; sie kann es nicht, weil es keine Gründe mehr gibt, die einen höheren Geltungsgrad als andere haben[147]. Sie will es nicht, weil in ihr das Subjekt sich die Welt als Möglichkeit des okkasionellen Tätigwerdens auslegt[148]. Schmitt hat in der ‚Politischen Romantik' am Beispiel Adam Müllers zu zeigen versucht, wie eine solche Haltung, in die Politik gewendet, scheitern muß, nämlich zu dem durch den okkasionellen Charakter der Romantik und ihre Passivität[149] bedingten Opportunismus wird[150]; romantische Subjektivität kann sich in beliebigen politischen Systemen entfalten. Schmitt stellt dar, daß die Romantik als Reaktion auf den Zerfall der Ordnungen die subjektive Vernunft nur als zerstörerisch begreifen konnte[151]; demgegenüber versucht er selber, die unter bestimmten Umständen mögliche Produktivität einer subjektiven Vernunft zu nutzen; nämlich in der Vorstellung der ‚Suspension'. Die derart gekennzeichnete Romantik identifiziert Schmitt mit dem Liberalismus des Bürgertums; dafür beruft er sich auf die Diskussion, die sowohl in der Romantik wie im liberalen Modell des Parlamentarismus die zentrale Erscheinung sei[152]. Auf diesem Wege macht Schmitt

---

142 *Kierkegaard,* Unwissenschaftliche Nachschrift, S. 49; vgl. *Schweppenhäuser,* S. 59. Stellvertretend für Schmitts Tendenzen in diese Richtung sei hier seine Nähe zu E. Jünger genannt, die v. Krockow ausführlich beschrieben hat *(Krockow,* Die Entscheidung, 1958).

143 Die Beeinflussung durch Kierkegaard ist auch textlich wiederholt auffällig. Vgl. z. B. *Schmitt,* Romantik, S. 97, 162/3, zur Rhetorik des Entweder / Oder.

144 Im Bereich des sozialen zeigt Schmitt die Krise in der Stellung des Bürgertums zwischen Reaktion und Revolution auf *(Schmitt,* Romantik, S. 16 f.).

145 „Wenn die Hierarchie der geistigen Werte sich auflöst, kann alles zum Zentrum des geistigen Wesens werden", *(Schmitt,* Romantik, S. 21) also auch das bürgerliche Subjekt.

146 Zur Unverbindlichkeit der Romanitik bei *Schmitt* vgl. *ders.*, Romantik, S. 21.

147 Zur Unmöglichkeit der endgültigen Bewertung nach der Dichthomie Gut / Böse: *Schmitt,* Parlamentarismus, S. 68 f.

148 Vgl. ausführlich *Schmitt,* Romantik, S. 22/23.

149 Weil die Romantik den Staat als Kunstwerk auffaßt, bearbeitet sie ihn nicht in Begriffen, ist zu jeder zwingenden Unterscheidung, und sei es die von Recht / Unrecht unfähig vgl. *Schmitt,* Romantik, S. 177 zu *A. Müller,* S. 160 f., 171, 222.

150 *Schmitt,* Romantik, S. 177.

151 *Schmitt,* Romantik, S. 154.

152 *Schmitt,* Parlamentarismus, S. 9, 43 ff.

seine Kritik der Romantik zu einer Kritik des Parlamentarismus, dem dementsprechend Entscheidungsunfähigkeit und endlose Diskussion vorgeworfen wird.

Hier wird erneut deutlich, daß eine Verständigung zwischen Vertretern unterschiedlicher Ideologien nicht möglich ist, wenn daran Repräsentanten einer geschichtsphilosophisch festgelegten und begründeten Richtung teilnehmen. Gegenüber der aktiven Kraft einer solchen Geschichtsmacht ist die Passivität des Parlaments hilflos. Die gemeinsame Basis der diskutierenden Bürger fehlt. Gleichzeitig kann Schmitt so die Gleichgültigkeit des liberalen Rechts gegen alle Inhalte begründen[153].

Der Ansatzpunkt für eine Überwindung des ästhetischen Stadiums liegt für Kierkegaard in der Grenz- und Ausnahmesituation des Todes. Nur diese kann schon im Leben den für den Übergang notwendigen Ernst vermitteln. Denn nur der Gedanke an den eigenen Tod stellt das Leben auf den einzelnen Augenblick als den ersten und letzten des Lebens[154]. Auf der Basis dieser Überzeugung zeichnet Kierkegaard sein Bild von der Möglichkeit, persönliche Einheit zu erreichen.

b) Die Überwindung durch Suspension der Norm und Wiedereinsetzung in das Normative

Aus der endlosen Reflexion und der durch diese verursachten existentiellen Verzweiflung hilft für Kierkegaard nur die Entscheidung[155]. Diese ergreift die Wirklichkeit in der Form des Versuchs der Realisierung des subjektiv für wahr Gehaltenen; denn ein inhaltliches allgemeines Wahres, also ein solches mit intersubjektiver Verbindlichkeit gibt es für Kierkegaard nicht[156]. Die Entscheidung findet im „Sprung“ des Augenblicks statt. Diese Entscheidung führt in das Handeln und ist Handeln, sie ist Selbstwahl[157], die sich auf das ideale Ich bezieht[158].

Damit sucht Kierkegaard einen Ausweg aus der Verzweiflung über den Wegfall der scheinbar objektiven Gewißheiten, der mit der subjektiven Gewißheit arbeitet und also nichts in Anspruch nehmen muß, was unter den Bedingungen der Zeit nicht mehr begründbar ist. Dabei entsteht zugleich das Problem, wie die Verbindung zum Allgemeinen der ethischen Forderung, die Kierkegaard ja noch anerkennt, erhalten bleiben soll. Die dies Problem lösende Bewegung führt Kierkegaard als die der Ausnahmeexistenz des vereinzelten Menschen in der Ausnahmesituation des existentiellen Zwiespaltes vor.

---

153 Vgl. zur Romantik, *Schmitt*, Romantik, S. 22.
154 *Theunissen*, S. 120, 140, 143, 146 f.
155 Vgl. *Hauschildt*, S. 80 ff.
156 Vgl. *Hauschildt*, S. 34 f., 38 f., 199.
157 Vgl. *Schulz*, S. 14.
158 Vgl. *Hauschildt*, S. 31 f.

Die Ausgangssituation der Ausnahmeexistenz ist diejenige, daß dem Einzelnen die Übereinstimmung mit dem Allgemeinen als Ethischen nicht gelingt[159]. Die Entscheidung, die der als Ausnahmeexistenz Lebende treffen muß, um seiner Situation zu entgehen, suspendiert die herrschenden ethischen Normen, um im Akt dieser Suspension ethische Normen wiederzufinden. Das Paradigma dieser Situation findet Kierkegaard bei Abraham: dieser übertritt die ethischen Normen der Gesellschaft mit der Bereitschaft zur Tötung seines Kindes, wird aber durch den höheren Eingriff Gottes in das Recht wieder eingesetzt, das nun aber für ihn nicht mehr bloß konventionell ist, sondern ein gesichertes und beglaubigtes Recht. Die Bereitschaft zur Grenzüberschreitung ist also dasjenige, was der Grenze als Norm erst für den Einzelnen Verbindlichkeit verschafft.

Handelt der Einzelne gegen die ethische Forderung, so ist er im Widerspruch zum Allgemeinen[160]. Wenn es eine berechtigte Ausnahme geben soll, so kann diese für Kierkegaard nur in einer Suspension des Ethischen bestehen. In dieser Suspension bleibt die Forderung des Ethischen bestehen, wird aber relativiert. Die Suspension ist für Kierkegaard möglich nur im absoluten Gottesverhältnis. Das Ethische gilt zwar unbedingt und kann nicht überboten werden; es hat in seiner Art den höchsten Grad von Verbindlichkeit. Von anderer Art ist aber das rein individuelle Gottesverhältnis: jeder steht allein vor Gott. Wenn also der Einzelne in der Suspension ein Höheres als das Allgemeine sein kann, so nur als Einzelner in seiner Beziehung zu Gott und nicht als höheres Ethisches[161]. Weil das Gottesverhältnis ein vereinzelndes ist, kann es in den Ordnungen der Gemeinschaft, daß heißt in Kirche und Staat, keine theologische Suspension des Ethischen geben[162]. Die Figur der Grenzüberschreitung wird also von Kierkegaard streng auf den Bereich des individuellen Lebens beschränkt.

Die Ausnahmeexistenz handelt bei dieser Suspension im Glauben und das heißt, sie glaubt, daß sie Kraft ihres Glaubens durch Gott wieder in mit dem Ethischen versöhnt werden wird. Kierkegaard drückt die Situation dieser Existenz in ihrer Unsicherheit mit dem Bild von der von Gott empfangenen Order aus, die aber erst im Jenseits geöffnet werden kann[163]. Gehandelt wird also im Wagnis und Vertrauen auf die Barmherzigkeit Gottes, die in das Allgemeine zurückversetzt[164]. Dieser Glaube widerspricht aber der menschlichen Vernunft; er ist ein Wunder, das dennoch für alle verfügbar ist, weil es Glaube kraft Leidenschaft

---

159 Vgl. *Kierkegaard,* Entweder / Oder, Bd. 2 S. 287; Furcht und Zittern, S. 44 f.; *Fahrenbach,* S. 128.

160 *Kierkegaard,* Furcht und Zittern, S. 66.

161 *Kierkegaard,* Furcht und Zittern, S. 64.

162 *Kierkegaard,* Furcht und Zittern, S. 82. Vgl. *Fahrenbach* S. 130 : „Das Problem der Berechtigung im Konflikt verweist in die religiöse Existenz“ (vgl. auch S. 134). Diesen Vorbehalt wird Schmitt bei der Anwendung der Gedankenfigur ignorieren.

163 *Kierkegaard,* Stadien, S. 190.

164 Vgl. *Kierkegaard,* Furcht und Zittern, S. 48.

ist[165]. Er ist Sprung und nicht Vermittlung[166], weil von der Vernunft kein direkter Weg in diesen Glauben führt. Weil der Glaube Paradox ist, ist die Handlung der Ausnahmeexistenz nicht im Medium des Allgemeinen, der Sprache, mitteilbar[167]. Das Paradox des Glaubens vermag aus einer verbrecherischen Handlung eine gottgefällige zu machen[168]. Dies wird bewirkt durch die Suspension[169] des Ethischen im absoluten Gottesverhältnis. Der Einzelne hat in diesem Verhältnis in seinem Glauben etwas außerhalb des Ethischen; im Verhältnis dazu wurde das Ethische suspendiert[170]. Dieser Glaube ist eine Bewußtseinstatsache, an die er sich halten kann, die ihm niemals zweideutig wird, sondern reiner durch die Grenzsituation vermittelter Ernst ist[171]. Nachdem der Einzelne in der Suspension des Ethischen dessen Sicherheit, Beruhigung, Zurechtweisung aufgegeben hat[172], glaubt er Kraft des Absurden wieder in den Stand des Ethischen eingesetzt zu werden: So glaubte Abraham das Paradox und bekam Isaak wieder geschenkt[173]. Das Entsetzliche der Ausnahemeexistenz sieht Kierkegaard darin, daß dem Aufruf Gottes nicht zu folgen, Anfechtung im Glauben ist, ihm stattzugeben, aber Schuld im ethischen Sinne beinhaltet[174]; ob aber überhaupt ein Aufruf Gottes vernommen wurde, ist ungewiß; diese Ungewißheit ist die ganze Wahrheit der Subjektivität des Einzelnen.

Auch für Kierkegaard ist es denkbar, daß eine Person sich die göttliche Anrufung nur einbildet. Dies muß die Vernunft sogar annehmen, wenn sie nicht das Paradox des Glaubens einbezieht[175]. Die Ausnahmeexistenz ist also ein solche, die entweder Verbrecher ist oder ein Einzelner, der glaubt. Dies Wagnis liegt im Sprung in den Glauben. Die Freiheit zu diesem Wagnis äußert sich in der Angst[176].

Obwohl also die Ausnahmeexistenz ihr Verhältnis zum Ethischen durch das zum Absoluten bestimmt und nicht umgekehrt[177] und es dadurch zu einer Aufschiebung der Geltung des Ethischen kommen kann, stammt die Ausnahmeexi-

---

165 Vgl. *Kierkegaard*, Furcht und Zittern, S. 73.

166 Vgl. *Kierkegaard*, Furcht und Zittern, S. 42. Auch hier dier antihegelianische Affekt Kierkegaards.

167 Vgl. *Kierkegaard*, Furcht und Zittern, S. 64, 129, 131.

168 Vgl. *Kierkegaard*, Furcht und Zittern, S. 56.

169 „Die Suspension vom Ethischen ist das Herausgesetztsein aus den Bedingungen seiner Realisierung", so *Fahrenbach*, S. 151.

170 Vgl. *Kierkegaard*, Furcht und Zittern, S. 63, 76.

171 Vgl. *Kierkegaard*, Wiederholung, S. 96.

172 Vgl. *Kierkegaard*, Entweder / Oder, Bd. 2 S. 287.

173 *Kierkegaard*, Furcht und Zittern, S. 47 f.

174 *Kierkegaard*, Furcht und Zittern, S. 77.

175 Konsequent hat Kant eine solche Anrufung in der Geschichte von Abraham und Isaak als Einbildung behandelt, da er vom Standpunkt des Ethischen aus denkt.

176 Vgl. *Kierkegaard*, Furcht und Zittern, S. 27, 60.

177 *Kierkegaard*, Furcht und Zittern, S. 96.

stenz dennoch aus dem Ethischen[178] und kehrt wieder in das Ethische zurück[179]. Der allgemeine Vorrang des Ethischen bleibt in dem Vorgang der Suspension dadurch gewahrt. Das Ethische bleibt für die Ausnahme ein strenger Richter[180]; denn niemand kann auf die Wiedereinsetzung vertrauen; dies wäre eine unvernünftige Hoffnung. Versucht also jemand sich aus eigener Kraft der Geltung des Ethischen zu entziehen, so ist die nur im Glauben auf die göttliche Wiedereinsetzung mögliche Suspension schon verfehlt. Kein Mensch kann sich also für Kierkegaard willentlich zu einer (berechtigten) Ausnahmeexistenz machen wollen[181], denn das wäre Zudringlichkeit gegen Gott; eine beleidigende Kameradschaft[182]. Das Ausnahmeschicksal muß dem Einzelnen leidvoll widerfahren[183]. Nach Kierkegaards Intention kann also die Ausnahmesituation niemals als gewollte zum Zweck der Normbegründung herbeigeführt werden, sondern ist an individuelles Erleiden gebunden.

Ethisch betrachtet ist das Leben der gewillkürten Ausnahme schlicht Leben im Übertreten des Ethischen und fällt unter dessen Verdikt ohne Einschränkung.

Soweit Schmitt zur Begründung staatlicher Einheit einen ähnlichen Gedanken verwendet, weicht er in mehreren Hinsichten von Kierkegaards Bedingungen ab. Erstens wird die Suspension aus dem Bereich des Individuellen in den auf das Kollektiv gerichteter Handlungen überführt. Zweitens wird sie als gezielter Prozeß, also als eine gewillkürte Suspension eingeführt.

c) Die Ungewißheit des Gelingens der Wiedereinsetzung

Es gibt für Kierkegaard keinerlei Garantie dafür, daß die von ihm beschriebene Suspension gelingt und nicht als Verbrechen im Bereich des Ethischen endet. Auf die Wiedereinsetzung zu hoffen, ist nicht vernünftig, weil sie ein Wunder bedingt. Darauf zu vertrauen, daß ein solches Wunder eintritt, ist Wagnis. Ein Wunder ist für Kierkegaard notwendig, weil die Wiedereinsetzung in das Ethische nur im Gottesverhältnis des Menschen erlangt werden kann. Ein solches Gottesverhältnis aber kann nur durch ein Wunder im Glauben geschaffen werden, weil die Kluft zwischen Gott und dem Menschen nur durch ein Wunder überbrückt werden kann.

‚Systematisch' entfaltet nimmt das Wunder bei Kierkegaard also eine Stelle im Sprung zwischen Existenz und Ewigkeit ein: Als Gottgeschaffener war der Mensch ursprünglich in der Lage Gott zu erkennen. Diese Fähigkeit hat er durch

---

178 *Kierkegaard,* Wiederholung, S. 93.

179 Wie der zurückgekehrte Sohn oder der bekehrte Sünder höher steht als der nicht angefochtene Glaubende; *Kierkegaard,* Wiederholung, S. 93 f.

180 *Kierkegaard,* Entweder / Oder, Bd. 2 S. 287 f. Wiederholung, S. 93.

181 *Kierkegaard,* Entweder / Oder, Bd. 2 S. 288 f.

182 *Kierkegaard,* Stadien, S. 183 ff.; Wiederholung, S. 92 f. Vgl. *Fahrenbach,* S. 133.

183 *Kierkegaard,* Stadien, S. 185.

eigene Schuld und Sünde verloren[184]; er ist Gott radikal fremd geworden[185]. Daß Kierkegaard Gott als das ganz Andere[186] sieht, geht aus seinen Umschreibungen des Augenblicks der Erkenntnis hervor: „der Verstand steht stille“[187].

Ist der Mensch Gott aber so fremd, dann kann Gott vom ihm nicht durch menschliche Fähigkeiten erkannt werden, d. h. der Mensch muß erst in die Bedingung gesetzt werden, Gott erkennen zu können. Die Wahrheit kann also durch den menschlichen Verstand nicht erkannt werden; vielmehr ist die Reflexion auf die Wahrheit unendlich und daher verzweifelt; Kierkegaard spricht vom ‚Würgeengel‘ der Reflexion[188], der nur durch die Unmittelbarkeit des Wunders besiegt werden kann; das Wunder ist des (cartesianischen) Zweifels Erbfeind[189].

Über den Zweifel kommt der Mensch aus eigener Kraft für Kierkegaard nur dadurch hinaus, daß er mit Leidenschaft[190] verzweifelt. Sobald er sich leidenschaftslos eine Aufgabe denkt, und sein Maß bedenkt, wird der Mensch auf Grund gesetzt; er erkennt sein Ungenügen[191]. Diese Grenze, auf die der Mensch beständig stößt, ist das Unbekannte[192] das absolut Verschiedene mit der Bezeichnung Gott. Sucht er Gott als absolute Verschiedenheit, sucht er die Forderung an ihn zu begreifen, muß der menschliche Verstand die eigenen Voraussetzungen ablegen[193]. Der Mensch kann also nur durch eine Gottes-Gabe, durch die vollkommene Gabe des Guten[194] um Gott wissen. Diese Gabe aber wieder kann er nicht aus seiner Kraft verstehen (daher ist Glaube stets objektive Ungewißheit)[195].

---

[184] *Kierkegaard,* Philosophische Brocken, S. 13.

[185] Entfremdung von der durch Gott vermittelten Wahrheit: *Kierkegaard,* Philosophische Brocken, S. 12. Zum Gegenkonzept: Platons Hebammenkunst: Wahrheit als Erinnerung und dadurch nicht grundsätzliche Geschiedenheit (vgl. Philosophische Brocken, S. 341).

[186] *Kierkegaard,* Stadien, S. 126; Philosophische Brocken, S. 35. Kierkegaard weist auf den rabbinischen Satz hin, daß, wer Gott gesehen hat, sterben muß, weil darin zum Ausdruck gelangt, daß er einer anderen Ordnung der Dinge angehört; vgl. Stadien, S. 127 (man denke auch an Kafkas Erzählung ‚Vor dem Gesetz‘).

[187] Vgl. zu diesem Satz auch *Bultmann,* „Dialektische Theologie“, S. 49. *Kierkegaard:* „Sobald Gott für das Bewußtsein da ist, ist das Wunder da, denn auf andere Weise vermag Gott nicht zu sein. Die Juden drückten dies dahin aus, daß, wer Gott sehe, sterben müsse. Dies war ein uneigentlicher Ausdruck, der eigentliche und wahre ist, daß man den Verstand verliert“ (Stadien, S. 127).

[188] *Kierkegaard,* Stadien, S. 165.

[189] *Kierkegaard,* Vier erbauliche Reden 1843, S. 32.

[190] „Doch darf man von dem Paradox nicht gering denken, denn das Paradox ist des Denkens Leidenschaft und der Denker ohne Paradox ist wie der Liebende ohne Leidenschaft: ein mittelmäßiger Patron. Jeder Leidenschaft höchste Potenz ist aber, daß sie ihren eigenen Untergang will. ... Dies ist also das höchste Paradox des Denkens, etwas zu entdecken, das es selbst nicht denken kann“.

[191] *Kierkegaard,* Stadien, S. 171 f.

[192] *Kierkegaard,* Philosophische Brocken, S. 36, 41.

[193] *Kierkegaard,* Philosophische Brocken, S. 42.

[194] *Kierkegaard,* Vier erbauliche Reden 1843, S. 32.

An dieser Stelle setzt Kierkegaard die Lehre von der Menschwerdung Gottes in Christus ein[196]. Das absolut Verschiedene zwischen Gott und den Menschen wird überbrückt ohne daß dabei die Geschiedenheit verloren geht[197]. Daß Jesus Gott und Mensch ist, daß er erschienen ist, ist das Wunder und Paradox, daß alle Gottesannäherung allererst ermöglicht. In Wunder kommunizieren die Sphären Gottes und der Menschen.

Die Möglichkeit für die Herstellung eines Gottesverhältnisses, das die Suspension des Ethischen berechtigt machen kann, liegt also nicht im Bereich der Fähigkeiten des Menschen, sondern wird ihm im Wunder eingeräumt. Demgemäß ist das Gelingen der Suspension stets unsicher.

2. Einheitsbegründung in der Ausnahmesituation bei Schmitt

Aus diesen Gedanken Kierkegaards kann m. E. verdeutlicht werden, warum Schmitt die Entscheidung und die Ausnahmesituation an derart zentrale Orte stellt und wie sie mit der Herstellung von Normalität und Einheit zusammenhängen. Die Entscheidung ist dasjenige, was in der Ausnahmesituation als Gelenkstelle zwischen Sollen und Sein die Dialektik herstellt[198]. Deswegen wählt Schmitt

195 Wenn der Mensch in die Bedingung kommen soll, die Wahrheit verstehen zu können, so muß er umgeschaffen werden; dies aber vermag nur Gott (Philosophische Brocken, S. 13).

196 Die Wunderkonzeption Kierkegaards beruht also auf dem ‚Irrationalismus' des Konzils zu Nicäa, wo die Wesensgleichheit von Christus und Gottes als dogmatischer Glaubensinhalt beschlossen wurde. Damit ist das Paradox wesentlich in den christlichen Glauben eingeführt. Lediglich die Arianer (heute Kopten) halten an der rationalen Variante der Subordinationstheorie fest. Der jüdischen Kritik an der paradoxen Konzeption stellt Bultmann (Wunder, passim) 1933 den Vorwurf entgegen, der jüdische Glaube stelle Gott und die Menschen in eine Ordnung.

197 Die Paradoxalität des Wunders bringt Kierkegaard mit der Assoziation des Satzes vom Widerspruch zum Ausdruck: denn das Wunder läuft, wie alles Christliche, dem Sprichwort gerade entgegen: daß man nicht zwei Dinge zugleich tun könne. *Kierkegaard,* Der Liebe tun, S. 372. Hier wieder Kierkegaards Bezug zur Romantik, die auch mit der Problematik des Satzes vom Widerspruch operiert. Dies ist freilich beiden nur wegen der Reduktion auf subjektivistische Verinnerlichung möglich. Nur darin liegt auch Kierkegaards Möglichkeit einer angeblich gegen Hegel qualitativeren Dialektik, die sich immerhin noch mit den Dingen abgibt. Nur das Subjekt, das Welt nur als Verinnerlichung rezipiert, kann das Subjekt wesentlich an das Absurde binden. Soweit aber Welt bearbeitet wird, ist der Mensch aus dieser Ordnung der Dinge heraus; der Mensch ist Systematiker; systematischem Denken aber bleibt das Absurde verborgen (Stadien, S. 172). Die Konsequenz einer Gottlosigkeit des Arbeitslebens, in dem Natur objekthaft begriffen wird, hat auch Bultmann gezogen, aber ebensowenig wie Kierkegaard gezeigt, wie Tätigkeit des Alltags und Paradox sich verbinden ließen. Auch die neueste Diskussion über die Rechte der Tiere (i. e. der Natur) zeigt philosophisch keinen Weg aus dem Dilemma.

198 Hier steht zentral für diese Funktion der Entscheidung in der Diktatur als Mittel der Suspension Schmitts Umschreibung der Diktatur: Jede Diktatur enthalte die Ausnahme von einer Norm und zwar von derjenigen, deren Existenz gesichert werden solle *(Schmitt,* Diktatur, Vorbemerkung S. XVI).

einen Begriff, der dermaßen vieldeutig ist wie der der Entscheidung. Entscheidung ist zunächst als geistiges Phänomen der Abschluß einer Reflexion; angesichts des umfassenden Gewißheitsverlustes stets aus unzureichenden Gründen; deswegen ist die Ausnahmesituation niemals normierbar. Hier stellt sich wieder der Bezug zum Ausgangspunkt Schmitts her, der Entscheidung als niemals völlig durch gesetzliche Vorschriften normierbarem Urteil. Gleichzeitig zeigt sich aber, in welchem Ausmaß Schmitt sich von diesem Ausgangspunkt entfernt hat. Der nach Hegel durch die Gesetze gezogene Rahmen wird — nun erst recht — nicht mehr thematisiert. Gleichzeitig ist das Urteil als Spruch und Vollstreckungsgrundlage der Beginn einer selbst die Situation normgesteuert prägenden Handlungsreihe des Vollstreckungsverfahrens, das auch sozial die Situation wieder normalisieren soll (durch Ausgleich von Schäden etc.). Die tragende Funktion der ‚Entscheidung' in Schmitts Konzept veranlaßt ihn, diesen Begriff zum Zentralbegriff der juristischen Denkart des Dezisionismus zu erklären. Die Arbeit mit der ‚Entscheidung' scheint Schmitt geeignet, das Problem der Einheit des Staates und gleichzeitig damit das der Normenbegründung zu lösen.

a) Suspension der Rechtsordnung und Wiedereinsetzung in das Recht durch die einheitsherstellende souveräne Diktatur

Indem er die Entscheidung analog zu dem Kierkegaard'schen Modell der Suspension konzipiert, stellt sie eine Dialektik zwischen Macht und Recht her, die nicht durch Vermittlung, sondern durch den Sprung in die Entscheidung das Recht durch die Macht begründet, ohne daß dabei die Macht die Legitimation aus dem Recht verlieren würde: Beschrieben wird die Diktatur, die ihrem Auftraggeber diktiert, ohne aufzuhören, sich an ihm zu legitimieren[199]. Schmitt sucht in der Schrift über die Diktatur die Richtung der Entwicklung der Neuzeit auf dieses Phänomen hin auszudeuten. Zu diesem Zweck erfolgt die Untersuchung der historischen Formen der Diktatur. Er sucht zu zeigen, daß die Krisensituation einer Zeit darauf hinführen kann, daß es nur noch die Beseitigung dieser Krise als eines Ausnahmezustands durch den Ausnahmezustand der Diktatur geben kann. Diese ist, weil es im doppelten Sinne um den Ausnahmezustand geht, nicht begründbar — wie die Entscheidung nicht restlos begründbar ist — und also nicht normierbar. In der echten Diktatur erlaubt es der Zweck — Frieden herzustellen —, den Rechtszustand zu suspendieren um das Recht neu setzen zu können[200]. Weil das Gesetz in der Krisensituation scheitert[201], tendiert ein Zeitalter der Krisen zur Ausnahme vom Gesetz, d. h. zur Diktatur. Soweit geschichtlich der Boden für diese Sicht der Diktatur gelegt wurde, wie z. B. bei Rousseau, ist

---

199 *Schmitt,* Diktatur, Vorbemerkung S. XVIII.

200 *Schmitt,* Diktatur, S. 39.

201 *Schmitt,* Diktatur, S. 41 f.

es dennoch nicht zur Einsicht in den dialektischen Charakter der Diktatur gekommen: Rousseau habe die Chance nicht wahrgenommen, „eine Dialektik des sich selbst suspendierenden Rechts“ zu entwickeln[202]. Der Mangel dieser Dialektik bei Rousseau wird sogleich deutlich, wenn gefragt wird, woher sein Legislator seine Legitimität bezieht. Da er sie eben nicht zirkelhaft selbst begründen kann, beruft er sich auf Gott bzw. dessen Mission; diese müsse sich durch Inspiration autorisieren, die sich in einer großen Seele (grand âme) offenbare[203]. Schmitt benutzt die Gelegenheit, um hier die Legitimation im Sinne Rousseaus gegen die der echten Diktatur abzugrenzen; Inspiration sei eben nicht die Legitimität des Wunders, das in der Ausnahme wieder ins Allgemeine einsetzt[204].

Die Differenz zwischen der kommissarischen und der souveränen Diktatur ist die zwischen der Legitimation an dem positiven Verfassungstext, der zu seiner konkreten Durchsetzung zeitweise suspendiert wird und der an einer herbeiführenden, wahren Verfassung[205]. Die souveräne Diktatur schafft so gleichzeitig die faktische Normalität und das neue Recht. Daß Schmitt hier auf Seiten der souveränen Diktatur stehen muß, ist aus dem bisherigen Zusammenhang deutlich. Der Zusammenbruch aller Wertordnungen erlaubt die Legitimation aus der Tradition nicht mehr. Wie bei Kierkegaard Wahrheitsfindung nicht mehr wie bei Platon Erinnerung (Hebammenkunst) ist, sondern auf die Zukunft ausgerichtet ist, legitimiert sich Schmitts Ausnahmezustand an dem Recht, das er schafft.

Schmitt begegnet dem Einwand, daß für die Suspension des Rechtszusammenhanges im Ausnahmezustand ein höheres Recht vorhanden sein müsse, das die Funktion Gottes bei Kierkegaards Suspension einnimmt, mit der Berufung auf den pouvoir constituant, der stets im Naturzustand bliebe, also nicht aufgehe in der konkreten Erscheinung des Rechts, wie Gott nicht aufgehe in den weltlichen Erscheinungen. Stets bleibe der Zwiespalt zum Absoluten bestehen[206]. Die Legitimierung an der zukünftigen Verfassung ist also die Legitimierung an der pouvoir constituant, die im Naturzustand stets auch im Rechtszustand bleibt, d. h. nur Rechte, keine Pflichten hat. Dieser Zustand isoliert die pouvoir constituant von jeder bestimmten, pflichtbefangenen pouvoir constituèe. Als von konkreter Wirklichkeit isolierte Größe steht sie für das reine Sollen im neukantianischen Sinne. In dieser Isolierung ist die pouvoir constituant völlig unbestimmt und formlos[207] und erhält ihre Form erst in der souveränen Diktatur, ohne jedoch darin aufzugehen. Die souveräne Diktatur appelliert an das Volk als pouvoir constituant. Dieser Appell an das Volk beweist sich in seinem Erfolg. Denn die souveräne Diktatur

---

202 *Schmitt,* Diktatur, S. 125.

203 *Schmitt,* Diktatur, S. 125 - 129.

204 Wunder als Durchbrechung des rechtlichen Zusammenhanges; vgl. *Schmitt,* Diktatur, S. 139.

205 *Schmitt,* Diktatur, S. 136 f.

206 *Schmitt,* Diktatur, S. 143.

207 Vgl. *Schmitt,* Diktatur, S. 145.

ist gleichzeitig Bildung des Volkes im Sinnne dieses Appells[208]. Solange noch die pouvoir constituant anerkannt ist, ist ein Minimum von Verfassung, das ausreicht, um die souveräne Diktatur zu legitimieren, vorhanden[209].

Letzten Endes ergibt sich Legitimation der souveränen Diktatur damit aus ihrer Formkraft und Geschichtsmächtigkeit. Auch darum müssen juristische Begriffe für Schmitt situationsbezogen sein.

Die Weimarer Diktaturbefugnisse begreift Schmitt als Kombination aus souveräner und kommissarischer Diktatur. Auch hier zeigt er wieder den Charakter der Suspension, die als Ausnahme „eingreift", ohne aufzuheben, und abweicht, ohne außer Kraft zu setzen"[210].

Dabei sichert der kommissarische Aspekt der Diktaturbefugnisse, daß nicht über den Verfassungstext in Richtung auf eine souveräne Diktatur hinausgegangen werden kann[211]; aber diese Sicherung der Weimarer Reichsverfassung als Text durch die Auslegung des Art. 48 WRV steht natürlich für Schmitt unter dem Vorbehalt der jederzeit möglichen souveränen Diktatur. Denn mit der Suspension des Rechtszusammenhanges ist auch Art. 48 WRV als Legitimationsgrundlage entbehrlich[212].

Die theologische Suspension des Ethischen in der Ausnahmesituation ist die Argumentationsfigur, die Schmitt verwendet, um staatliche Einheit zu begründen. Ausgehend von der Ausnahmesituation der Trennung des Einzelnen vom Allgemeinen, der Macht vom Recht, sucht Schmitt deutlich zu machen, daß das bestehende Recht, das Friedensfähigkeit offenbar nicht sichern kann, suspendiert werden darf im Namen des Rechts. Und das neue, im Akt der Suspension begründete Recht, das durch die Schaffung der Ordnung sich selbst begründet, ist das höhere Recht, weil es sich auf das absolute Recht (das reine Sollen) berufen kann und diese Berufung im Vollzugsakt bestätigt wird und weil das neue Recht das alte derogiert.

Schmitt sieht wie Kierkegaard deutlich den Wagnischarakter einer solchen Rechtsbegründung, der in Hobbes generativer Begründung nicht erfaßt ist. Wird Friede gewonnen, so ist dasjenige das Recht, was verkündet wurde und ist dadurch nicht bloße Machtäußerung geblieben. Das ist aber keine bloße Rechtfertigung durch Erfolg, denn nur dem Erfolg in diesem Sinne gehört auch die Anerkennung als Norm und die Friedfertigkeit nicht nur aus Angst. Insoweit sieht Schmitt durchaus, daß die Formulierungen von Hobbes, die nahelegen, daß Friede auf

---

208 Der Diktator ist derjenige, „der die Menschen erst bildet und dann wieder zu seinem Richter macht" wie *Schmitt* (Diktatur, S. 147, Fn. 2 zu S. 146) zustimmend dem noch in mechanistischen Vorstellungen befangenen Fichte zustimmend zitiert.

209 *Schmitt,* Diktatur, S. 143 - 146.

210 *Schmitt,* Diktatur, S. 226.

211 *Schmitt,* Diktatur, S. 244.

212 Wie *E. R. Huber* in Complexio Oppositorum berichtet, hat Schmitt sich denn auch den Vorbereitungen eines Staatsstreiches nicht verweigert.

Angst gegründet ist, nicht zureichen. Sie werden auch nicht der in der Suspension vorliegenden Dialektik von Macht und Recht gerecht.

Wichtig ist, daß die Ausnahme für Schmitt wie für Kierkegaard vom Allgemeinen (Ethisch-Normativen) ausgeht und, wenn sie berechtigt ist, in das Allgemeine zurückführt. Nur so kann der Ausnahmezustand rechtsbegründet sein. Die Begründung des Rechts aus der Ausnahmesituation besteht in der Normalisierung der sozialen Situation und damit gleichzeitig der Inkraftsetzung der Normen.

b) Die Gefahr und das Wagnis der Politik. Beseitigung des Wagnischarakters durch Rückgriff auf vorfindliche Homogenität

Wie bei Kierkegaard das Wunder die Gelenkstelle zwischen Existenz und absoluter Forderung ist, liegt bei Schmitt in der Ausnahmesituation der dialektische Punkt zwischen Sollen und Sein. Weil er vom Neukantianismus ausgeht, muß er beide Sphären miteinander zu vermitteln trachten. Dies gelingt nur in den Kategorien von Entscheidung und als Wunder verstandener Ausnahmesituation. Die Ausnahmesituation kann diejenige sein, in der das Recht als überpositives sich als Macht zum Ausdruck bringt, um die Gesellschaft zur Erkenntnis des ‚wahren' Rechts zu bringen, diese also zu ermöglichen. Schmitt vertritt eine Position der Rechtsfindung durch Rechtsschaffung. In der doppelten Normalisierung des Ausnahmezustandes wird Recht geschaffen, das, wenn die Suspension gelingt, in relativer Nähe zum prinzipiell überstaatlichen ‚absoluten Recht' als eigener Sphäre steht. Insofern ist der Staat diejenige Instanz, die das Recht verwirklicht. So wird der normative Charakter des positiven Rechts in der Ausnahmesituation suspendiert, um daraus wieder als verpflichtendere Normativität hervorzugehen; weil nunmehr die Normativität des Rechts der Normalität der Situation entspricht.

Allerdings gibt es auch bei C. Schmitt keine Garantie gegen das Mißlingen der Suspension des (positiven) Rechts im Namen eines höheren Rechts durch die souveräne Diktatur. Wenn es damit also bei einem Wagnischarakter bliebe, so läge es nahe, das Gelingen der Suspension vom Volk entscheiden zu lassen. Diese Entscheidung muß nach Schmitt nicht in formellen Wahlen fallen, sondern kann in der Reaktion auf den Apell an das Volk erkannt werden. Hier ersetzt wie lange Zeit in der staatstheoretischen Vertragstheorie die aus konkludentem Verhalten erschlossene Zustimmung die ausdrückliche. Schmitt betont deswegen streckenweise den Wagnischarakter der Führung; teilweise auch sucht er diesen Wagnischarakter durch die Annahme der Artgleichheit zu mindern. Der Wagnischarakter erscheine in der Verantwortlichkeit[213] des Führers und der Partei als

---

213 Über die „klare Verantwortlichkeit des zu seinem Befehl sich bekennenden Führers" *Schmitt,* Diktatur, S. 35. Diese These hat der Praxis nach dem zweiten Weltkrieg nicht standgehalten.

Selbstbestimmtheit ohne äußere Vorgaben. Darin liege die Gefahr des Politischen[214]. Diese Gefahr rührt daher, daß Artgleichheit nicht vollständig vorgegeben ist, sondern im Führungsprozeß als politische und soziale Homogenität hergestellt wird[215]. Ob diese Herstellung gelingt, zeigt sich im „Appell" der Führung an das Volk.

Schmitt geht vom Appellcharakter insbesondere von Wahlen und Volksbefragungen aus; in der Antwort bestätigt oder negiert das Volk die Artgleichheit der Führung[216]. Nachdem der Reichstag als „Vollzugsorgan"[217] des Volkswillens nach dem „Apell" in den Reichstagswahlen das Ermächtigungsgesetz gebilligt hatte, kann Schmitt dieses Gesetz als neues Verfassungsgesetz betrachten; mit der Entscheidung über die Artgleicheit ist der nicht tyrannische Charakter aller künftigen Führung garantiert[218], so daß die Begrenzungen der Weimarer Reichsverfassung fortan nicht mehr zu respektieren seien. Denn die Legitimität der Führung ist nicht aus dem Ermächtigungsgesetz abgeleitet, sondern als Führung aus der Gefahr des Politischen in Reaktion auf den Appell bestätigt worden.

Schmitt bemüht sich später aber, die Unsicherheit, die in Kierkegaards Konzeption der Suspension enthalten ist, zu tilgen. Denn diese Unsicherheit ist bei Kierkegaard verbunden mit dem Erleiden der Ausnahmeexistenz, mit der Vorstellung, daß jede bewußte Herbeiführung in das Scheitern treiben muß. Diesen passivischen Charakter der Ausnahme, der Kierkegaard gegen jeden Vorwurf schützen kann, sein Ausnahmemensch könne diktatorische Züge entwickeln (eben weil er schmerzlich erleidet und jedenfalls nicht zweckrational herbeiführt), kann Schmitt nicht von Kierkegaard übernehmen, wenn er die Figur der Suspension als Staats- und Rechtsbegründungsakt übernehmen will. Denn in der Sphäre des positiven Rechts muß sich jede Handlung in Mittel und Zweck ausweisen, weil ein Höheres die Suspension nicht gnadenhaft rechtfertigen kann[219].

---

214 Vgl. *Schmitt,* Diktatur, S. 22: Die Partei muß „in strengster Selbstverantwortung ihre eigenen Maßstäbe aus sich selbst entwickeln. ... Diese gewaltige Aufgabe, in der sich auch die ganze Gefahr des Politischen anhäuft, kann keine andere Stelle, am wenigsten ein justizförmig prozedierendes bürgerliches Gericht, der Partei oder der SA abnehmen. Hier steht sie ganz auf sich selbst."

215 Vgl. *Schmitt,* Diktatur, S. 16 die „volktragende Bewegung"; S. 20 der „staat- und volktragende Führungskörper"; S. 9 die wiederholte Betonung der politischen Einigung des Volkes durch den politischen Führer.

216 Vgl. *Schmitt,* Diktatur, S. 11.

217 *Schmitt,* Diktatur, S. 7.

218 *Schmitt,* Diktatur, S. 7 ff.

219 Vielleicht läßt sich hier ein Wort Löwiths übertragen: Der proletarische Kommunismus entstelle die Grundlagen des jüdisch-christlichen Glaubens: freiwillige Bejahung der Erniedrigung und des erlösenden Leidens als Voraussetzungen des Triumphes . Der Kommunismus verlange daraus die Krone ohne das Kreuz. (Vgl. *Löwith,* Weltgeschichte, S. 249 f.). In ähnlicher Weise überträgt Schmitt die für den Einzelnen und seinen Glauben konzipierte Vorstellung Kierkegaards als Legitimierungsinstrument in den staatlichen Bereich. Die Legitimierung, darauf besteht Kierkegaard aber in aller Schärfe, kann nur von Gott kommen. Schmitt verkürzt dies zu der Vorstellung des Wagnisses gegenüber

Deswegen setzt Schmitt später teilweise an die Stelle des Wagnisses der Politik[220] die sustanzielle Identität[221] des Diktators und des Volkes. Diese wird in der Artgleichheit garantiert gesehen. Ohne Artgleichheit gibt es keinerlei Garantie dafür, daß Führung als Herrschaft nicht zu Willkür und Tyrannei wird[222]. Deswegen wird die Artgleichheit betont als conditio sine qua non der durch die Führung gewährleisteten Einheit des Staates[223].

Später wird Schmitt das Brüchige auch dieser Konstruktion sehen und versuchen, in der absoluten Obejektivität der Räume von Land und Meer und in daraus resultierenden konkreten Ordnungen eine feste Grundlage zu finden[224].

---

der Zukunft; der Erfolg legitimiert. Damit wird die Ausnahme gerade nicht mehr ins Allgemeine aufgehoben, wenn dieser Erfolg nicht bestimmte Kriterien hat, die Schmitt ihm nicht gibt.

220 Schmitts Neigung zum Begriff des Wunders ist ein Indiz für seine Tendenz zur Romantik, die das Wunderbare stets betont (vgl. z. B. *Tieck,* Bd. 1, S. 163).

221 Und genau weil diese Identiät nie garantierbar ist, vermied Rousseau mit aller Anstrengung, daß sich ein Partikularwille an die Stelle der volonté générale setzen könnte (Vgl. *Derathé,* Le Rationalisme, S. 368; vgl. *Rousseau,* Contrat social, Buch 2, Kap. 1); wie Schmitt Interessenidentität anders als durch ein Wunder begründen will, bleibt unerklärt. Das Problem ist bei Rousseau zum Gesetzgeber (Legislator) verlagert.

222 Vgl. *Schmitt,* Staat, Bewegung, Volk, S. 42.

223 Vgl. *Schmitt,* Staat, Bewegung, Volk, S. 42-46.

224 Mit dem konkreten Ordnungsdenken knüpft Schmitt an eine Theorie an, die aus dem biologisch inspirierten Zweig der Lebensphilosophie ihre Impulse bezogen hat. Damit geht er wie Smend vom Paradigma des Subjekts und der Kausalität ab. Während aber Smend an die von der Geschichtswissenschaft geprägte Richtung der Lebensphilosophie anschließt, und dort Modelle für die Überwindung des absoluten Charakters des Subjektes findet, gelingt dies der an die „Lebenskraft" anknüpfenden Richtung nicht, da sie sich wissenschaftlich nicht behaupten kann; sie mündet wiederum zunächst in Theologie. Heute hat die autopoietische Theorie die Institutionenlehre einer Renaissance ihrer Grundgedanken zugeführt. Schmitts Denken in der konkreten Ordnung ist bekanntlich von M. Hauriou inspiriert. Auch auf diesem Hintergrund kann man die Entwicklung der Begründungstheorien Schmitts skizzieren. Die Konzeption der Beglaubigung durch Grenzüberschreitung war wesentlich am normativen juristischen Denken orientiert. Da sich der Wagnisaspekt in dieser Theorie als wenig brauchbar für eine diktotorische Staatslehre erweisen mußte, suchte Schmitt zunächst nach einer Garantie der Übereinstimmung zwischen der Ausnahmeexistenz des Führers und dem Volk. Hierfür boten sich keine rational begründbaren Lösungen an. In dieser Verlegenheit schien Haurious Institutionenlehre eine Lösung zu beinhalten.

Hauriou selbst kennzeichnet seine Lehre als vitalistisch *(Hauriou,* S. 27, 66; heute spricht man eher von Neo-Vitalismus). Er sieht in der Gründung einer Verbandsperson mehrere Momente wirksam, von denen er drei hervorhebt: die sogenannte „idée directrice" der Entwicklung der Institution (Leitidee), eine durchsetzende Macht und die Anerkennung, bei Hauriou als Gemeinsamkeitsbekundung bezeichnet (S. 34 ff. und passim). Für Schmitt entscheidend mußte nun die Frage sein, wie es zur Gleichrichtung der Idee, der Macht und der Anerkennung kommt. Dieses Verhältnis, insbesondere dasjenige zwischen macht und Idee, wird bei Hauriou nicht ganz deutlich. Es ist die Rede davon, daß sich die Idee einer Führungsmacht bediene (S. 40) oder daß sich eine Macht ausbildet, damit die Idee konkretisiert wird und von der sie mit Organen ausgestattet wird (S. 34). Die objektive Idee soll im sozialen milieu ihre Gestalt finden (S. 57; es wird auch von der Anziehungskraft der Idee gesprochen [66]). Dabei geht Hauriou keineswegs davon aus, daß sich dieser Prozeß schon anfänglich im Bewußtsein des Volkskollektivs abspiele,

Der einheitsstiftenden Rolle des ‚Führers' gemäß ist die Auffassung Schmitts von der Einheitlichkeit der Staatsverwaltung auf niedrigerer Ebene. Hier erkennt er eine dreigliedrige Einheit des Staates aus Beamtentum (und Armee), Bewegung (also Partei) und Volk (in der Form des korporativen Zusammenschlusses im berufsständischen Bereich und in der kommunalen Selbstverwaltung)[225]. Schmitt nimmt auch die Kritik an der Unverantwortlichkeit der intermediären Mächte — Verbände und Parteien — wieder auf, indem er diese als öffentlich-rechtliche Körperschaften in einem autoritären Korporatismus zusammenordnen will[226]. Hinsichtlich des genauen Verhältnisses von Bürokratie, Partei und Korporationen werden keine genauen Aussagen gemacht; es gebe „bestimmt geartete, gegenseitige Kontakte und Querverbindungen, die aber die Unterscheidung nicht aufheben dürfen"[227]. An konkreten Beziehungen werden lediglich abstrakt Personalunionen, Vorschlags-, Nominierungs- und Präsentationsrechte der Partei genannt;

---

vielmehr geht sie zunächst von einer Elite aus und verbündet sich dann mit der Macht (S. 44 f.). Die Begründung für die scheinbare Automatik in der Übereinstimmung liegt in der vitalistischen Basis Haurious. Der Vitalismus knüpft an die Vorstellung der aristotelischen Entelechie an (diese Denktradition wird zwar von Hauriou nicht explizit gemacht, vgl. aber S. 54 Fn. 7). Die idée directrice von Hauriou entspricht dem inneren Telos in der Entwicklung des Lebewesens, wie Aristoteles es am Werk sieht, indem es die Entwicklung des Lebewesens zu seiner Vollendung hin lenkt. Dementsprechend hatte der Vitalismus die Biologie als Leitwissenschaft adaptiert. Der élan vital des Lebewesens ist in seinem Wesen vorgegeben, die Entwicklungsrichtung steht fest. Die idée directrice ist damit jedem Streit entzogen. Deswegen ist die Übereinstimmung in der Entwicklung der Verbandsperson garantiert. Dies ist bei Hauriou deutlich; der Status der Leitidee ist nicht der einer Rechtsvorstellung, sondern der der Einsicht (in das Wahre) oder der eines höherstehenden Rechtsprinzips (auch: unangefochtene Substanz, S. 55). Eine solche Einsicht sei der westlichen Zivilisation annäherungsweise gelungen. Sie ist für Hauriou Offenbarung einer endgültigen sozialen Wahrheit. Ihre Leistungen können den berechtigten Anspruch auf Vorbildlichkeit für die gesamte Menschheit erheben; ihre Leitidee also den auf Allgemeinverbindlichkeit. Der Beweis dafür soll darin liegen, daß die Produkte dieser Zivilisation „klassisch" geworden sind. Klassisch bedeute humanistisch, also der „Natur des Menschen" entsprechend, zumindest aller „wohlmeinenden Menschen auf der ganzen Welt, die genügend Bildung erworben haben" (vgl. S. 89 f.; der Eurozentrismus fällt heute auf). Konsequent wird Klassik mit Naturrecht in Verbindung gebracht (S. 94). Damit ist das Problem, das sich für Schmitt gestellt hatte, gelöst. Auf der Basis einer quasi-naturrechtlich begründbaren, substanzhaften idée directrice läßt sich Konsens herstellen. Das Telos ihrer Entwicklung liegt in der Gesellschaft; man muß nur genügend Bildung haben, es zu erkennen. In die Leerstelle der Leitidee kann Schmitt nun seine Erkenntnisse einsetzen (vgl. die Einsetzung beim Neovitalisten Bergson: Überwindung des Materiellen [*Ott*, S. 49 ff., 64]).

Die teleologische Grundstruktur dieses Gedankens konnte sich in der Biologie allerdings nicht gegen Darwin halten. Auch das Beweisargument der Klassik, das auch bei Heller auftaucht, dürfte seit Hegel nicht mehr ziehen; Klassizität existiert nicht mehr.

225 *Schmitt*, Staat, Bewegung, Volk, S. 14.

226 Vgl. *Schmitt*, Staat, Bewegung, Volk, S. 26 ff.; im Korporatismus wird der anarchische Pluralismus sozialer Mächte in unklarer und unverantwortlicher Zwischenstellung zwischen dem privaten und öffentlichen Bereich, der in der Weimarer Verfassung zum Ausdruck gelangt ist, zur neuen Einheit geordnet.

227 *Schmitt*, Staat, Bewegung, Volk, S. 12. Damit ist genau die von H. Arendt angesprochene Strukturlosigkeit totalitärer Herrschaft thematisiert.

alles weitere sei eine Frage der Zweckmäßigkeit[228]. Daraus resultiert bei Schmitt ebenso wie bei Smend eine konturenlose Ausdehnung der Figuren, die die Beziehungen zwischen den ‚Ordnungsreihen' Partei, Bürokratie und Selbstverwaltung herkömmlich kennzeichnen. Insbesondere ist auch bei Schmitt der Begriff der Bundestreue als „selbstverständlich eine Rechtspflicht politischen Inhalts" bezeichnet[229] und eignet sich damit dazu, konkrete Abgrenzungen von Eigenrechten zu überspielen. Ebenso der Terminus der Aufsicht[230]. Die gegenseitigen Beziehungen werden vorzugsweise in der abstrakten Terminologie von Einheit in der Vielfalt beschrieben: „unterschieden, aber nicht getrennt, verbunden, aber nicht verschmolzen"[231]. Bei Schmitt wird die Einheit der Dreiheit zunächst[232] aber nicht wie bei Smend in der Parallelität der Elemente selbst hergestellt, sondern durch den alles beherrschenden und durchdringenden Einfluß des Führertums und damit der Partei[233]; damit wird die Einheit letzten Endes wieder auf die Person des Führers gestützt und hierarchisch begründet. Schmitt beschreibt also genau diejenige Verfielfältigung staatlicher und halbstaatlicher Stellen, die dazu geführt hat, daß in dem Wirrwar unklarer Zuständigkeiten und Ermächtigungen allein noch der unmittelbare Befehl des Diktators Ausschlag geben konnte.

Die Parallelität unterschiedlicher staatlicher Stellen und Verfahren wird betont, indem Schmitt sie auch auf der Ebene der Verfassungsorgane[234] und der Wege der Gesetzgebung[235] feststellt.

Auch hier wird im Ergebnis die Parallelität der Verfassungsorgane zugunsten des Vorranges des Reichskanzlers[236] und die der Gesetzgebungsarten mit der Priorität für die Normsetzung durch die Reichsexekutive[237] aufgelöst. Die Lösung des Problems der intermediären Gewalten wird damit nicht erreicht; das Problem wird lediglich verschoben. Indem die Partei wesentlichen Einfluß auf die Gestaltung der Beziehungen zwischen den Ordnungsreihen nimmt, also z. B. über Verbandseinflüsse bestimmen soll, entsteht bei ihr die Frage nach der Verantwortung erneut. Diese lehnt Schmitt explizit ab[238]. Damit wird auch die gesamte

---

228 *Schmitt,* Staat, Bewegung, Volk, S. 21.

229 *Schmitt,* Staat, Bewegung, Volk, S. 37.

230 *Schmitt,* Staat, Bewegung, Volk, S. 37 ff.

231 *Schmitt,* Staat, Bewegung, Volk, S. 21.

232 Anders bei dem späten Schmitt, der die „Dreieinigkeit" wieder aufnimmt, aber die Einheit in dieser selbst — ohne die Funktion der Führung — sucht.

233 Die Partei überragt, durchdringt, führt und gestaltet Staat und sich selbst verwaltendes Volk; *Schmitt,* Staat, Bewegung, Volk, S. 14.

234 Reichspräsident, Reichskanzler, Reichsregierung, Reichstag, Reichsrat.

235 Regierungsbeschluß entsprechend dem Ermächtigungsgesetz, Reichstagsbeschluß, Volksentscheid, Notverordnungsrecht.

236 *Schmitt,* Staat, Bewegung, Volk, S. 9.

237 *Schmitt,* Staat, Bewegung, Volk, S. 10 f.

238 *Schmitt,* Staat, Bewegung, Volk, S. 22; und zwar sowohl der politischen Verantwortung; die Partei steht ganz auf sich selbst (s. o.) wie auch hinsichtlich der rechtlichen Amtshaftung.

Frage der intermediären Gewalten allein in die „Verantwortlichkeit" des Führers gestellt.

Schmitt verwendet damit zwei ganz unterschiedliche Einheitsbegriffe: auf der Ebene der Verfassungsorgane und Verfahren propagiert er eine Einheit in der Vielheit, die aber durch ihre Ausgestaltung gerade nicht zu Homogenität kommen kann, sondern das Bedürfnis nach Herstellung von Homogenität noch zusätzlich produziert. Dies Bedürfnis wird dann vom Diktator erfüllt, dessen Einheitsherstellung der Figur der Suspension entsprechend gedacht werden kann.

Mit der durch die Artgleichheit erzwungenen Identität erreicht Schmitt scheinbar die Sicherheit, daß die Suspension des alten Rechts nicht zur Tyrannis über das Volk wird. Die vorfindliche Homogenität, die auch nicht erst als Normalität hergestellt werden muß, sondern als Homogenität der wesentlichen Charakterzüge vorhanden sein soll, führt dazu, daß im Suspensionsakt auch das Volk zu seiner ‚wahren Existenz' kommt.

Mit dem Versuch, den Erfolg des Suspensionsaktes zu garantieren, verliert Schmitt allerdings alles bis dahin Gewonnene. Er benötigt für seine Argumentation nicht begründbare Annahmen[239] und leistet auf den Wagnischarakter der Suspension in Wahrheit Verzicht. Gerade der Wagnischarakter war aber der Teil der Kierkegaard'schen Konzeption, der fruchtbar zu sein scheint. Denn wenn das Wagnis aus dem individuellen Bereich herausgenommen wird, und als Modus sozialer Einheitsbegründung gedacht wird, erfordert es rechtsstaatliche Garantien. Nur der Einzelne für sich selbst kann alles auf das Wagnis stellen. Gleichzeitig dürfte der Wagnischarakter der Konsensfindung und -bildung im Pluralismus nicht zu überwinden sein[240].

3. Das Subjekt der Einheitsbegründung: Der Hüter der Verfassung

Um bestimmen zu können, warum es einen Hüter der Verfassung geben muß und wie dieser wirkt, bestimmt Schmitt zunächst seine Aufgabe; denn diese bestimmt die Anforderungen an seine Leistungsfähigkeit. Hüter der Verfassung bedeutet zunächst für Schmitt nicht Gesetzmäßigkeitskontrollinstanz, sondern eine solche Instanz, die den Geist der Verfassung gegen mögliche Entwicklungen

---

239 Nämlich die Interessenidentität von Herrscher und Beherrschten. Der Weg dazu ist mit dem Satz „Repräsentation ist etwas Existenzielles" (*Schmitt*, Verfassungslehre, S. 209) schon eingeschlagen. Kritisch dazu auch *Stern*, Staatsrecht, Bd. 1, 2. Aufl. 1984 S. 960.

240 Vgl. *Spaemann*, Zur Kritik der politischen Utopie: „Die herrschaftliche Antezipation des Besten geschieht immer auf eigenes Risiko" (S. 139); ebenso S. 124: „Gerade in der Antezipation des universellen Konsenses ist der politisch Handelnde allein, ohne faktische Absicherung." Dort auch der Hinweis auf deswegen zu beachtende Vorsicht, die juristisch als Demokratie- und Rechtsstaatsgebot sich umsetzt.

der Verfassung und der Verfassungswirklichkeit schützen kann; also gegen die Entstellung der Weimarer Reichsverfassung durch verfassungsändernde einfache Gesetze[241] und gegen die Partikularisierung in einzelne Interessen[242]. Demgemäß wertet er den eingetretenen Pluralismus auch als verfassungswidrig[243]: Der Verfassungstext entfernt sich in der herrschenden Auslegung und in der Verfassungspraxis von der Verfassungsidee. Daraus läßt sich die Funktion des Hüters bestimmen; sie ist nicht geringer, als die Verfassung gegen die (legale oder illegale) Revolution zu sichern; mit dieser Funktion beginnt denn auch Schmitts Darstellung des Problems[244]. Wenn aber die tatsächliche Entwicklung von der angenommenen Idee der Verfassung wegführt, kann die Wahrung der Verfassung ihrer äußeren Erscheinung nach selbst Umsturz sein; so ist Aufgabe die Wahrung des Gesamtinteresses gegenüber einem der Idee der Verfassung widersprechenden rechtswidrigen Pluralismus.

Die Herstellung der Einheit[245] in der Krise erfolgt durch die Suspension. Die Suspension[246] verlangt einerseits wegen der generativen Komponente eine aktiv handelnde Kraft; gleichzeitig muß wegen des in der Suspension mitgedachten Geltungsunterschiedes eine Appellations- bzw. Rechtfertigungsinstanz ausgemacht werden können. Schmitt kann daher bei der Beantwortung der Frage nach dem Hüter der Verfassung mit der Analyse der Funktionsweisen der in Betracht kommenden Instanzen fortfahren.

Dabei zeigt er, daß die Justiz ihrer Art nach nie politische Entscheidungen im Sinne der politischen Führung trifft, sondern stets nur in Verbindung mit dem

---

241 *Schmitt,* Der Hüter der Verfassung, AöR NF Bd. 16 (1929), 192.

242 *Schmitt,* Der Hüter der Verfassung, 1931 z. B. S. 90; der Pluralismus führt zu einer Partikularisierung nicht nur der Loyalitäten, sondern auch der Legalitäten, vgl. insgesamt S. 73-96. Indem Schmitt in der Abfolge seiner Schriften die Partikularisierung des Staates zunehmend betont (Das Reichsgericht als Hüter der Verfassung 1929, Der Hüter der Verfassung, AöR Bd. 16 [1929], dann 1931), steigert er die Ansprüche an die polische Kraft des Hüters der Verfassung.

243 *Schmitt,* Hüter, 1931 S. 131.

244 *Schmitt,* Hüter, 1931 S. 1 Fn. 1.

245 *Vesting* hat in seiner Auseinandersetzung mit Schmitts Einheitskonzeption behauptet, Schmitt setze die Homogenität als zentrale Prämisse voraus (S. 51); es sei die „allgemeine Gedankenbewegung Carl Schmitts, das moderne Bewußtsein durch fundamentalistische Denkfiguren zu unterlaufen ..." (S. 182). Diese Fundamente sollen in der Operation mit Begriffen wie „Augenblick", „Plötzlichkeit" und „Wunder" liegen. Daran ist richtig, daß Schmitt hier versucht mit individuell Existentialem zu arbeiten. Nicht richtig ist die Unterstellung, Schmitt setze damit eine fundamentale Prämisse der Homogenität. Das Fundamentale der Schmitt'schen Entscheidung ist mit substanzhaften Homogenitäten wie Nation oder Rasse nicht vergleichbar. Vesting vermengt hier die unterschiedlichen Phasen der Theorieentwicklung bei Schmitt. Es geht Schmitt anfänglich gerade um Herstellung der Einheit, nicht um deren Aufsuchen im Bestehenden. Eine Position des Vertrauens auf den prozessualen Charakter der Herstellung von Einheit sieht Vesting erst bei Heller erreicht.

246 Zum Zusammenhang der Denkfigur der Suspension mit dem eschatologischen Aspekt bei C. Schmitt vgl. *Fraenkel,* S. 157.

Grund des Gesetzes urteilt. Sie kommt also schon nach den Leistungsanforderungen der Figur der Suspension nicht als Hüter der Verfassung in Betracht. Schmitt verdeutlicht das durch die Klassifizierung der Verfassung als politische Entscheidung des Volkes über Art und Form des Zusammenlebens[247]. Als justizielle Entscheidung wäre die Hut der Verfassung nur denkbar, wenn die Verfassung als Vertrag oder Kompromiß angesehen wird. Damit wäre aber der Verlust jeder Einheit festgelegt. Die Aufteilung des Staates in Pfründe der Interessengruppen wäre ausgemacht. Juridifizierung bedeutet stets, daß eine nachträgliche Korrektur geschieht; wenn Suspension aber wesentlich auch Herstellung ist, reicht das nicht aus[248]. Wenn aber Verfassung die politische Entscheidung des Volkes für eine bestimmte Lebensform ist, muß Hüter der Verfassung eine politische Kraft sein, die stark genug ist, die pluralistischen Interessengruppen zu überwinden, also ein stärkerer bzw. höherer Dritter[249].

Als ein solcher Dritter kommt für Schmitt nur der Reichspräsident in Betracht. Diesen stellt er zunächst als neutralen Dritten vor, der das Gesamtinteresse des Volkes vertrete[250]. Dabei vergleicht Schmitt die Stellung des Reichspräsidenten in ihrer Tendenz mit weiteren relativ unabhängigen Einrichtungen wie Beamtenschaft, Reichsbank und -bahn, die allesamt diesem Gesamtinteresse verpflichtet seien, ohne daß Schmitt näher darlegt, wo dieses Gesamtinteresse festgemacht werden kann. Diese Institutionen seien Gegengewichte gegen die pluralistischen Tendenzen des modernen Staates[251].

Wenn der Reichspräsident sich am durch Suspension herzustellenden Gesamtnutzen für das Volk als Hüter der Verfassung legitimieren soll, so muß eine Instanz da sein, die die bei Kierkegaard von Gott angenommene Rolle ausfüllt; dies ist der pouvoir constituant, das Volk. Die Legitimierung von Diktaturbefugnissen des Reichspräsidenten i. S. der Suspension erscheint erstmals in der Schrift von 1931 und wird dort als das spezifische Mittel plebiszitärer Legitimation des Reichspräsidenten eingeführt. Dabei bezeichnet Schmitt seine Befugnisse (Parlamentsauflösung und Volksbefragung) als „Appell an das Volk", ein Terminus, den er im Diktaturbuch für die Legitimierung der souveränen Diktatur benutzt hatte[252]. Mit dieser Berufung auf das Volk also soll der Reichspräsident der Idee der Verfassung gegen den Pluralismus wieder zu ihrer Wirklichkeit verhelfen: „Die Verfassung sucht insbesondere der Autorität des Reichspräsidenten die

247 *Schmitt,* Hüter, 1931 S. 62.

248 Vgl. *Schmitt,* Hüter, 1931, S. 178, 199 ff.

249 Die Position des höheren, neutralen Dritten wird ausgeführt in: Der Hüter der Verfassung, AöR NF Bd. 16, S. 213, 234 f., betonter akzentuiert in: Hüter, 1931, S. 115.

250 *Schmitt,* AöR NF Bd. 16, S. 217.

251 Diese Aussagen macht Schmitt trotz seiner Theorie vom politischen Charakter des Unpolitischen; vgl. AöR NF 16, S. 224-227, 232 ff. mit zum Ausdruck gelangendem Zweifel.

252 *Schmitt,* AöR NF Bd. 16, S. 145, Hüter, 1931, S. 159.

Möglichkeit zu geben, sich unmittelbar mit diesem politischen Gesamtwillen zu verbinden und eben dadurch als Hüter und Wahrer der verfassungsmäßigen Einheit und Ganzheit des deutschen Volkes zu handeln"[253].

Freilich ist hier wiederum offenbar, daß die Schwierigkeit besteht, die Verbindung des ‚Gesamtinteresses' mit dem Organwalter in der Stellung des Reichspräsidenten zu begründen[254]. Hier treten die verschiedenen Vokabeln der „unmittelbaren Verbindung" aufs Feld, die Schmitt quasireligiös zur Verkörperung des objektiven Gesamtinteresses des deutschen Volkes in der Person des Führers „präzisiert"[255].

Schmitt kann mit der Übernahme der Figur der Suspension von Kierkegaard mehrere Probleme lösen, die das Konzept von Hobbes noch offengelassen hatte:

— Die Begründung von Einheit als gleichzeitiger Akt der Entscheidung und der Handlung (hier: Doppelgesicht der Entscheidung als Schlußurteil, d. h. geistiger Prozeß und Vollstreckungsgrundlage, d. h. materieller Prozeß) beruht nicht mehr auf der Gleichrangigkeit von Macht und Recht wie bei Hobbes, sondern erlaubt auch, daß in der Staatsbildung gleichzeitig mit der sozialen Homogenisierung durch Herstellung der Ordnung die Norm als im Staat zur Erscheinung tretende absolute Norm (die aber nie ganz sich in dieser Erscheinung erschöpft) „begründet" wird. Diese Begründung ist gleichzeitig die Herstellung der Norm als geltender Norm und eine feststellende Bekräftigung eines dem Sein vorgegebenen absoluten Anspruches, dessen Feststellung aber nur im Akt der Überschreitung, also in der Ausnahmesituation möchlich ist. Damit will Schmitt durch die Verbindung generativer Begründung mit Kierkegaard'scher Suspension gleichzeitig den Forderungen nach Selbstbegründung und Anerkennung des absoluten Forderungscharakters des Sollens gerecht werden. Dies Element konnte Hobbes nicht wahren.

---

253 *Schmitt,* Hüter, 1931, S. 159.

254 *Vesting* macht sich m. E. nicht genug Mühe, wenn er gegen Schmitt polemisiert: „... zum Mann des ganzen deutschen Volkes stilisiert, der sich in seiner ganzen Mannheit über sämtliche Gegensätze und Interessen der bürgerlichen Gesellschaft erhebt, gewissermaßen von diesen abzusehen vermag, wie ein Flugreisender von den terrestrischen Bedingungen seiner Existenz" (S. 53). M. E. kann kein Staat auf solche Neutralisierungsleistungen gänzlich verzichten; heute spielen sie z. B. beim Übergang von der Partei- in die Regierungsfunktion eine Rolle; entscheidend ist, wie sie bewerkstelligt werden und wie Neutralität dabei verstanden wird. Auch hier ist die Nachkonstruktion von Schmitt mir nicht genau genug. Allerdings ist es dafür konsequent, daß das Thema der ‚Einheit' bei Vesting am Ende im Sand der Systemtheorie verläuft. Er stellt nur noch Pluralität fest.

255 Vgl. *Schmitt,* Der Führer schützt das Recht, DJZ 1934, Sp. 945 ff. Habermas sieht Schmitt in der Linie der Theorie des Monarchen als höheren Dritten, der allein noch den Antagonismus der Interessen zähmen kann, indem er aus der öffentlichen Meinung das, was Not tut, herauslesen kann (*Habermas,* Diskurs, S. 89). Dies ist aber sicher nicht der neutrale Dritte B. Constants, denn Neutralität in dessen Sinne liegt bei Schmitt nicht vor, weil ihr die politische Führungskraft fehlt. Vgl. dazu auch Schmitts Ablehnung des Konstitutionalismus (Positionen und Begriffe, S. 147).

— Hobbes stand in der Situation der Neubegründung, während Schmitt bereits einen Bestand an positiven Normen vorfindet, der Verbindlichkeit beansprucht. Kierkegaards Konzeption der Suspension erlaubt die Ignorierung dieser Normen im ‚Namen' einer höheren, d. h. der neuen Ordnung, die damit erst gefunden und begründet wird.

— Hobbes hatte noch appellieren können an eine allgemeine Menschenvernunft. Der Wagnischarakter der Suspension aber ermöglicht es, der Uneinsehbarkeit der Wahrheit in der Zeit der subjektiven Partikularisierung der Vernunft[256] Rechnung zu tragen.

4. Das Anwendungsbeispiel: Der Führer schützt das Recht

Die dargestellte Argumentation C. Schmitts wird in dem Aufsatz zur Rechtfertigung der Morde in der Röhm-Affäre in exemplarischer Weise deutlich. Hier taucht der ganze Begriffsapparat auf, den Schmitt entwickelt hatte. Ausgegangen wird von der Ausnahmesituation, in der durch die Suspension des geltenden Rechts Recht geschaffen wird. Das bringt Schmitt zum Ausdruck, wenn er behauptet: „Der Führer schützt das Recht vor dem schlimmsten Mißbrauch, wenn er im Augenblick der Gefahr kraft seines Führertums als oberster Gerichtsherr unmittelbar Recht schafft."[257] Das generative Hervorbringen des Rechts findet also im Ausnahmezustand des Augenblicks der Gefahr statt. In dieser Situation der Grenzüberschreitung in Bezug auf das verletzte, bestehende positive Recht erscheint in der Überschreitung für Schmitt das Recht als Forderung, wie er es in der Schrift Über den Wert des Staates und die Bedeutung des Einzelnen dargestellt hatte und die Souveränität schafft sich ihre eigene Legitimitätsgrundlage, indem sie dieses ideale Recht durchsetzt (wodurch Schmitt in der genannten Schrift die Funktion des Staates gekennzeichnet hatte): „In der höchsten Not bewährt sich das höchste Recht und erscheint der höchste Grad richterlich rächender Verwirklichung dieses Rechts"[258]. Die Schaffung dieses Rechts ist an die isolierte Subjektivität gebunden; im Begründungsakt wird das Recht neu gesetzt: „Inhalt und Umfang seines Vorgehens bestimmt der Führer selbst"[259]. Die höchste Not liegt in der Bedrohung der Einheit; sie wird durch die Hervorbringung neuen Rechts in der Ausnahmesituation gesichert: „Daran, daß die Partei ihre Aufgabe erfüllt, hängt heute nicht weniger als das Schicksal der politischen Einheit des deutschen Volkes selbst". Diese Einheit ist für Schmitt offenbar nur durch den Akt der Rechtsbegründung zu retten. Da diese die Aufgabe der Partei, insbesondere ihrers Führers ist, läßt Schmitt nun ein Eigenzitat aus der Schrift ‚Staat,

256 Je partikularer die Vernunft, desto uneinsehbarer und absoluter eine als fortbestehend angenommene Wahrheit.

257 *Schmitt*, DJZ 1934, Sp. 945 ff. (946).

258 *Schmitt*, DJZ 1934, Sp. 947.

259 *Schmitt*, DJZ 1934, Sp. 948.

Bewegung, Volk' zur Einheitsbegründung folgen. „Diese gewaltige Aufgabe, in der sich die gesamte ‹Gefahr› des Politischen anhäuft, kann keine andere Stelle, am wenigsten ein justizförmig prozedierendes bürgerliches Gericht der Partei oder SA ihr abnehmen. Hier steht sie ganz auf sich selbst."[260]

Die Verwirklichung des idealen Rechts in dem Akt der Rechtssetzung ist Neubegründung und Begründung als Rechtfertigung; darum „bewährt" sich das Recht in diesem Vorgang: „... muß das, was sonst für einen ‹Regierungsakt› Rechtens ist, in unvergleichlich höherem Maße für eine Tat gelten, durch die der Führer sein höchstes Führertum und Richtertum bewährt hat."[261]

Gegenüber dieser Konstruktion ist für Schmitt die Beurteilung der Morde nach dem existierenden positiven Recht, wie sie für die ,liberale Staatsrechtslehre' maßgeblich ist, sinnlos: „Sie kann die richterliche Tat des Führers nur in eine nachträglich zu legalisierende und indemnitätsbedürftige Maßnahme des Belagerungszustandes umdeuten."[262] Dies liegt für Schmitt daran, daß die liberale Staatsrechtslehre die Grenzüberschreitungssituation nicht als potentiell rechtsschaffende erkennt, sondern sie als bloße Rechtsverletzung auffasst. Bis hierhin ist die Rechtssetzung im Akt der Überschreitung ein bloßes individuelles Wagnis, wie es Kierkegaard für seine Ausnahmeexistenz in Anspruch nahm. Dies Wagnis kann gegenüber allen Betroffenen auch Unrecht sein; Kierkegaard hatte dies dadurch zum Ausdruck gebracht, daß, wenn nicht aus göttlicher Gnade eine erneute Einsetzung in das Ethische erfolgte, sich das Wagnis als Verbrechen erwies. Schmitt sucht nun eine Garantie gegen dies Wagnis in der Behauptung einer notwendigen Interessenidentität von Führer und Volk. Dies geschieht durch die quasi-religiöse[263] Behauptung von einer Aufspeicherung aller typologisch deutschen Kollektiverfahrungen im ,Führer', der dadurch aus dem individuellen Menschen zur bloßen Hülse eines fiktiven Gesamtinteresses gemacht wird. „Alle sittliche Empörung über die Schande eines solchen Zusammenbruches (Versailles) hat sich in Adolf Hitler angesammelt und ist in ihm zur treibenden Kraft und politischen Tat geworden. Alle Erfahrungen und Warnungen der Geschichte des deutschen Unglücks sind in ihm lebendig." „Das gibt ihm das Recht und die Kraft, einen neuen Staat und eine neue Ordnung zu begründen."[264] Mit dieser Wende verfehlt Schmitt den wesentlich privaten Charakter, den eine gedankliche Operation mit einem solchen Wagnis immer tragen muß; dies ist in der Kritik der Philosophie Kierkegaards durch Adorno besonders deutlich geworden; es gilt darüber hinaus aber für die Argumentationsfigur als solche, die nicht aus dem individuellen Kontext in den des Staates übersetzt werden darf.

---

260 *Schmitt*, DJZ 1934, Sp. 948.

261 *Schmitt*, DJZ 1934, Sp. 948.

262 *Schmitt*, DJZ 1934, Sp. 947.

263 Man kann hier auch an eine Wiederaufnahme des Gedankens der Verkörperung der Nation im Körper des Monarchen denken, wie sie in der französichen Theorie von den zwei Körpern des Königs gedacht war.

264 *Schmitt*, DJZ 1934, Sp. 946.

VI. Exkurs: Schmitts Nachkriegsdenken

1. Der erneute Rückgriff auf die politische Theologie

C. Schmitt hat in seinem Denken bis zum zweiten Weltkrieg auf die ihm drohend erscheinenden Phänomene des Pluralismus der Interessengruppen mit einer Vorstellung staatlicher Einheit reagiert, die von der Einheit des Individuums, die wiederum nach der Gottes analog gedacht war, auf den Staat übertragen war. Dieser Einheitsvorstellung korrespondiert die Annahme der Möglichkeit einer innenpolitischen Neutralität, die diese Einheit herstellt und wahrt durch die Wahrnehmung eines Gesamtinteresses. So, wie Schmitt dieser Pluralismus der Interessen auf Dauer nicht ohne Ausgleich erträglich schien, suchte er auch die Kluft zwischen Recht und Macht zu beseitigen.

Beide Vorgänge fielen für Schmitt in der Suspension der Verfassung durch eine Diktatur im Gesamtinteresse zusammen.

Dabei folgt Schmitt dem Vorbild Hobbes einerseits, Kierkegaard's andererseits. Insbesondere für die existentielle Situation des Zwiespalts sucht er Kiekegaard Konzeption der Überwindung fruchtbar zu machen.

Dabei nimmt Schmitt zunächst nicht wahr, daß die Einheit der individuellen Existenz seit der Psychoanalyse nicht mehr besteht; vielmehr wird der Zwiespalt durch diese in den Menschen hineinverlegt (Gott-Vater-Überich) und dort „institutionalisiert", nicht mehr im Sinne der Überwindung des Zwiespalts[265], sondern einer funktionalen Zuordnung. Erst in der politischen Theologie II gibt Schmitt seine alte Vorstellung in sich nicht struktuierter Einheit auf zugunsten einer strukturierten Einheit. Bezugnehmend auf seine These von der theologischen Herkunft staatsrechtlicher Begriffe sucht er aber die Einheit der ‚Staatsperson' wiederum im Ausgang von der Theologie zu bestimmen; dabei wählt er als Anknüpfungspunkt die Lehre von der Dreieinigkeit. So wird er der neueren Einsicht in die strukturierte Einheit auch des Individuums gerecht, die die Psychoanalyse inauguriert hat. Wieder kann Schmitt Individuum und Staat Gott analog denken, aber dabei der These von der „Einheit in der Vielheit" gerecht werden. Gleichzeitig bietet Schmitt damit ein Modell an, daß belegen soll, daß die These von der Säkularisation der theologischen Begriffe auch nach Petersons Kritik an der Politischen Theologie standhält. Die Irrationalität der Dreieinigkeitslehre ist in diesem Sinne nicht Manko, sondern Bestätigung, da alle juristische Begriffsbildung mit der vernunftübersteigenden Vorstellung dieser Einheit schon übertroffen ist und sich nur in Versuchen der rationalen Nachkonstruktion erschöpfen kann. Dadurch ist aber auch die Priorität des theologischen Begriffes für Schmitt gesichert.

---

265 Wie es Kierkegaard versucht, z. B. in der Ausnahmeexistenz.

2. Dreifaltigkeit als Modell staatlicher Einheit: Einheit in der Dreiheit

Den theologischen Begriff der Dreieinigkeit hat Schmitt programmatisch für die Begründung staatlicher Einheit in Bezug genommen, die genaue Verwendung des Begriffes aber nicht dargestellt[266]. Dies hängt möglicherweise damit zusammen, daß für Schmitt dieser Begriff nur die Angewiesenheit staatstheoretischer Begriffsbildung auf theologisch vorgedachte Begriffe demonstrieren sollte, nachdem alle anderen Konzepte der Begründung von staatlicher Einheit gescheitert schienen.

Inhaltlich löst sich Schmitt mit diesem Modell von seinen älteren Vorstellungen zu dem Problem und geht in die z. B. von Smend vertretene Richtung. Allerdings geht er in dieser Richtung, die durch das Schlagwort von der Einheit in der Vielheit bezeichnet wird, typischerweise erheblich weiter als Smend es tut; er treibt auch hier den Gedanken in seine radikalste Steigerung. Smend nimmt für sich in Anspruch, staatliche Einheit als Struktureinheit zu begreifen, die sich dadurch auszeichnet, daß sie die Vielheit in sich faßt. Diese strukturelle Einheit ist nicht die Summe der Teile, aber auch nicht etwas neben und außer den Teilen. Vielmehr besteht sie im durchgängigen Aufeinanderbezogensein und Zusammenwirken der Teile; dabei ist ‚Zusammen' hier zunächst als bloße Gleichzeitigkeit zu verstehen. Ob auch ein Aspekt von Harmonie darin enthalten sein kann, ist gerade eines der Probleme von Smend: ob sich aus strukturalistischem Denken staatliche Einheit begründen läßt. Schmitt steigert alle Elemente dieses Denkens; die Vielheit gesellschaftlicher Variationen bei Smend wird im Modell der Dreieinigkeit zur rationalen Unvereinbarkeit gegensätzlicher Bereiche wie der des Menschen und Gottes. Radikaler läßt sich die Vielheit nicht denken; für sich genommen hat keiner dieser Bereiche an einem anderen Teil, gibt es keinen Übergang zwischen den Bereichen.

Gleichzeitig ist die Einheit dieser Vielheit entscheidend mehr als bloße Zusammensetzung; sie ist „Homousie", also Wesenseinheit des wesentlich Verschiedenen. Indem Schmitt so im Modell die Elemente der Einheit und der Disparatheit ins Extrem getrieben hat, müßte das Modell geeignet sein, jede auch noch so antagonistische Gemeinschaft als (staatliche) Einheit zu begreifen.

Die Frage drängt sich aber auf, ob diese Begrifflichkeit juristisch noch brauchbar sein kann. Um sie zu beantworten, soll zunächst auf eine Auslegung des Modells von Dreifaltigkeit als Idealtypus struktureller Einheit Bezug genommen werden, die Rombach vorgelegt hat[267]. Danach ist dieser Idealtypus struktureller Einheit in der Philosophie Pascals unter den Begriff der Dreieinigkeit gefaßt. Struktur sei Ordnung der Ordnungen, d. h. sie fasse unter sich verschiedene

---

266 *Schmitt,* Politische Theologie II,

267 *Rombach,* Bd. 2 S. 285. Hier findet sich interessanterweise auch der Satz, alle ontologischen Kategorien seien solche der Heilsgeschichte.

autonome Bereiche, z. B. den der Alltäglichkeit (Lebenswissen) und die der Wissenschaft und der Religion (Heiligkeit), die sozialer Anerkanntheit, geistiger und menschlicher Größe entsprechen[268]. Diese Ordnungen hätte keinen gemeinsamen Boden, keinen Übergang, keine Wechselwirkung[269].

Nur in der christlichen Religion könnten diese Ordnungen (die Vielheit) zur Simultaneität und damit auch zur Fruchtbarkeit kommen[270]. Nur ein Christ könne z. B. ein guter Wissenschaftler sein, weil bei ihm die Vernunft zugelassen, aber beschränkt sei[271]. Es gäbe insofern eine Dreieinigkeit des Christentums, wie die Christlichkeit die richtige Mitte aller drei ‚Regionen' bestimme; nur als Christ könne man in allen drei Regionen ‚erfolgreich' existieren[272].

Bei der Beschreibung der Eigenart und der Herstellung dieser Einheit verwendet Rombach aber zunehmend schwerer faßliche Begriffe. Wenn Ausgangspunkt beispielsweise eine Vielheit von Wahrheiten innerhalb und auf den verschiedenen Ebenen ist, die sich widersprechen, so soll dieser Widerspruch nur scheinbar sein; die Widersprüche bildeten eine wundervolle Ordnung[273].

Die Gleichzeitigkeit der Gegensätze werde zu ‚dialektischer Einheit', im „Einschwingen in die Mitte der Existenz" geschehe eine Wechselaufhebung der Extreme, lebendige Einheit sei Selbst des Ganzen und Selbst des Gliedes[274]. Diese Einheit sei Identifizierung von allem mit allem bei vollendeter Wahrung der Eigenheit jedes Einzelnen, zuletzt dargestellt in der Christologie (Gott-Mensch)[275].

Wenn irgend dieses Modell Brauchbarkeit für juristische Begrifflichkeit haben sollte, müßte es, um über eine Beschreibung von pluralistischer Einheit hinaus[276] auch legitimierende (da die Herstellung und Aufrechterhaltung staatlicher Einheit stets ein rechtfertigungsbedürftiges Handeln ist[277].) Kraft haben zu können, rational nachvollziehbar sein und nicht auf Glaubenswissen angewiesen sein. Eine solche Nachvollziehbarkeit ist hier nicht gegeben. Die Begrifflichkeit von ‚dialek-

---

268 *Rombach,* Bd. 2 S. 235.

269 *Rombach,* Bd. 2 S. 236.

270 *Rombach,* Bd. 2 S. 254.

271 *Rombach,* Bd. 2 S. 248/9.

272 *Rombach,* Bd. 2 S. 253/4.

273 *Rombach,* Bd. 2 S. 279 mit Zitat Pascal Nr. 862; Hier wird offenbar wieder der Rückgriff auf die absolute Ausnahme des Wunders notwendig.

274 *Rombach,* Bd. 2 S. 281 mit Fn. Pascal Nr. 199. „Die Ordnung der Ordnungen ist nicht über, sondern in ihnen" (287).

275 *Rombach,* Bd. 2 S. 284, 287, 294.

276 Vgl. dazu *Rombach,* Bd. 2 S. 504.

277 Das wird auch deutlich, wenn Rombach sein Konzept zur Anwendung auf eine bestehende Institution bringt: In der Kirche als Einheit genommen sei der Papst alles; als Vielheit genommen aber nur ein Organ. Beides „gelte". Vielheit, die sich nicht zur Einheit bringe sei Verwirrung, Einheit ohne Abhängigkeit von der Vielheit Tyrannei (276). Hier bleibt von der Frage des Perspektivismus über das ‚Gelten' bis zum Sinn der ‚Abhängigkeit' alles Entscheidene offen.

tischer Einheit' bis zum ,Einschwingen' setzt mehr als bloße Rationalität voraus. Hier wird also zuviel an Homogenität vorausgesetzt, um Homogenität zu begründen.

Dies gibt Rombach auch zu, wenn er eingesteht, daß die so verstandene Struktureinheit spekulativ, nicht mit Argumenten durchsetzbar sei[278].

Auch in der Auslegung der katholischen Kirche wird das Dogma der Dreifaltigkeit für eine staatsrechtliche Fruchtbarmachung nicht geeigneter.

Die Ganzheit der Struktur ist hier vertreten durch die Natur, die allen drei Personen Gott, Jesus und Heiligem Geist gemeinsam ist: also identische Substanz[279]. Diese Identität der Substanz verbürgt die Einheit der drei verschiedenen Personen. Deren Verhältnis untereinander ist das einer Wechselbeziehung[280]. Dabei ist, wie in der Struktur, trotz eindeutiger Hervorbringung des Einen durch das Andere (Zugang Christi und Ausgang des heiligen Geistes) keine Hierarchie zwischen den Personen anzunehmen. Versuche einer Darstellung in diesem Sinne sind vielmehr stets als Häresie verurteilt worden[281]. Dennoch ist der klare Ausgang der Dreifaltigkeit von Gott ein Unterschied zur Struktur; während hier von spontaner Entstehung in gegenseitiger Beeinflussung gesprochen wird (dabei wird der Begriff Spontaneität der letztlichen Unaufklärbarkeit der Verhältnisse in dieser Struktur gerecht), steht dort die einseitige Erschaffung fest.

In der durch die Konsubstantialität vermittelten Einheit der Dreifaltigkeit werden die Teile, also die Personen, durch die Relationen definiert[282]. Ähnliche Probleme gibt es auch in erkenntnistheoretischer Hinsicht. Während bei der Struktur im allgemeinen gesagt werden kann, daß die prädizierende Sprache für die Beschreibung der Verhältnisse in der Struktur nur unzureichend geeignet ist, gehört die Nichterfaßbarkeit des genauen Inhaltes der Dreifaltigkeit zu deren Dogma[283]. Ähnlich wie aus den Naturgegenständen und Naturgesetzen vernunftgemäß nur auf die Einheit des Schöpfers geschlossen werden kann, nicht auf die Personenverschiedenheit; ebenso kann aus der sozialen Differenziertheit von Gesellschaft in sich und Staatsorganen nur auf die Vielheit im Staat, nicht auf dessen Einheit geschlossen werden.

Wenn Schmitt hier juristisch faßbare Beziehungen hätte darstellen wollen, so hätte näher gelegen, beispielsweise auf die Souveränität einer korporativ zusammengesetzten Instanz[284] in der englischen Verfassungsgeschichte hinzuweisen.

---

278 *Rombach,* Bd. 2 S. 214.

279 Auch Konsubstantialität, Homousie genannt; vgl. Lexikon für Theologie und Kirche, Bd. 3 Sp. 441 ff. (445).

280 Lexikon für Theologie und Kirche, Sp. 446.

281 Monarchianismus, Sabellianismus, Arianismus.

282 Lexikon für Theologie und Kirche, Sp. 446.

283 Lexikon für Theologie und Kirche, Sp. 444.

284 So formuliert *Nippel,* Mischverfassungstheorie und Verfassungsrealität in Antike und früher Neuzeit, S. 166.

Die Souveränität des King in Parliament mit der Beteiligung des Oberhauses hatte offenbar auch anderwärts die Assoziation zum theologischen Begriff erweckt: King, Lords und Commons bildeten ein „tripartite body, which is sovereign and supreme“[285]. Dann hätten sich am praktischen Objekt auch die Schwierigkeiten einer solchen Konzeption untersuchen lassen[286].

Interessant an Schmitts Gedanken bleibt die Richtung, die er eingeschlagen hat und der Versuch, die Gegensätzlichkeit in einer Einheit zu erfassen. Dabei könnte diese Gegensätzlichkeit nicht nur mögliche Antagonismen des sozialen Lebens, sondern auch solche verschiedener Methoden umfassen, insbesondere die Einheit substantialistischen[287] und funktionalistischen[288] Denkens[289].

VII. Ergebnis: C. Schmitt

Schmitts philosophischer Ausgangspunkt ist Hobbes. Die bei Hobbes gewonnenen Einsichten werden mit Elementen der Existenzphilosphie kombiniert; daraus entsteht Schmitts Konzeption der Begründung staatlicher Einheit. Dieser liegt eine solipsistische Auffassung des Individuums zugrunde. Diese erfordert, daß der Begründungsakt individuell gedacht werden kann. Das geschieht im Konzept der generatio. Die Individualisierung in Verbindung mit der Überzeugung von der einen Wahrheit führt dazu, daß auch die säkulare Wahrheitsbegründung einen radikalen Anspruch impliziert, dessen Radikalität durch die Einheitsbildung überboten werden muß. Hobbes konnte dies Problem durch die Intersubjektivität der vernunftgemäßen Begründung entschärfen. Schmitt wird der Historizität der Vernunft gerecht, indem er die generatio individuell in der Grenzüberschreitung des Ausnahmezustandes geschehen läßt. Die dadurch erlangte Gewißheit einer unmittelbaren Selbstbegründung bleibt aber individuell[290]. Hierin liegt eine Tendenz zum Totalitarismus: wenn sich die Herstellung staatlicher Einheit mit den Mitteln des Ausnahmezustandes durch ihren Erfolg selbst beglaubigt, ist die Möglichkeit von Kritik auf den Zeitpunkt nach der Zufügung des Unrechts verschoben. Gleichzeitig wird verkannt, daß die Selbstvergewisserung in der Grenzüberschreitung der Ausnahmesituation nicht nur die Grenze — das, was Recht ist — verifiziert, sondern auch verschiebt; dies macht den Ausnahmezustand als Fixpunkt untauglich.

---

285 So Austin, zitiert nach *Gough,* John Locke's Political Philosophy, S. 186/7.

286 Diese liegen nach der angeführten Studie von Nippel darin, daß rakikale Verschiedenheit der Träger der Souveränität zur gesamten Hand anders als im Dreifaltigkeitsbegriff die Einheit sprengt (vgl. *Nippel,* S. 307).

287 Im Element des Göttlichen der Dreifaltigkeit.

288 Im Denken der Einheit der Dreifaltigkeit.

289 Vgl. *Rombachs* stets wieder auftauchende These, daß nur Substantialismus und Funktionalismus im Zusammengehen Humanität ermöglichen (so z. B. Bd. 2 S. 516).

290 Habermas behauptet eine ähnliche Übertragung individueller Kierkegaard'scher Kategorien auf die Verbandsperson durch Heidegger, der aus der individuellen Existenz das Ursprüngliche der Volksgemeinschaft mache (*Habermas,* Diskurs, S. 184).

Schmitts spätere Versuche, die Gefährlichkeit der Konzeption abzufangen, indem er Garantien für die Übereinstimmung einer individuellen generatio mit dem Volk sucht, fallen in vorhistorisches und substanzhaftes Denken zurück. So die Behauptung wesensmäßiger Interessenidentität zwischen Volk und Führer oder die Argumentation mit der ordnenden Kraft des Raumes.

Vermieden werden müßten also der radikalisierende Solipsismus des endlichen Subjekts und der absolute Anspruch der Begründung. Dagegen ist der in der Konzeption ursprünglich enthaltene Charakter des Wagnisses ein Element, auf das in einer durch Pluralismus gekennzeichneten Situation nicht verzichtet werden kann. Nur im individuellen Bereich kann das Wagnis ohne Sicherung eingegangen werden. Wird im Bereich des Staatlichen ein Versuch der Einheitsbegründung gewagt, so ist dies nicht ohne demokratische und rechtsstaatliche Mindestgarantien möglich, die gerade durch den Unsicherheitsfaktor und die endgültige Vorläufigkeit gefordert sind.

Exkurs: Die Begründung von Souveränität aus der Grenzerfahrung — G. Bataille

Die Berufung auf Grenzerfahrungen zur Begründung von Souveränität ist keine taugliche Methode zur Begründung staatlicher Einheit. Die folgende Darstellung soll dies durch die Darstellung der Souveränitätstheorie von George Bataille verdeutlichen.

Batailles Schilderung der faschistischen Auffassung von Souveränität trifft die Begründungstheorie von Schmitt. Gleichwohl ist diese Begründungstheorie damit nicht aufgegeben, sondern wird in vielfachen Varianten immer wieder gedacht[291]. Gleichzeitig soll sich zeigen, daß der Begründungsgedanke Schmitts trotz seiner scheinbaren Abwegigkeit eher zeittypisch als unzeitgemäß ist. Zumindest konnte Schmitt mit seinen Ausführungen an einen ‚Zeitgeist' anknüpfen, der noch heute Attraktivität zu haben scheint. Diese Anziehungskraft ist die des zeitungebunde-

---

291 Neben das hier vorgestellte Beispiel ließen sich unschwer weitere, auch modernere stellen. Vgl. zu der hier vorgelegten Interpretation Schmitts neuerdings die Interpretation Benjamins durch Derrida, Gesetzeskraft. Der mystische Grund der Autorität, wo Derrida eine Rechtsbegründungstheorie der ‚Suspension' des Rechts darstellt, die eine sehr ähnliche Struktur wie die hier aufgezeigte aufweist. Verwiesen werden kann auch auf die Versuche, den neuen Ort der Souveränität in der Kunst zu finden, wohin sie unter anderen Bataille verwiesen hat. Die Kunst hatte schon seit 200 Jahren begonnen, in diese Rolle in der Nachfolge der Metaphysik hineinzuwachsen. Neuerdings hat beispielsweise wiederum Derrida versucht, ihre Souveränität in der Nachfolge von Bataille aus der Verweigerung gegenüber jeglicher Sinndeutung abzuleiten und macht also für die Kunst die Souveränität auf ähnlicher Basis fest wie Bataille durch die Grenzerfahrung für die den souveränen Menschen. Auch hier wird verkannt, daß die Sinnverweigerung der Kunst eine historische Erscheinung ist, die nicht zur anthropologischen Konstante stilisiert werden darf. Vgl. dazu u. a. *Menke-Eggers,* Die Souveränität der Kunst. Aesthetische Erfahrung nach Adorno und Derrida, passim; *Habermas,* Diskurs, S. 124 ff.

nen Mythos. Die Begründung des Rechts aus Grenzerfahrungen ist mythologisch und damit für eine demokratische Rechtstheorie ungeeignet. Dies wird im folgenden deutlich werden. Wie Schmitt den ‚Führer' als Hersteller der staatlichen Einheit zur religiösen Figur stilisieren muß, so knüpft die Souveränitätstheorie in dem folgenden Beispiel an die Aura des Königs an.

Gleichzeitig wird deutlich, daß die Begründung der Souveränität und der Einheit des Staates durch die Berufung auf die Grenzerfahrung bei Schmitt (wie in anderer Weise bei Smend und Heller) einem Modell der Herstellung der Einheit der individuellen Person folgt[292]. Dies ist an sich einleuchtend, wenn man sich die Funktion des Argumentes bei Kierkegaard vor Augen führt. Der Bezug zur Herstellung der Einheit der individuellen Person wird aber bei Schmitt undeutlich; demgegenüber stehen bei Bataille die Verwendungsweisen des Argumentes für die individuelle und die kollektive Einheit deutlich parallel.

Bataille macht aber am Ende klar, daß seine die dargestellte Konzeption der Begründung von Souveränität und Einheit jedenfalls nicht für den Bereich des Politischen geeignet ist. Im Ergebnis erkennt er, daß, wenn man die Souveränität aus Grenzerfahrungen begründet, sie von der Macht getrennt werden muß. Damit ergibt sich dasselbe, was hier mit Bezug auf Kierkegaard behauptet worden ist; die Suspension der normativen Grenze in der Ausnahmesituation zur Bestimmung ebendieser Grenze ist ein Gedanke, der nicht über den Bereich des Individuellen hinaus erstreckbar ist.

Wie für Schmitt steht für Bataille die Orientierung am Ausnahmezustand im Zentrum; dieser wird als das ‚ganz Andere' der Vernunft in säkularisierter Form gefaßt. Auch bei Bataille ist die Grenzsituation die einzige geworden, die überhaupt noch Grenzen markieren kann. Er konstruiert den Begriff der Souvänität[293] vor allem aus dem Gegensatz von sozialer Homogenität (hergestellt durch die technische Produktionsweise und das Geld[294]) und ihrem Gegenstück, der Heterogenität, die wesentliches Merkmal der Souveränität ist. Er definiert die Souveränität als allein demjenigen zukommend, „der prinzipiell alles negiert, was die Autonomie seiner Entscheidungen einschränkt"[295]. In der Folge hebt diese Definition in einer der Entstehung des Nominalismus ähnlichen Figur sich selber auf: als Bewegung, die die Begrenzung jeder empirischen Souveränität immer neu überschreitet. Will diese souverän sein, muß sie die definierten Grenzen transzendieren. Hier wird die Strukturähnlichkeit mit den Denkfiguren Kierkegaards und

292 Die gleiche Analogie findet sich bei Smend und Heller; dazu in den entsprechenden Teilen.

293 *Bataille,* Die psychologische Struktur des Faschismus. Die Souveränität, dt. 1978.

294 Die wesentliche Funktion von Homogenität liegt in der Gewährleistung des Gewaltausschlusses. Sie ist stets gefährdet, labil und störanfällig, muß notfalls gewaltsam verteidigt werden; allerdings reicht Gewalt nicht zur Sicherung der Homogenität; hinzutreten muß eine affektive (religiöse) Bindung (d. h. in Schmitts Terminologie die Legitimität der Macht).; *Bataille,* Faschismus, S. 10, 12, 31.

295 *Bataille,* Faschismus, S. 48.

Schmitts deutlich; offenbar folgt die Vorstellung der absoluten Souveränität ihr eigenen Gesetzlichkeiten, die relativ unabhängig von ihrer Einbindung sich entfalten.

Auch Bataille findet das reinste Modell für die Autonomie der Entscheidungsfreiheit in der Gottesvorstellung: diese realisiere die „souveräne Form par excellence"[296]. Ähnlich wie Schmitt konstruiert Bataille die Souveränität des Herrschers analog zu der Gottes: als absolute Unbedingtheit[297]. Mit einer Hegel'schen Wendung „setzt sich" die Macht als Vereinigung der Elemente und „manifestiert sich" als fundamentale Tendenz zur Individualisierung der Macht. Das absolut Heterogene schließt ein Gleiches schon begrifflich aus[298].

Mit der Identifizierung der Souveränität im willkürlichen Wahlakt des Individuums hat auch Bataille die Dezision zum Fundament der Ordnung gemacht[299]. Nachdem er die Souveränität in der Entscheidungsmacht des Individuums festgemacht hat, trifft er auf die Schwierigkeit, das Verhältnis der Souveränität zu „koexstierenden"[300] Machtzentren bestimmen zu müssen, obwohl doch die Heterogenität der persönlichen Einheit als souveräne Spitze Gleiches nicht duldet. Der Souverän[301] aber ist auf die militärische Macht und die religiöse Legitimation angewiesen. Dies scheint zu der Bedingungslosigkeit der Souveränität in Widerspruch zu stehen. Beide sind aber Werkzeuge der Macht, die wie diese der zu homogenisierenen Gesellschaft gegenüber heterogen sind. Demgegenüber weisen sie nach innen eine durch diese Andersartigkeit garantierte Homogenität auf[302]. Daraus ergibt sich, daß die Souveränität als Heterogenes jedenfalls nicht durch das Homogene bedingt ist. Nur insofern also kann von Bedingungslosigkeit gesprochen werden.

Macht legitimiert sich gegenüber den Beherrschten bei Bataille durch Heterogeneität; dementsprechend ist diese die Auszeichnung des Souveräns. Sie wird sozial bestimmt als das aus der Gesellschaft Verdrängte auf allen Ebenen: von Aussätzigen, Parias bis zu Künstlern, Wahnsinnigen, Revolutionären. Dabei können zwei Klassen von Heterogenität geschieden werden: reine und unreine. Beide

---

296 *Bataille*, Faschismus, S. 32.

297 *Bataille*, Faschismus, S. 25.

298 *Bataille*, Faschismus, S. 26. Wie Heller sieht auch Bataille in der marxistischen Vorstellung der ‚Verwaltung der Dinge' den Verlust von Souveränität. Die Akzente liegen aber bei Heller anders, indem er diese Formel als irreal erklärt, während Bataille darin die Formel der Sowjetmacht sieht. Bei beiden wird die Subordination der Entscheidungsmacht unter die Gesetzlichkeit der Sachen abgelehnt. Beide gelangen dazu, die Souveränität in der individuellen Person anzulegen, weil nur sie heterogen sein kann (Bataille) bzw. weil nur in ihr eine Willensvereinheitlichung möglich ist (Heller).

299 *Bataille*, Faschismus, S. 100. Ähnlich wie Schmitt geht Bataille auch von einer diesen Vorstellungskreis von Souveränität bedingenden Voraussetzung aus; er faßt den Menschen als isoliertes (bürgerliches) Individuum, das in einer Grenzsituation des Zwiespalts zwischen Forderung und Tat (bei Bataille: Verbot und Überschreitung; S. 54) lebt.

300 *Bataille*, Faschismus, S. 27.

301 *Bataille*, Faschismus, S. 26.

302 *Bataille*, Faschismus, S. 30.

Stigmata sind für die Souveränität brauchbar als Ausweise der Heterogenität und damit als Legitimation. Derartig bestimmt Bataille die Heterogenität als das kollektivpsychologisch Verdrängte: Damit ist er beim Tabu der Könige[303]. Dieses Tabu speist sich für Bataille aus zwei Quellen, die dem militärischen und religiösen Pfeiler der Souveränität entsprechen, nämlich aus den Grenzsituationen von Tod und Ausnahmesituation[304]. Die Heterogenität des Militärs speist sich aus der Erlaubtheit des Tötens; dem Kontakt mit dem Blut, der Freistellung vom Tabu des Mordes. In anderer Weise als der Henker (im Bereich des Unreinen) partizipiert das Militär an dem Hinausragen des Tötungsvorganges in das ganz Andere, völlig Heterogene und der mit der Scheu davor und dem zugehörigen Tabu verbundenen Macht (gereinigt durch die Vorstellung der Ehre). Deutlicher noch als beim Militär ist die Ausnahmesituation bei der Priesterschaft[305].

Das Sakrale erhalte seine Heterogenität dadurch, daß das die Würde des Menschen begründende Verbot durchbrochen werde. Dies spezifisch Menschliche[306] liege in dem Aufschieben der Triebbefriedigung, das durch das ‚Verbot' verlangt werde. Die Überschreitung dieses Verbotes sei wesentlich Rückkehr zum nun gereinigten, „göttlich gewordenen"[307] Trieb. Diese Überschreitung bezieht ihre machtstützende Legitimität wesentlich daraus, daß durch die Überschreitung die individuelle Einheit der Person des souveränen Menschen gewonnen wird. Dies geschieht in der „Kommunikation"[308]. Diese findet durch die „Öffnung" der Erfahrung zum „Außen" der menschlichen Endlichkeit statt[309]. Diese Erfahrung das Außen, in der „Kommunikation" stattfinden kann[310] ist vom Typus der Todeserfahrung in der säkularisierten Welt[311]. Kommunikation ist also die Korre-

303 Deutlich geht hier die Verbindung zur Heterogenität des Imperativs: die jenseitige Sollensforderung. Illustriert ist das Tabu des Gesetzes in Kafkas ‚Vor dem Gesetz'. Ebenso wie der König unberührbar ist, kann das Gesetz niemand erblicken, ohne zu sterben. Das ganz Andere ist mehr, als der Mensch ertragen kann im direkten Anblick.

304 Auch hier also finden sich die gleichen Grundlagen der Herrschaft wie bei Schmitt.

305 In der diesbezüglichen Passage Batailles sind Parallelen zu Schmitts Berufung auf Kierkegaards ‚Ausnahmesituation' leicht herstellbar.

306 *Bataille,* Faschismus, S. 50 ff.

307 *Bataille,* Faschismus, S. 52.

308 *Bataille,* Oeuvres Complètes, Bd. 1, Fn. auf S. 559.

309 *Foucault,* Subversion, S. 38.

310 Wie bei Kierkegaard findet sie statt nicht als angestrebte, sondern als erlittene Erfahrung, weil sie aus dem Unpersönlichen kommend erst die Subjektivität konstituiert.

311 *Foucault,* Subversion, S. 44. Foucault beschreibt sie als den Prozeß, der in der Verendlichung der Welt in der Zurückgeworfenheit des Menschen auf sich plötzlich in seiner Hinausgeworfenheit in die ihm umgebende Leere das Licht einer profanen Erleuchtung aufblitzen sieht: Und damit den Menschen in seinem ganzen Umfang unreduzierter Erfahrung; dies macht ihn souverän: „Gott zu töten, um die Sprache in einer betäubenden Nacht zu verlieren und weil diese Wunde ihn bluten lassen muß, bis ein ‚unendliches, im grenzenlosen Schweigen verlorenes Haleluja' aufjubelt (das ist Kommunikation)"; Dieser Tod Gottes ist also nicht das „Ende seiner historischen Herrschaft" oder die „endlich getroffene Feststellung seiner Nichtexistenz", sondern „der von nun an konstante Raum unserer Erfahrung"; *ders.*, S. 30.

spondenz mit dem Heterogenen; in dieser Korrespondenz wird die Einheit des Subjekts hergestellt[312].

Auch Bataille bindet also die Souveränität an die „Macht zur Überschreitung". Dadurch bedeute die Souveränität für die Gesellschaft „gleichermaßen tödliche Gefahr und höchstes Gut"[313]: dies sind die beiden Seiten der Schmittschen Suspension der Legalität durch die Diktatur: Begründung von Homogenität und damit Gewaltausschluß oder Terror. Bei Bataille tritt die Rolle für die Begründung der individuellen Einheit der Person hinzu; gelingt sie in dem Akt der Grenzüberschreitung nicht, so kann dieser statt zur Würde verbürgenden Souveränität zum Wahnsinn führen. Entgegen Schmitt und mit Kierkegaard besteht aber Bataille darauf, daß der Souverän an strengere Regeln gebunden ist, als die übrigen Menschen. Dabei bleibt bei Bataille stärker als bei Kierkegaard offen, inwiefern diese Regeln geeignet sind, den Mißbrauch der souveränen Macht zu verhindern[314].

Bataille sieht, daß in der Demokratie diese Form von Souveränität, beruhend auf Gottähnlichkeit der Entscheidungswillkür und Entziehung aus dem Bereich des Profanen durch Nähe zu Tod und Überschreitungssituation faktisch nicht mehr vorhanden ist. Da er die Souveränität mit der Selbstzwecklichkeit und damit mit der Würde des Menschen gleichsetzt, die im Souverän beispielhaft verwirklicht ist, liegt darin ein Verfall menschlicher Selbstverwirklichung, der in der Ablehnung der unproduktiven Verausgabung als Praxis der Souveränität durch die bürgerliche und die sozialistische Gesellschaft liegt.

Während über die Theorie von Bataille bezüglich der Verbürgung individueller persönlicher Einheit hier nicht zu streiten ist, ist sie für eine Begründung staatlicher Souveränität ungeeignet. Dies ergibt sich zunächst aus der individuellen Bindung von Grenzerfahrungen, die mit einer Auffassung reiner Organwaltertätigkeiten auf Zeit, wie sie der Demokratie eigen ist, unvereinbar ist.

Darüber hinaus betont Bataille wie Kierkegaard, daß entsprechende Erfahrungen nicht vorsätzlich herbeiführbar sind, sondern erlitten werden müssen. Auch dies beschränkt den Anwendungsbereich seiner Theorie.

Weiter gilt wohl auch für die von Bataille dargestellte Begründung von Souveränität die Kritik, daß diese Konzeption der einheitsverbürgenden Souveränität ahistorisch angelegt ist. Die Figur entspringt dem Bemühen der Ursprungsphilosophie, Souveränität als Quelle der Einheit als anfänglich und Bedingung der

312 Vgl. die Verwendung des Begriffes der correspondence bei Baudelaire.

313 *Bataille,* Faschismus, S. 53.

314 Deutlicher wird dies auch nicht bei Thomas Mann, der in „Königliche Hoheit" literarisch die Restriktionen beschreibt, die der Souverän seiner privaten Subjektivität im Interesse der Repräsentation der Souveränität auferlegen muß. Demgegenüber beschränkte Kierkegaard die Situation auf den Einzelnen, so daß eine soziale Rechtfertigung damit unmöglich ist — gegen den Mißbrauch als Ideologie.

Möglichkeiten, die selbst bedingungslos ist, zu setzen. Batailles Verarbeitung bei Foucault hat die darin liegenden Gefahren explizit gemacht. Foucault hat das ‚Heilige', das ‚Heterogene' bei Bataille als geschichtlichen bedingten Wahnsinn verdeutlicht. Auch der Wahnsinn ist das Andere der Vernunft, aber seine Ausprägungen und der Umgang mit ihm sind historisch und werden von der Formation der Vernunft in ihren Stadien selbst mit geprägt[315]. Foucault wehrt sich gegen jede Autonomisierung des Wahnsinns durch Stilisierung zu einer „ontologischen Form"[316] oder „Psychologien der Heterogeneität"[317], die jede normative Kraft des ‚Normalen' gegenüber dem permanenten geistigen Ausnahmezustand bestreiten: „In Wirklichkeit läßt sich allein in der Geschichte das einzige konkrete Apriori entdecken, aus welchem die Geisteskrankheit mit der leeren Öffnung ihrer Möglichkeit ihre notwendigen Figuren hernimmt."[318] Die Geschichtlichkeit des Heterogenen im Sinne Batailles läßt sich an einem Vergleich mit der Benjamin'schen Figur der Aura verdeutlichen[319]. Beide Begriffe bezeichnen die Erfahrungsbereiche des Anderen der Vernunft[320]. Beide sind auf die Struktur des Sakralen gegründet; die Aura basiert auf dem Ritual[321], die auratische Kunst ist eine Theologie der Kunst. Das Heterogene Batailles weist ebenfalls die spezifischen Merkmale des Sakralen auf. Wesentlich ist dieser Struktur das Element der Unberührbarkeit. Diese gibt es in den Varianten der Heterogeneität des Niedrigen, der Unberührbarkeit des Parias und des Reinen. Ganz analog schildert Benjamin die Rezeptionsform der auratischen Kunst als die des Abstandes. Ein weiteres Element des Auratischen ist die Vereinzelung des Menschen im Kontakt mit dem auratischen Kunstwerk; Habermas spricht hier vom „Königsweg bürgerlicher Individualisierung"[322]. Auch Batailles Schilderungen der Erfahrung von Heterogeneität knüpfen an die Vereinzelung an. Schließlich besteht sowohl die Autonomie der auratischen Kunst[323] wie die Souveränität des Heterogenen in der Entkoppelung von Ökonomie und Kultur: Es findet ein Ausschluß aus den Zweckzusammenhängen der Produktivität statt, der auf einem erweiterten Erfah-

315 Man denke an die verschiedenen Stellungen der Vernunft zum Wahnsinn von Brants Narrenschiff bis zum therapeutischen Elektroschock, wie Foucault sie beschrieben hat.

316 Vgl. *Foucault,* Psycholgie, S. 129.

317 *Foucault,* Psycholgie, S. 9.

318 *Foucault,* Psycholgie, S. 129. Auch Habermas sieht dies so: bei Foucault sei der „praediskursive Bezugspunkt der Souveränität" des Bataille aufgelöst; das Heterogene kann nicht die Rolle des verlorenen Ursprünglichen aufnehmen *(Habermas,* Diskurs, S. 296 f.). Natürlich stellt sich für Foucault dann das Problem einer Richtung dieser Geschichtlichkeit; dazu Habermas Auseinandersetzung mit der Machttheorie.

319 Die Aura des Kunstwerkes ist sein „Hier und Jetzt", seine Nichtreproduzierbarkeit, seine „Autorität" *(Benjamin,* Werke, Bd. I/2 S. 437 f.). Der Vergleich mit Batailles „moment privilegié" ist schon von der Terminologie her naheliegend.

320 Vgl. Benjamin dazu nach, *Habermas,* in: Zur Aktualität W. Benjamins, S. 197.

321 Vgl. *Benjamin,* Werke Bd. I/2 S. 442.

322 *Habermas,* in: Zur Aktualität, S. 196 (180).

323 *Habermas,* in: Zur Aktualität, S. 190.

rungsbegriff beruht[324]. Gegenüber dieser gemeinsamen Ausgangsbasis stellt Benjamin nun den Verfall der Aura als Tatsache fest, die sich bruchlos in die Entzauberung der Welt einreihen läßt. Wichtig ist Feststellung der Basis für diesen Zerfall: diese liegt in der Geschichtlichkeit der Erfahrungsweisen: auch die Art der Wahrnehmung unterliegt in längeren Perioden dem Wandel[325]. Kennzeichen der Moderne ist der wachsende Sinn für das Gleichartige. Damit ist der Erfahrung der Einmaligkeit in der Aura der Boden entzogen. Benjamin will daraus positive Gehalte retten, indem er sie in die entauratisierte Massenkunst verlegt wiederfindet (Film) und damit gleichzeitig den Zugang zu dieser Erfahrung glaubt exoterisch machen zu können (im Sinne einer Demokratisierung der Erfahrbarkeit von Kunst). Damit wird dieser Erfahrungsgehalt politikfähig[326]. Bataille macht vor dieser Wende halt; seine Erfahrung des Heterogenen bleibt eine anthropologische Invariante, der Zugang zu dieser Erfahrung individualisiert und esoterisch. Nur dadurch kann er die Souveränität dieser Erfahrung gegenüber der Geschichtlichkeit retten. Die politische Folge muß eine antidemokratische Tendenz sein, die in der Verwandtschaft des Faschismus mit den Kultformen des Heterogenen aufscheint und von Bataille auch deutlich gemacht wird. Er sucht das Problem dadurch zu lösen, daß er die Kunst in das Ghetto des l'art pour l'art zurücktreibt: Macht, also Politik, verunreinigt Heterogeneität.

Ebenso verhält es sich mit dem klassischen, von Bataille beschriebenen Begriff der Souveränität. Im Prozeß der Demokratisierung wird er aufgelöst. Souveränität wird nicht mehr an Heterogenität gekoppelt. Dabei muß sie ihrem bedingungslos willkürlichen Charakter allerdings entsagen.

Aus der Trennung der Macht von dem Sakralen in der Praxis der modernen Demokratie und im Sowjetsystem schließt Bataille, daß Macht und Souveränität sich trennen lassen. Die Macht ohne Selbstbestimmung unterwirft sich dem Diktat der Dinge, Politik wird zu Verwaltung.

Die machtlos gewordene Souveränität findet ihr neues Feld in der Kunst. Auch hier aber bleibt Bataille beim traditionellen Kunstwerk stehen[327]. Nur dem auratischen Werk billigt er Souveränität zu. Dennoch kritisiert er Nietzsche, weil es diesem nicht gelungen sei, den Ausdruck seiner souveränen Subjektivität ohne Rückgriff auf die Versatzstücke des Sakralen zu erreichen. Aber auch bei Bataille geht die von der Macht gelöste Souveränität nicht davon ab. Sie bleibt an das

---

324 Deswegen behandelt Benjamin die Kunst des l'art pour l'art; bei Bataille steht dafür der Begriff der „dépense".

325 *Benjamin*, Werke, Bd. I/2 S. 439.

326 Zu Recht bemängelt Habermas an den vernunftkritischen Souveränitätstheorien, daß in ihnen seit Nietzsche kein Platz mehr für die Normalität „Alltagspraxis" ist. Eine rechtlich brauchbare Souveränitätskonzeption muß stets einen Übergang von der Ausnahme in die Normalität denken können. Benjamin versucht diese Forderung zu beherzigen (Vgl. *Habermas*, Diskurs, S. 393).

327 Vgl. *Bataille*, Faschismus, S. 82.

Sakrale, damit an das Heterogene gekoppelt: Die Situation der Einsamkeit, paradigmatisch angesichts des Todes, ist Bedingung des Erwerbes der Souveränität. So ist Batailles „souveräner Augenblick“[328] wie Kierkegaards „Augenblick“ der Versuch, einen „äußersten Wert“[329] durch eine Ausnahmesituation, die Grenzerfahrung, die alles radikalisiert, hervortreten zu lassen.

Deutlich ist, daß ein solcher Begriff der Souveränität, dem durch die Trennung von der Macht die Gefahr des Diktatorischen genommen und die der Hierarchie wenigstens gemildert ist, für den Bereich des Staatlichen keine Funktion mehr haben kann. Denn wenn, wie Bataille sagt, die Macht die Homogenität sichert, dann ist nicht vorstellbar, was in der machtbefreiten Subjektivität den Frieden zwischen den einsamen Heterogenitäten noch sichern soll: eine praestabilierte Harmonie wäre erforderlich.

---

328 Vgl. *Bataille*, Faschismus, S. 53.

329 *Bataille*, Faschismus, S. 86.

B. Rudolf Smend

Carl Schmitt hatte bei seiner Konzeption von Einheit einen umfassenden Anspruch verfolgt; dieser umschloß insbesondere die Aufgabe, eine Einheit aufzuzeigen, die über den organisatorischen Bereich des Staates hinausgehend sich auch auf die gesellschaftlichen Kräfte erstreckt. Weil er seine Zeit als die einer Ausnahmesituation auffaßte, orientierte er sich wesentlich an Hobbes und legte damit seiner Rechtsphilosophie die Zentralstellung des individuellen Subjekts zugrunde. Er gelangte damit zu einer Auffassung über die Herstellung von Einheit, die keinerlei Gewähr mehr gegen die Tyrannis bot. Dies kommt begrifflich zentral in der Vorstellung der ‚Suspension' des Rechts zum Ausdruck.

Rudolf Smend bemühte sich darum, für seine eigene Konzeption von staatlicher Einheit den argumentativen Verstrickungen zu entgehen, die sich für Schmitt aus seiner am isoliert gedachten Individuum orientierten Vorstellung von Einheit ergeben hatten. Smend sah in der methodischen und rechtsphilosophischen Grundlage Schmitts eine Hauptursache für den Zwang zu radikalen und (zumindest potentiell) undemokratischen Lösungen. In diesem Bemühen greift Smend die sogenannte ‚geisteswissenschaftliche Methode' in einer durch den Philosophen W. Dilthey und den Kulturtheoretiker Th. Litt geprägten Form auf. Diese Methode hat ihren gedanklichen Ausgangspunkt nicht im vereinzelt vorgestellten Individuum, sondern in dem umfassenden ‚Lebenszusammenhang'. Dieser Wechsel des Denkmodelles ist inspiriert durch die Kritik des Historismus an der irrealen Vorstellung eines isolierten Subjekts und ermöglicht durch die Erkenntnis, daß das Bewußtsein mitsamt der von ihm gebildeten Kategorien wesentlich durch Sprache ausgebildet wird und daß diese wiederum nicht individuell, sondern im gesellschaftlichen Miteinander erworben wird. Die Zugrundelegung der geisteswissenschaftlichen Methode erlaubt es Smend, ähnlich wie Schmitt den Versuch zu machen, eine Einheit vorstellbar zu machen, die auch gesellschaftliche Kräfte umfaßt[1]. Dabei geht er wie Schmitt davon aus, daß eine Willenseinheit

---

1 Sie erlaubt es, weil diese Methode gerade den Anspruch erhebt, die Gesamtheit des gesellschaftlichen Lebenszusammenhanges verständlich zu machen. Vgl. *Smend,* Verfassung und Verfassungsrecht, S. 77. Dabei nimmt Smends Interesse schon Richtung auf eine stärker staatlich-organisatorische Sicht, wenn er als seinen Gegenstand das Problem der „Vergemeinschaftung der individuellen Willen zur Wirkungseinheit eines Gesamtwillens" bezeichnet (S. 74). Dabei benutzt er ein von Heller angezogenes Zitat; dieser aber hat die Fragestellung entgegen Smend schon ganz auf den Bereich der staatlichen Organisation beschränkt: „Die Staatseinheit ist sowohl soziologisch wie juristisch nur als organisierte Herrschaftseinheit zu verstehen" *(Heller,* Schriften, Bd. 3 S. 19). Entgegen Schmitt (Der Wert des Staates und die Bedeutung des Einzelnen) beansprucht Smend nicht mehr die Auflösung des Spannungsverhältnisses zwischen Individuum und Staat

grundsätzlich nicht mehr auf metaphysischen Grundüberzeugungen beruhend vorgefunden oder hergestellt werden kann. Während aber Schmitt daraus das Erfordernis herleitet, Einheit ganz neu zu begründen und damit zu einer punktuellen Einheitsherstellung gelangt, glaubt Smend an eine stets schon vorfindliche und sich prozeßhaft reproduzierende Einheit des ‚Lebenszusammenhanges' anknüpfen zu können[2]. Dadurch kann Smend an den Normalzustand statt an den Ausnahmezustand anknüpfen; er vermeidet dadurch alle Radikalisierung, die sich bei einer Orientierung am Ausnahmezustand ergeben kann. Andererseits wird dadurch von vornherein deutlich, daß Smend einen in seinen Grundzügen intakten staatlichen und gesellschaftlichen Lebenszusammenhang voraussetzen muß. Die Homogenisierungsleistung seiner Konzeption muß also auf einem weit höheren Niveau vorausgesetzter realer sozialer und ideeller Einheit ansetzen, als dies bei Schmitt nach dessen Intention der Fall ist.

Wenn die entscheidende Begründungsfigur in dem geschichtlichen, gesellschaftlichen und staatlichen Lebenszusammenhang gefunden wird, kann auch Einheit nicht mehr nach dem Modell des isolierten Individuums gedacht werden; dies legte eine Auffassung des Staates als in sich geschlossener Rechtssphäre (der juristischen Person) ohne Binnendifferenzierung nahe[3]. Die nun fällige Ausdifferenzierung der Vorstellung von Einheit gelingt Smend, indem er den Staat als ‚Struktur' auffaßt und aus diesem Begriff ein Modell für ‚Einheit in Vielheit' gewinnt. Dieses Modell sieht Einheitlichkeit hauptsächlich in dem durch die Struktur gewährleisteten Zusammenhang eines Beziehungsgefüges; der Inhalt der Einheitlichkeit wird daher von konkreten Werten und Ordnungen abgehoben und in eine formale Richtung gedrängt[4].

Für die Verständlichmachung der prozeßhaften Reproduktion von Einheitlichkeit sucht Smend Vereinheitlichungsfunktionen darzustellen[5], die unabhängig von zugrunde liegenden Werten (über die weitgehend kein Konsens mehr herrscht) Homogenität herzustellen in der Lage sind. Nach hier vertretener Ansicht gelingt Smend dies nicht, zunächst, weil seine methodischen Vorgaben ein solches Ergebnis gar nicht erlauben, dann, weil die dargestellten Integrationsfaktoren die erwünschte Leistung nicht sicher erbringen können.

---

in der herzustellenden Einheit aufzeigen zu können; statt dessen soll es in „dialektischer Spannung" (z. B. S. 7) verbleiben. Auch darin liegt ein Zurückschneiden des mit Einheit zu leistenden.

2 *Smend*, Verfassung und Verfassungsrecht, S. 16 f.

3 Vgl. dazu *Böckenförde*, Organ, Organisation, Juristische Person, S. 269 ff.

4 Vgl. *Smend*, Verfassung und Verfassungsrecht, S. 74.

5 Integration als grundlegender Vorgang im Staat; vgl. *Smend*, Verfassung und Verfassungsrecht, S. 18 ff.

I. Die geisteswissenschaftliche Methode: Der Lebenszusammenhang ersetzt das Subjekt als Ausgangspunkt

Smend erkennt die Schwierigkeiten, die eine Orientierung der Methode am individuell und isoliert gedachten Subjekt als zentralem Punkt mit sich bringt. Wenn die von Hobbes noch vorausgesetzten Gemeinsamkeiten der Individuen durch angeborene Eigenschaften nicht mehr begründet angenommen werden können, ergibt sich daraus, daß eine Methode, die sich noch am Subjekt orientiert, keine Gewähr für eine Verallgemeinerbarkeit der Ergebnisse mehr bietet. Auf die Frage staatlicher Einheit hin gewandt, ist das Festhalten an einer solchen Methode eng mit der Möglichkeit der Diktatur der einheitsgewährleistenden Person verbunden. Auch sieht Smend, daß die Analogie zwischen der Einheit der individuellen Person und der des Staates für Binnendifferenzierungen keinen Raum zu lassen scheint. Die Orientierung an einem als isoliert vorgestellten Subjekt, das in der sozialen Realität nicht vorhanden ist, stellt für die Vereinheitlichungsleistung höhere Anforderung, als dies notwendig zu sein scheint, wenn man sich an dem sozial vorfindlichen Zusammenhang orientiert. Damit scheint die Radikalität der Homogenisierung, wie sie bei Schmitt offensichtlich ist, vermeidbar.

Für die Lösung dieser Probleme scheint die sogenannte geisteswissenschaftliche Methode günstige Voraussetzungen zu bieten. Sie argumentiert von einem existenten Lebenszusammenhang der Menschen aus. Wo dieser sich vorfindet, ist die Vergemeinschaftung der Einzelwillen grundsätzlich vorhanden und leichter vorstellbar als bei den isolierten Individuen. Gleichzeitig scheint dieser Lebenszusammenhang Gewähr dafür zu bieten, daß in ihm die Meinungen auf die Anerkennung bestimmter einzelner Werte hin homogenisiert werden, so daß nicht nur die soziale Vereinheitlichung der Lebensart, sondern auch die ideell-wertbezogene Vereinheitlichung der Einzelwillen unproblematischer erscheint.

Die Anknüpfung Diltheys an die Grundbegriffe des ‚Lebens‘ und der ‚Gemeinschaft‘, in der das Individuum sich zur Person mit ihren Fähigkeiten entwickelt, ermöglicht es Dilthey und in seiner Nachfolge Th. Litt, die Radikalisierung zu vermeiden, die durch die Kombination des autonom gesetzten Subjektes mit seiner Endlichkeit bei Hobbes und C. Schmitt eintritt. Die gesellschaftliche Produktion der Intelligenz in einer generationenübergreifenden Entwicklung begrenzt zunächst die Autonomie des Individuums; das Eigene der Person realisiert sich in der Reproduktion des gesellschaftlichen Lebenszusammenhanges. Damit fällt für das Individuum die Vorstellung möglicher Souveränität fort[6]. Es bleibt gebunden und bestimmt durch den Lebenszusammenhang. Gleichzeitig ist der

---

[6] Vgl. dazu *Frank*, S. 70 f.: Im Denken der Struktur gibt es kein Individuum am Schalthebel der Strukturorganisation. Zum Verschwinden des Individuums vgl auch *Foucault*, Die Ordnung der Dinge, S. 82 ff. (109 ff.). Zum Verlust der Souveränität als Fortschritt und zur mangelnden Einheit des Subjektes vgl. *Wiggershaus*, S. 42.

Austrag auftauchender Konflikte von Wertrichtungen nicht an die Lebensfrist gebunden. Denn jede dieser Richtungen ist in einen Lebenskreis eingebunden, der unabhängig vom Einzelnen ist, obwohl er auf dem einzelnen Leben beruht[7]. Durch die Beziehung der Individuen auf die Lebens- und Kultursysteme kann Dilthey die pazifizierende Wirkung erreichen, die in der Vorstellung einer nicht befristeten Existenz liegt[8].

Wenn allerdings an den stets vorfindlichen Stand von Gemeinsamkeiten angeknüpft werden muß, kann diese Methode keine normative, sondern nur eine deskriptive Funktion haben. Dadurch unterscheidet sie sich von der konstruktiv-normativen Schmitts. Der Unterschied zwischen der darstellenden Methode Smends und der herstellenden Schmitts scheint bereits in der Monographie H. Mayers von 1931 zur „Krisis der Staatslehre" auf. Mayer stellt an den Anfang die unbestrittene Leistung Litts und Smends: diese beruhe darin, die Totalität der Gesellschaft besser verstehbar gemacht zu haben[9]. Die Beschränkung Litts sieht Mayer darin, daß Aussagen nur strukturell getroffen werden, als Aussagen der Soziologie. Mit diesen Aussagen seien Einzelphänomene wie der Staat nicht erklärbar[10]. Smend habe nun entgegen Litt Anwendungen auch auf Einzelphänomene gesucht.

Den Vorteilen einer Argumentation auf der Basis der geisteswissenschaftlichen Methode stehen Nachteile gegenüber, die von Smend zwar teilweise sachlich erkannt, aber m. E. zu wenig beachtet werden. Diese Implikationen der gewählten Methode werden an Dilthey als dem Gewährsmann (neben Litt) Smends dargestellt. Sie betreffen vor allem die schon bezweifelte Eignung dieser Methode für ein normatives Denken. Die Einheit des Lebenszusammenhanges ist nämlich für Dilthey zwar deskriptiv darstellbar, aber nicht normativ. Es ist demgemäß nicht möglich, einen Lebenszusammenhang konstruierend zu begründen. In einer Situation, in der Homogenität erst noch herzustellen ist, ist normatives, begründendes Denken aber unerläßlich. Denn eine Vereinheitlichung, die stets nur den gegebenen Zustand reproduziert, tut dies auch, wenn das Gegebene der Zustand des innerstaatlichen Konfliktes ist. Homogenisierung findet dann im Hinblick auf konkurrierende Integrationskreise statt; der Konflikt wird verfestigt. Gleichzeitig ist es ein Resultat dieser Methode, daß staatliche Integration von der gesellschaftlichen sich nicht inhaltlich abheben läßt.

---

7 *Dilthey,* Werke, Bd. 1 S. 50 f.

8 *Dilthey,* Werke, Bd. 1 S. 53: „. . .die vernünftige Welt ist als großes unsterbliches Individuum zu betrachten, welches unaufhaltsam das Notwendige bewirkt und dadurch sich sogar über das Zufällige zum Herrn erhebt".

9 *Mayer,* S. 37. Damit sei auch Kelsens naturwissenschaftlich geprägter Seinsbegriff überwunden (S. 39 f.).

10 *Mayer,* S. 41 f.; Mayer kann sich hier weitgehend auf Litt selbst stützen, der meint, die Struktur lasse deswegen keine Ableitung von Normativem aus ihren Sätzen zu, weil sie nur allgemeine Strukturen aufzeige, ohne Rücksicht auf Wertentsprechung oder -widerspruch (*Litt,* S. 33 f.).

Eine genauere Betrachtung von Diltheys Ausführungen zum Recht zeigt allerdings, daß dieser solche Schwierigkeiten durch eine Trennung deskriptiven und normativen Denkens zu vermeiden sucht.

1. Die Methodendoppelung: Einheit Verstehen und Begründen

Bei Dilthey erfolgt das Denken über das Recht je nach dem verfolgten Ziel auf unterschiedlicher methodischer Grundlage[11]. Prinzipiell gehört die Beschäftigung mit dem Recht aus der Sicht der Philosophie für Dilthey zum Gegenstandsbereich der Geisteswissenschaften; daher ist hier die verstehende ‚geisteswissenschaftliche Methode' anzuwenden[12]. Für die juristische Arbeit selber aber gilt anderes.

Dies ergibt sich aus seiner Auffassung von der Eigenart des Rechts.

Recht ist für Dilthey einerseits Zwangssystem der Willenssphärenabgrenzungen, andererseits ein Kultursystem. Im Recht fallen äußere (staatliche) Organisation der Gesellschaft und ihre Kultursysteme zusammen[13]. Recht ist damit ein Phänomen, das weder staatlichen Zwanges, noch der im Individuum verwurzelten Anerkennung entraten kann[14]. Beide Wurzeln des Rechts bedingen sich gegenseitig[15].

Dilthey legt dar, daß Normen, sollen sie Recht als verbindliche Begrenzung der Willenssphären sein, der Durchsetzung mittels staatlichen Zwanges bedürfen[16]. Recht ist insofern die äußere Organisation der Gesellschaft; aber es hat in dieser keinen Bestand.

Es ist gleichzeitig Kultursystem und damit Objektivation des Zusammenspieles individueller und überindividueller gesellschaftlicher Zentren. In dieser Hinsicht beruht das Recht auf Anerkennung[17]. Die Quelle, die das Recht als Kultursystem in den Individuen hat, ist zwar auch nicht rein individuell, sondern gemeinschaftlich bedingt, läßt sich aber nach Diltheys Ansicht nicht hintergehen. Sie entspricht dem Anteil im Menschen, der im Staat nicht aufgeht, der „nur in der Hand Gottes ist"[18]. Dilthey meint damit, daß die individuelle Herkunft des Rechts in Persönlichkeit und religiösen Erlebnissen liege. Das Individuum verfüge über ein

---

[11] Kreissl, der sich monographisch mit dem Recht bei Dilthey beschäftigt hat, faßt diese Doppelung, da er m. E. die zugehörigen Anwendungskreise nicht erfaßt, als Widersprüche auf (*Kreissl*, S. 47).

[12] *Kreissl*, S. 70.

[13] Vgl. *Kreissl*, S. 44; *Dilthey*, Werke, Bd. 1 S. 54.

[14] Vgl. *Dilthey*, Werke, Bd. 1 S. 57, 80; vgl. *Kreissl* S. 48.

[15] Vgl. *Dilthey*, Werke, Bd. 1 S. 55; *Kreissl* S. 48 f., 51.

[16] Vgl. *Kreissl*, S. 47 m. w. N.

[17] Vgl. *Kreissl*, S. 56.

[18] Vgl. *Kreissl*, S. 49 f.

„rechtsbildendes Vermögen", das aber nicht weiter hinterfragbar sei, ein intuitives Vermögen, das sich rationaler Begründung und Kontrolle weitgehend entziehe[19]. Diese mangelnde Begründbarkeit bedeutet, daß das naturrechtliche Element der Verankerung des Rechts in der Persönlichkeit dem staatlichen Recht nicht als Kriterium entgegengestellt werden, sondern nur durch die geisteswissenschaftliche Methode verstanden werden kann. Positives Recht kann also bei Dilthey nicht am Naturrecht gemessen werden[20].

Es ist daher zwar möglich, verstehend das Recht einer Epoche als dieser adäquat zu erkennen, aber aus der Quelle des Rechts als Kultursystem kann staatliche Rechtssetzung nicht kontrolliert werden. Denn jeder geschichtliche Zusammenhang enthält stets auch ethisch divergente Standpunkte, die verstehbar sind[21]; von diesen läßt sich keiner als maßgeblich auszeichnen. Damit ist der Wertrelativismus auf der Ebene des Verstehens zwangsläufiger Endpunkt von Diltheys Argumentation[22]. Da es keine unbedingten Normen, Zwecke oder Werte gibt, sind diese sämtlich historisch: was das Leben ist,soll Geschichte lehren; diese aber ist der Verlauf des Lebens in der Zeit[23]. Diltheys moderner Verzicht auf Transzendenz führt zum innerweltlichen Kreisen der Begründung, das seine neue Richtung stets wieder in der Zufälligkeit der Faktizität des historisch Gewordenen empfängt.

Insbesondere dieses Verständnis des Rechts als angewiesen auf staatlichen Zwang einerseits, Anerkennung im kulturellen Bereich der Gesellschaft andererseits, hat R. Smend übernommen. Er protestiert damit gegen die für ihn unfruchtbare Verkürzung der rechtswissenschaftlichen Betrachtungsweise, die eintritt, wenn man wie der Neukantianismus — insbesondere Kelsen und seine Schule — im rein Normativen verbleibt und das Recht als soziales Phänomen ignoriert. Dagegen übernimmt Smend nicht ausdrücklich die von Dilthey beschriebene und mit diesem doppelten Aspekt des Rechts zusammengehende Doppelung der Methode.

Das Recht beruht also wesentlich auf zwei Faktoren, von denen nur einer staatlich herstellbar (Zwangssystem der Willenssphärenabgrenzungen) ist, während der andere (Anerkennung im Kulturprozeß) gegeben sein muß und nur verstanden werden kann. Dementsprechend sondern sich die Methoden: die Ar-

---

19 Vgl. *Dilthey*, Werke, Bd. 1 S. 79, Bd. 7 S. 284; *Kreissl* S. 79.

20 Vgl. *Kreissl*, S. 63.

21 Vgl. *Kreissl*, S. 64. Daß Dilthey einen solchen Konflikt überhaupt für möglich hält, wird von Kreissl gezeigt. Er kann sich aus der Verschiedenheit der beiden Wurzeln des Rechts ergeben, von denen keine ursprünglicher ist; daher kann Recht nicht aus dem Staat, dieser nicht aus dem Recht abgeleitet werden. Beide Positionen verabsolutieren ein Moment des Rechts, das des Kultursystems oder das des staatlichen Zwanges; diese Tendenz zur Vereinseitigung ist aber gegen die doppelte Eigenart des Rechts gerichtet (vgl. *Dilthey*, Werke, Bd. 1 S. 54). Der Aufweis eines Naturrechts mit gegenüber positivem Recht erhöhtem Rang ist von hier aus nicht möglich (vgl. *Kreissl*, S. 52).

22 Vgl. *Kreissl*, S. 87; *Dietrich*, S. 152.

23 *Dilthey*, Werke, Bd. 7 S. 262.

beitsweise des Rechtes als staatlicher Abgrenzung von Willenssphären und Durchsetzung dieser Abgrenzungen ist die, daß eine „äußere Bindung der Willen in eindeutiger Abmessung“ herbeigeführt wird[24]. Es werden also Willens-, d. h. Machtsphären in eindeutiger Weise voneinander geschieden. Diese Aufgabe kann offenbar mit der Begrifflichkeit der geisteswissenschaftlichen Methode des Verstehens nicht geleistet werden. Denn gefordert ist eine bewußte Verkürzung der Wirklichkeit, ein Absehen von gegenseitiger Bedingtheit, eine Simplifizierung der Begriffe; all dies will die geisteswissenschaftliche Methode gerade vermeiden. Dilthey hat dies klar zum Ausdruck gebracht. So sagt er: „Das Verfahren einer zusammensetzenden Konstruktion ist sehr fruchtbar für die Ableitung der Rechtsverhältnisse innerhalb ... eines Rechtssystems; aber es hat seine Grenze.“[25] Für die Abgrenzung der Willenssphären also verwendet Dilthey die konstruktiv begründende Methode. Sie hat hier ein Feld adäquater Verwendung.

Diltheys Methoden differieren je nach der gestellten Aufgabe: im Bereich juristischer Konstruktion das konstruktiv mechanische Denken, im Feld soziologischer Analyse und Beschreibung die geisteswissenschaftliche Methode. Wenn also Dilthey behauptet, der Vertrag könne vom Verband durch die Methode des Verstehens nie eindeutig abgegrenzt werden, sondern nur durch juristische Begrifflichkeit, so betrifft das die verstehende Erkenntnis sozialer Gebilde, z. B. des Staates. Es liegt also kein Widerspruch darin, wenn er wenig später den Staat aus den Grundeigenschaften des Menschen, ‚appetitus socialis‘ und ‚Furcht‘ zusammensetzt und damit konstruktiv denkt[26]. Denn hier zeigt Dilthey nicht das Verfahren soziologischer Erkenntnis, sondern rechtlicher Konstruktion. Diese kann aus einer Staatszwecklehre, die auf der genannten Basis beruht, Herrschaftsbereiche und deren Begrenzungen ableiten[27]. Zu diesem Zweck arbeitet Dilthey mit anthpropologischen Invarianten, für die in der verstehenden Methode kein Raum ist; denn der Mensch als eine der Geschichte und Gesellschaft voraufgehende Tatsache ist eine Fiktion der genetischen Erklärung[28]. Bezeichnenderweise ergibt sich dann für Dilthey ein Problem bei der Souveränitätsfrage. Von der Auffassung des Rechts als Konstruktion her scheint die Souveränitätsvorstellung notwendig zu sein; im verstehenden Nachvollzug erscheint sie als geschichtlich bedingte Vorstellung einer bestimmten Epoche[29], aber nicht als eine reale Tatsache. Denn in einem gegenseitigen Bedingungszusammenhang wie dem ‚Lebenszusammenhang‘ kann keine Funktionsträger souverän sein.

---

24 Vgl. *Kreissl*, S. 39; *Dilthey*, Werke, Bd. 7 S. 84.

25 *Dilthey*, Werke, Bd. 1 S. 73.

26 Als Widerspruch faßt dies aber *Kreissl* S. 47 auf.

27 Das Recht wird hier aufgefaßt als System von Imperativen, „hinter welchen ein Wille steht, der die Absicht hat, sich durchzusetzen“; *Dilthey*, Werke, Bd. 1 S. 56.

28 *Dilthey*, Werke, Bd. 1 S. 31.

29 Vgl. pro Souveränität als Wesensmerkmal *Dilthey*, Werke, Bd. 1 S. 77, Bd. 7 S. 170; dagegen andererseits Bd. 12 S. 163. Auch sieht sieht Kreissl einen überraschenden Widerspruch, für den er keine Auflösung hat (vgl. *Kreissl*, S. 47 Fn. 23).

Dilthey unterscheidet also in der Beschäftigung mit dem Recht zweierlei: das soziologische Verstehen von Rechtssystemen einerseits und die Begründung von Recht andererseits. Dies hat er zwar nicht ausdrücklich klargestellt[30], die Trennung ergibt sich indes aus seinen sachlichen Ausführungen. Die Reduktion einer Methode auf die andere ist nicht möglich; jede hat ihre spezifischen Leistungen und ihren spezifischen Anwendungsbereich[31].

Dilthey ist bei einer derartig formalen Vorstellung von Einheit nicht stehengeblieben. In Bezug auf seine spätere Entwicklung ist ihm vielfach vorgeworfen worden, „Lebensbejahung" als biologisches Grundprinzip aufgestellt zu haben. Damit ist er über den formellen Charakter von Einheit als der Wechselseitigkeit eines Funktionszusammenhanges zu einer teleologisch geprägten Einheit übergegangen; damit ist aber ihre immanente Begründbarkeit aufgegeben. Auch Smend wurde zu dieser Wendung gezwungen, um eine Einheitlichkeit zu formulieren, die über die bloße Möglichkeit wechselbezüglicher Reaktion hinausgeht.

Die dargestellte Doppelung der Methode ist von Smend nicht thematisiert und nicht bewußt übernommen worden. Daraus ergibt sich eine wesentliche Schwäche seines Ansatzes, weil das Verstehen einer vorfindlichen Einheit durch die geisteswissenschaftliche Methode noch nicht ein Modell für eine konstruktiv normative Einheit abgibt. Tatsächlich sieht sich Smend schließlich doch genötigt, für seine Einheitskonzeption auf das konstruktive Denken zurückzugreifen.

Besonders deutlich wird die unterschiedliche Leistung der beiden Methoden dort, wo es um die Einheit der Person, des ‚Ich' geht. Dort läßt sich deutlich machen, daß die geisteswissenschaftliche Methode keinerlei normative Kraft aufweist, daß also eine Feststellung von Einheit, die sich dieser Methode bedient, juristisch unbrauchbar ist. Gleichzeitig zeigt sich auch hier, daß die Problemlagen der Einheit der Person und der Einheit im Staat meist eine analoge Behandlung finden.

2. Exkurs: Methodendoppelung bei der Bearbeitung des Ich-Begriffes

Wie für Schmitt aufgezeigt werden konnte, daß die Begründung der staatlichen Einheit parallel zu der Einheit des Ich als Grenzüberschreitung gedacht wird, so

30 Diltheys Hauptinteresse gilt dem Verstehen des Rechts als eines Kultursystems. Daher überwiegt die Kategorie des Verstehens in seinen Äußerungen zum Recht (vgl. *ders.*, Bd. 5 S. 147; Bd. 12 S. 132; vgl. *Kreissl,* S. 72). Kreissl erkennt m. E. diese Doppelung der Terminologie nicht deutlich. Folge davon ist, daß er der Zwiespältigkeit des Begriffes der Begründung erliegt, wenn er von Diltheys „Programm zur Begründung der Rechtswissenschaft auf der neuen philosophischen Totalerfahrung von Leben und Geschichte ..." spricht (S. 74).

31 Vgl. dazu *Kreissl,* S. 88 ff., der, weil er die Methodendoppelung nicht klar erkennt, die Idee der Rechtsfortbildung als riskanter Entscheidung einführen möchte, ohne daß dies m. E. von Dilthey her gedeckt ist.

kann eine solche Parallele auch in bezug auf Smend's geistige Grundlagen bei Dilthey gezogen werden.

Eine gedoppelte Methode zeigt sich nämlich auch bei der Betrachtung einer zweiten Ebene des Denkens Diltheys, der Dilthey umfangreich beschäftigenden Psychologie[32]. Dort legt er dar, wie die Einheit des Bewußtseins Bedingung für alle Erfahrung wie für die Kontinuität von Raum und (Erlebnis-)Zeit ist[33]. Hier wird der psychische Zustand als kontinuierlicher Fluß geschildert, in dem jedes Zeitmoment Synthesis von Gliedern, die der Vergangenheit oder Zukunft angehören, ist[34]. Die Einheit des Bewußtseins faßt Dilthey in doppelter Weise als Einheit der psychischen Inhalte (Vorstellungseinheit) und Einheit im Fluß des psychischen Prozesses: Einheit des psychischen Aktes[35]. Die Einheit dieses psychischen Aktes wird regelmäßig konstituiert durch die Handlung, in die die Bewußtseinseinheit, deren Maß die Möglichkeit einer gleichzeitigen Verknüpfung psychischer Inhalte ist, ausmündet[36]. Das Denken setzt sich aus Reihen von solchen Bewußtseinsakten zusammen, in welchen das sonst Mannigfaltige in einer unsonderbaren Einheit zusammengeschlossen ist[37] und die selbst ihre Einheit gewinnen durch die in Zukunft und Vergangenheit reichenden Glieder der einzelnen Akte[38]. Stillschweigend, aber ständig vorausgesetzt wird die Normalität der psychischen Verfassung; die Sinnhaftigkeit der Handlung, die Stimmigkeit gleichzeitig auftretender Bewußtseinsinhalte. Unter diesen Voraussetzungen kann man die Beschreibung nachvollziehen. Nicht aber vom Standpunkt der Therapie: Ein Kliniker könnte mit der Beschreibung nichts anfangen, weil sie nicht normativ ist,nicht sagt, was sinnvollerweise gleichzeitig im Bewußtsein sein kann, wann eine Handlung als Bestätigung der Einheit des Bewußtseins gelten soll und wann als Widerlegung.

Die Theorie des Therapeuten Freud zeigt vor dem Hintergrund der gestörten Normalität der Psyche die Eigenart des normativen Denkens, das zunächst eine

---

32 Hier klingt die Parallele von staatlicher und individueller Einheitskonzeption an, die noch öfter behandelt werden wird. Gegen die Angriffe auf eine solche Parallelisierung sei hier zunächst nur ein Zitat von F. Müller gestellt: „Gesellschaftliche Einheit und Einheit des Menschen mit sich selbst stehen in wesenhafter Analogie, weil die Konstruktion von Staat und Gesellschaft nichts anderes ist als eine der Antworten auf die anthropologische Grundfrage: ‚Alles, was die gesellschaftliche Einheit zerreißt, taugt nichts; alle Einrichtungen, die den Menschen mit sich selbst in Widerspruch setzen, taugen nichts'" (*Müller*, Entfremdung, S. 35 mit Verweis auf *Rousseau*, Contrat social, Buch 4, Kap. 8).

33 *Dilthey*, Werke, Bd. 19 S. 140.

34 *Dilthey*, Werke, Bd. 19 S. 141.

35 Dilthey, Werke, Bd. 19 S. 142.

36 Dilthey, Werke, Bd. 19 S. 143 f.

37 Dilthey, Werke, Bd. 19 S. 146.

38 Zeitgenössisch mit Smend versucht Heidegger, der Vorherrschaft der Subjektphilosophie zu entkommen. Das Ich existiert nur im Vollzug intentionaler Akte (*Heidegger*, § 10). Kritisch darstellend *Habermas* (Diskurs, S. 171, 177 f.), der bezeichnenderweise feststellt, daß Heidegger die Begrifflichkeit des Subjektdenkens wahrt, um nicht „im entdifferenzierenden Sog des lebensphilosophischen Begriffskreises zu versacken".

Theorie über die Normalität der Verfassung des Bewußtseins ist und dann angibt, wie der als normal erkannte Zustand wiederherzustellen sei. Dazu freilich kann die Einheit nicht unproblematisch gedacht werden, sondern als eindeutig bestimmtes Verhältnis der die Einheit konstituierenden Instanzen. Nur wenn die Psyche das definierte Verhältnis zwischen diesen Einheiten erfolgreich reproduziert, ist Einheit, Normalität, gegeben. So wie gesellschaftlich geht Dilthey psychologisch vom Vorhandensein der Normalität aus.

Dilthey hat diese Problemlage selbst in seinen „Ideen über eine beschreibende und zergliedernde Psychologie" erörtert[39]. Dort trennt er die erklärende, „konstruktive" Psychologie von der beschreibenden. Die erklärende Psychologie arbeitet nach den Methoden der Naturwissenschaften; von deren Siegeszug seit dem Beginn der Neuzeit ist sie geprägt: Sie zeichnet sich aus durch die Erkenntnis eines Erscheinungsgebietes durch den durch eindeutig bestimmte Elemente von begrenzter Anzahl vermittelten Kausalnexus[40]. Diese bestimmten Elemente wurden ehemals aus der Metaphysik bestimmt, nunmehr aus der Empirie. Mit der Abstammung von den Naturwissenschaften ist für Dilthey auch die Leistung deses Ansatzes beschränkt auf das Gebiet der Geltung der Kausalität und durch das mangelnde Anschmiegen der Erkenntnismethode an die Natur der Objekte[41]. Schließlich dadurch, daß Konstruktionen anders als unmittelbares Erleben stets im wissenschaftlichen Streit stehen[42] und nicht die gesamte Menschennatur in ihrem Zusammenhang zu erfassen in der Lage sind. Dagegen soll die beschreibende Psychologie als Grundlage aller Geisteswissenschaften Darstellung aller gleichzeitig auftretenden Bestandteile und der Zusammenhänge, die erlebt, nicht konstruiert werden, sein; dies Erleben sei stets schon ursprünglich gegeben[43]. Diese beschreibende Wissenschaft schmiegt sich durch die Aufhebung der Trennung von Subjekt und Objekt im Erleben an ihren ‚Gegenstand' an, hat in der Unmittelbarkeit des Erlebens eine Grundlage, die außer Streit steht und ist in der Lage, das Seelenleben bzw. die Gesellschaft in ihrer Totalität zu erfassen[44]. Die beschreibende Wissenschaft erfaßt die Struktur ihres Gegenstandes in der Verallgemeinerung der im Wandel stabilen Verhältnisse[45]; dabei bleibt der Erkenntnisvorgang dem ganzen Gemüt verbunden, ist nicht rein intellektueller, wie der der Konstruktion[46]. Die beschreibende Wissenschaft unternimmt keine Kon-

39 *Dilthey*, Werke, Bd. 5 S. 139 ff.

40 *Dilthey*, Werke, Bd. 5 S. 139, auch 158. Vgl. die Nähe zu Diltheys Ausführungen über das Recht als feste und gültige Abmessung der Machtsphären der Staatsbürger in ihrer Beziehung zueinander und zu Sachen (Bd. 1 S. 55).

41 *Dilthey*, Werke, Bd. 5 S. 143.

42 *Dilthey*, Werke, Bd. 5 S. 144.

43 *Dilthey*, Werke, Bd. 5 S. 152.

44 *Dilthey*, Werke, Bd. 5 S. 156 f. Er begründet die Notwendigkeit einer solchen Wissenschaft mit dem sonst drohenden Zurückbleiben hinter Lebenserfahrung und dichterischer Intuition (S. 157) und mit der neuen Relevanz der Aesthetik für die Wahrheitsfrage: der künstlerische Prozeß des Verstehens (S. 175).

45 *Dilthey*, Werke, Bd. 5 S. 171.

struktion des ganzen Kausalzusammenhanges, weil die Totalität, die beschrieben werden soll, nicht aus Bestandteilen komponiert werden kann[47]. Dieser Vorgang wird als Verstehen gefaßt und unterliegt damit dem hermeneutischen Zirkel[48]; das richtige Verständnis des Einzelnen setzt das des Ganzen stets schon voraus, obwohl es dieses erst konstituieren soll. Der Zirkel funktioniert nur, wenn das erkennende Subjekt Teil des intakten Zusammenhanges ist. Deswegen verlangt Dilthey, daß Gegenstand der beschreibenden Psychologie der entwickelte Mensch und das fertige, vollständige Seelenleben bilden müssen, das in seiner Totalität beschrieben werden soll[49]. Es handelt sich also um eine Wissenschaft des Normalzustandes[50]. Dilthey sieht als Psychologe aber auch die Notwendigkeit der Integration von Entwicklung in seine Theorie, die dem ersten Anschein nach der Vergangenheit verhaftet erscheint. Deswegen betont er, daß es auch Neues über den Kreis des Verstehens hinaus geben kann; die Erzeugung neuer Werte ist keine Anomalie im Reich des Geistes[51]. Vielmehr sei Explikation stets auch gleichzeitig schöpferisches Schaffen[52]. Dabei soll der schöpferische Aspekt bewirken, daß die Entwicklung nicht diffus ist, sondern sich um Zentren gruppiert[53]. Die Entwicklung ist zwar bedingt durch Vergangenes, enthält aber dennoch in sich verschiedene Möglichkeiten[54]. Darin soll das Vermeiden eines Vorranges der Vergangenheit und der Passivität vor dem aktiven Vorwärtsgehen liegen[55]. Der entscheidende Punkt an dieser Stelle ist jedoch, daß der Eintritt der Möglichkeiten, die in der Situation enthalten sind, durch die verstehende Methode nicht vorausgesagt werden kann; eine Ableitung aus der bestehenden Konstellation ist unmöglich, man kann nur nachträglich das Geschehene deuten[56]. Damit ist die verstehende Methode aber zu jeder Art Programmierung unfähig, die in der Weise der konstruktiven Wissenschaft durch die Ausbalancierung und Funktionsbeschreibung von definierten Elementen möglich ist. Von daher ist zu zweifeln, ob diese Methode den Anforderungen gerade der Staatsrechtstheorie in der Zeit der zerfallenden Einheit gerecht werden kann. Das notwendige Vorverständnis kann unter solchen Umständen nicht auf eine vorliegende Normalsituation Bezug

---

46 *Dilthey*, Werke, Bd. 5 S. 172.

47 *Dilthey*, Werke, Bd. 5 S. 175.

48 Vgl. *Dilthey*, Werke, Bd. 5 S. 317 ff. (S. 330).

49 *Dilthey*, Werke, Bd. 5 S. 169.

50 Dies zieht umfangreiche Folgen nach sich: Die Interpretation von der Struktur her tendiert zur Schwächung der Stellung des Individuums und zum Vorrang systematisch-teleologischer vor historischer Interpretation (vgl. dazu *Frank*, Was ist Neostrukturalismus, S. 57, 60, 68, 72). Juristisch kann sich dies z. B. langfristig in einer Funktionalisierung der Grundrechte wie bei dem Soziologen Luhmann auswirken.

51 *Dilthey*, Werke, Bd. 5 S. 192.

52 *Dilthey*, Werke, Bd. 7 S. 232; Bd. 5 S. 224; vgl. *Bollnow*, Dilthey, S. 137 ff., 158.

53 Vgl. *Bollnow*, S. 136 ff.

54 *Dilthey*, Werke, Bd. 7 S. 232.

55 Vgl. *Bollnow*, S. 139.

56 Vgl. *Dilthey*, Werke, Bd. 5 S. 224, 192; *Bollnow*, S. 158.

nehmen und die Methode erlaubt nicht die Kalkuation sinnvoller Zuordnung von Institutionen für die Zukunft.

Smend hat die Parallelisierung von Ich-Begriff und staatlicher Einheit als literarischen Aphorismus abgelehnt und dennoch praktiziert. Es liegt hier nicht nur eine anscheinend zufällige Analogie vor[57], die zu brauchbaren Einsichten verhelfen kann. Am Grunde beider Problembereiche scheint die Frage nach der Letztbegründung zu liegen. Wie die Philosophie der Neuzeit diese Letztbegründung in dem Subjekt gesucht hat und damit das Prinzip seiner Einheit zum Konstituierenden von Welt wurde, so konnte sich auch das Recht dieser Lösung nicht entziehen. Staatliche Einheit wurde also nach dem selben Modell gedacht; hervorgebracht durch subjektbezogene Legitimität: Volkssouveränität. Früher als beim Ich-Begriff konnten hier die Schwierigkeiten, wie dieses Subjekt zu denken sei, auftreten. Dennoch hat der Marxismus noch einmal den Versuch gemacht, eine subjektorientierte Legitimität zu begründen, freilich mit einer geschichtsphilosophischen Absicherung. Die Identität des Problems berechtigt dazu, von den Schwierigkeiten der Subjektphilophie, die sich in den Rissen des Gebäudes der Volkssouveränität fortsetzen, Kenntnis zu nehmen. Die tragende gedankliche Figur der Letztbegründung der philosophischen Subjektivität, die Reflexion des selbstbewußten Subjekts hat die Geschichte der Philosophie bis aufs Neueste geprägt. Die gleiche Gedankenfigur rechtfertigt die Volkssouveränität: die Selbstbezüglichkeit des Gesetzgebers; volenti non fit iniuria[58]. Ob sich die Identität des (Rechts-)Subjektes aus solcher Reflexivität erweisen läßt, ist heute fraglich geworden[59]; davon muß das Rechtsdenken Kenntnis nehmen.

---

[57] Wenn hier Vergleiche der Struktur der Verbandsperson mit der des Individuums vorgenommen werden, so haben diese zahlreiche Ansatzpunkte. Einer davon liegt darin, daß die Lebensphilosophie in ihren beiden Richtungen (biologische; Bergson und historische; Dilthey) zunächst von der Psychologie ausgehend die Subjektphilosophie zu überwinden sucht. Zahlreiche hier angesprochene Probleme sind davon beeinflußt. der entscheidende Punkt scheint mir zu sein, daß solche Vergleiche zwar für eine horizontale Struktur fruchtbar sind, aber nicht für die vertikale Entwicklung der Person in der Zeit. Soweit dies geschieht, wie in der Institutionenlehre Haurious oder in Teilen der Systemtheorie oder in der Argumentation mit dem „Verwirklichungsdrang" von Werten, endet m. E. die rationale Begründbarkeit. (Vgl. die ausführliche Begründung der Parallelisierung bei *Hauriou,* S. 46 ff., die zunächst ebenso, wie es hier geschieht, auf die Binnenstruktur des Ich abstellt; anschließend kommt aber mit der Teleologie doch noch ein Entwicklungsfaktor hinein. Vgl. insb. die Dilthey parallele Bemühung um Aufweis der Kontinuität der Bewußtseinsakte bei Hauriou als Eigenentfaltung der Idee (S. 52 ff.)).

[58] Vgl. *Kant,* Metaphysik der Sitten; 1. Teil: Metaphysische Anfangsgründe der Rechtslehre, § 46. Zur Analogie von Ich-Begriff und Volk bei Rousseau vgl. *Derathé,* Le rationalisme, S. 373: „Or, ce qui vaut poir la liberté de l'individu vaut aussi pour la souveraineté du peuple."

[59] Vgl. *Frank,* insb. ab S. 259.

II. Der Staat als Struktur: Einheit als Interdependenz

1. Die Eigenart des Strukturdenkens

Wenn methodologisch nicht von der isolierten Einzelperson, sondern von dem Lebensszusammenhang ausgegangen wird, so muß dies auch Folgen für die Beschreibung der darauf bezognenen Einheitlichkeit haben. Smend wendet sich demzufolge von der nach dem Vorbild der Einzelperson gedachten Einheit ab und versteht den Staat als Struktur[60].

Dieser Begriff verspricht nach dem von Smend verwendeten Verständnis, das Problem des Verhältnisses von Teilen und Ganzem, Einheit und Vielheit zu lösen, ohne dabei den ‚Wert des Staates' auf Kosten der Individuen oder umgekehrt zu betonen[61]. ‚Struktur' ist für Smend derjenige Terminus, in dem sich die Ordnung des Lebenszusammenhanges adäquat auf den Begriff bringen zu lassen scheint.

In der Struktur als Ganzem mit den Teilen als Momenten[62] soll die Identität von Einem und Vielen erreicht werden[63], ohne daß die Eigenheit jedes Einzelnen verloren geht[64]. Die Strukutr begreift verschiedene eigengesetzliche Ordnungen in sich[65]. Dadurch scheint es möglich zu sein, die grundrechtlich gewährleistete Autonomie von gesellschaftlichen Lebensbereichen zu wahren und dennoch eine Einheit im Staat erkennen zu können.

Während das System, weil durch durchgehende Gesetzlichkeiten beherrscht, überschaubar und klar reguliert ist[66], ist die Struktur feingliedrig, unübersichtlich, beweglich[67]. Deswegen benötigt das Denken im System einen Punkt der Letztbegründung[68], der nicht selbst aus dem System erklärbar ist, während das Struktur-

60 Vgl. z. B. *Smend,* Verfassung und Verfassungsrecht, S. 6, 10.

61 Zum Verhältnis von Spannung als begrenztem Konflikt und Struktur im Denken Smends ausführlich *Göldner,* insb. S. 26 ff.

62 Das Strukturdenken wird dargestellt als Typus anhand von *Rombach,* Bd. 2 S. 306, Bd. 1 S. 163.

63 *Rombach,* Bd. 2 S. 487.

64 *Rombach,* Bd. 2 S. 294.

65 *Rombach,* Bd. 2 S. 505 f.

66 *Rombach,* Bd. 2 S. 295.

67 *Rombach,* Bd. 2 S. 295 f.

68 *Rombach,* Bd. 2 S. 501. An dieser Stelle hat Th. Litt, und mit ihm Smend, seine Kritik an der individualistischen Gesellschaftstheorie Hobbes festgemacht. Zutreffend meint er, es sei die angeborene, zeitlos gültige Vernunftgesetzlichkeit, die Staatsbildung bei Hobbes ermögliche *(Litt,* 3. Aufl., S. 224). Litt bringt nun vor, diese Vernunft sei selber gesellschaftliches Produkt (was in der Theorie der Aufklärung den Staat zusammenhielte, sei nicht der Vertrag der Individuen, sondern das Gesellschaftliche an ihnen, ihre Vernunft; der Verrang des Subjekts ließe sich also nur durch die angeborenen Ideen halten, S. 107), daher nicht als Gründungsmoment des Staates brauchbar. Litt sieht in dieser Argumentation einen logischen Zirkel (S. 225). Litt selber argumentiert allerdings nicht von einem normativen Standpunkt aus und ist daher den Begründungsschwierigkei-

denken ohne diesen auszukommen meint. Hier soll sich die Begründung aus der restlosen funktionalen Verbundenheit der Teile in der Struktur ergeben[69]. Das Einzelne definiert sich stets auch, aber nicht vollständig aus dem Zusammenhang. Damit gehört zur funktionalen Struktur wesentlich Selbstbegründung; das Strukturgebilde bringt den Boden für seinen Gang selbst hervor; eine Berufung auf Ursprünge ist nicht erforderlich und findet auch nicht statt[70]. Damit erübrigt sich insbesondere der Rückgriff auf Souveränitäten jeder Art. Der infinite Regreß ist in der Struktur als strukturbildendes Merkmal aufgenommen, er ist nicht Schwäche, sondern Stärke dieses Gedankens. Struktur ist, da sich dieser Regreß auch in der Zeit abspielt, schon im Ansatz geschichtlich, stete Erneuerung[71] aus sich selbst heraus[72].

Damit kommt der Begriff der Struktur dem ‚Lebenszusammenhang' näher als der des Systems (in dem Sinne, wie das Denken Hobbes als systematisch bezeichnet werden kann). Allerdings versucht die moderne Systemtheorie, ähnliche Leistungen mit dem Systembegriff einzufangen; dies zeigt die Offenheit derartiger Begriffe.

Aus diesen Eigenschaften kann vorab ein häufig gegen Smend[73] gerichteter Vorwurf geklärt werden. Es ist dies die Klage über die Ungenauigkeit der Smend'schen Terminologie[74]. Die Kritik an der Sprache Smends muß allerdings darüber hinausgehen, die unpräzise Begrifflichkeit zu rügen und muß auf die Sache eingehen, die sich in diesem Tatbestand äußert. Die beklagte Ungenauigkeit ist keine Eigenheit Smends, sondern zwangsläufige Folge seines Konzeptes. Das Konzept der Struktur ist mit den Mitteln der Sprache nicht vollständig darstellbar[75]. Die Sprache geht vom Denken in der Kategorie der Substanz aus: ein Subjekt wird mit Eigenschaften prädiziert. Eine Theorie, in der es keinen Wesens-

---

ten Hobbes nicht ausgesetzt. Dies wird beispielhaft darin deutlich, daß er stets nicht von Gesellschaftstheorie, sondern von Gesellschaftsauffassung spricht; er meint damit eine Soziologie der Gesellschaft. Damit kann er Hobbes nicht treffen, da er anderer Stelle selbst von der Geschiedenheit des Normativen und Deskriptiven (der normative Wert heißt im Hinblick auf das Verstehen Sinn, S. 34) ausgeht. Sein Beharren darauf, daß die Gesellschaft früher als die Vernunft des Einzelnen sei, muß sich mit Hegel fragen lassen, ob dieses Früher ein historisches oder logisches sein soll (vgl. *Hegel,* Logik I, S. 53); ein geschichtliches früher hat die Theorie der Aufklärung für ihre Naturzustände nie in Anspruch genommen.

69 *Rombach,* Bd. 1 S.213 f., 221 f., 228.

70 *Rombach,* Bd. 1 S. 145.

71 *Rombach,* Bd. 2 S. 507 f.

72 Es wird hier also der bemerkenswerte Versuch gemacht, Geschichtlichkeit und Neuschöpfung zusammenzubringen.

73 Der gleiche Vorwurf ist aufgrund der gleichen methodologischen Situation gegen Dilthey erhoben worden. *Dilthey,* Werke, Bd. 1 S. 44. *Kreissl,* S. 83.

74 Vgl. z. B. *Luhmann,* der beklagt, die unklare Begrifflichkeit Smends erlaube keine Nachprüfung (Grundrechte als Institution, S. 45).

75 Das Ungenügen der Sprache für die Beschreibung der Ordnung in der Struktur stellt *Rombach* wiederholt fest (vgl. z. B. Bd. 1 S. 23, 223).

kern gibt, in der statt dessen alles, was ist, durch interdependente Relationen bestimmt ist, stößt in der Sprache ständig auf Widerstände, die nicht nur in der grammatischen Struktur, sondern auch darin liegen, daß Sprache auf zeitliches Nacheinander angewiesen ist[76]. Rechtswissenschaft ist auf die Benutzung der Sprache angewiesen. Daher liegen in der Ungenauigkeit der Terminologie in der Struktur erhebliche Gefahren für die Rechtsbestimmtheit[77].

2. Smends Fruchtbarmachung des Strukturbegriffes

Die Theorie der Struktur bietet sich als eine Theorie des Pluralismus und der Demokratie geradezu an; sie garantiert einerseites die Eigengesetzlichkeit der pluralen, insbesondere gesellschaftlichen Kräfte[78] und läßt andererseits diese nicht die Einheit des staatlichen Gesamtzusammenhanges sprengen. Damit möchte Smend eine Theorie der Demokratie entwickeln, die der nachmetaphsysischen Lage des Denkens gerecht wird dadurch, daß kein absoluter Begründungspunkt benötigt wird. Weil die Struktur ein infiniter Zusammenhang ist und keinen absoluten Anfangspunkt kennt, ist eine Berufung auf Autoritäten nicht mehr notwendig. Smend kann also die Einheit des Staates ohne Zerstörung der Vielheit des Partikularen und ohne Rückgriff auf Metaphysik oder oktroyierte Einheitsideologien begründen. Die Bedeutung der sozialen und ideellen Homogenität für die Einheit ist im Begriff der Struktur stark herabgemindert. Gleichzeitig stellt der Begriff auch den zeitlichen Zusammenhang zu künftigen Lebenszusammenhängen im Staat her; die in der Endlichkeit der individuellen Existenz angelegte Radikalisierung entfällt also.

So scheint es Smend zu gelingen, alles zu vermeiden, was Schmitts Begründung der Einheit so angreifbar gemacht hatte: die Ungeschichtlichkeit, die die Struktur als originär historische nicht kennt; damit zusammenhängend die Notwendigkeit einer Letztbegründung, die bei Schmitt mangels des Vorhandenseins eines inhaltlichen Konsens in der Dezision liegt. Schließlich der durch die Endlichkeit ausgelöste Zwang zu sofortigen und exemplarischen Lösungen, da der Erneuerungsprozeß in der Struktur zeitlich unbegrenzt ist.

In gleicher Weise, wie das Individuum bei Smend in gesellschaftlicher Interdependenz und in den historischen Prozeß eingebunden ist und dadurch seine ausgezeichnete Stellung verliert, ist staatliche Souveränität nicht mehr im alten Sinne zu begreifen. Denn hier findet sich die gleiche Eingebundenheit wie beim Individuum. Daraus ergibt sich die Frage, wie die staatliche Souveränität beschaffen sein soll. Diese Frage hat zur Vorausssetzung die weitere nach der Art von

---

76 Deswegen wird für die Struktur zum Vergleich gern auf die Gleichzeitigkeit der polyphonen Musik hingewiesen; vgl. *Rombach,* Bd. 1 S. 303.

77 Dazu unten zur Bundestreue.

78 Vgl. *Rombach,* Bd. 2 S. 504, 507.

Homogenität, auf der staatliche Einheit beruht. Denn die bloße Versicherung, daß Struktur Einheit in der Vielheit sei, bleibt ohne genauere Ausdifferenzierung nutzlos.

a) Die Einheit in der Struktur

Die Antwort geht zunächst vom Vergleich mit der durch das Systemdenken produzierten Homogenität aus. Systemdenken produziert Homogenität durch Ausgrenzung[79]. Es setzt also Homogenität nicht voraus, die bereits in der Gesellschaft bestehen müßte. Die Ausgrenzung, mittels derer Hobbes und Schmitt Homogenität produzieren, betrifft alles, was im System nicht adäquat funktionalisiert werden kann, also alles, was den Verarbeitungsmechanismen des Systems nicht entspricht[80]. Das geschah bei Hobbes durch Ausblendung all dessen, was nicht in der Weise des Denkens more geometrico erkannt werden konnte. Damit wird ein Teil des Lebenszusammenhanges und geschichtlicher Entwicklung übergangen. Weil bei Schmitt die Entscheidung letztbegründend ist, ist ihr auch die Entscheidung über die Kriterien der Homogenisierung anheimgestellt. Dagegen wird im Strukturdenken nicht ausgegrenzt[81]. Während der Mechanismus einen Teil der Welt ausscheidet, erfaßt die Struktur alles. Das wird jedoch erkauft durch den Verlust der Inhaltlichkeit der Homogenität: die Homogenität der Struktur liegt zunächst nur darin, daß jedes Teil mit jedem anderen in Verbindung treten kann[82]; diese Möglichkeit setzt eine Einheitlichkeit zumindest bezüglich der Reiz-, Reaktionsmuster voraus. Einheit besteht dann aber völlig formal bloß darin, daß alles in Gesellschaft und Staat funktional miteinander im einem Zusammenhang steht, der die gegenseitige Reproduktion der Faktoren sicherstellt. Darin liegt ein unbefriedigender Begriff von Einheitlichkeit; denn dieser bedeutet keineswegs gleichzeitig auch Friedlichkeit; zudem ist er nicht in der Lage, besondere Kriterien gerade der staatlichen Einheit anzugeben.

Dieser rein formale Charakter von Einheit in der Struktur ist teilweise auf das für Dilthey und damit auch für Smend wichtige Modell der Einheitlichkeit in der Sprachgemeinschaft zurückzuführen. Diese wirft geringere Einheitsprobleme auf als die staatliche Einheit. Zwar versucht Dilthey gerade, das Zerbrechen auch der sprachlichen Verständigungsmöglichkeiten durch die Berufung auf den Lebenszusammenhang, in dem Sprache gemeinschaftlich und geschichtlich gelernt wird[83], zu verhindern; dies ist aber schon erreicht, wenn überhaupt noch auf

---

[79] Vgl. *Rombach,* Bd. 2 S. 43, 419 ff.

[80] Genau in dieser Art wird auch in der neueren Systemtheorie Luhmanns Einheitlichkeit unter Hinweis auf die systemspezifischen Codes behauptet; alles, was von diesen nicht verarbeitet werden kann, wird ausgeschieden. Codes sind die spezifischen Kriterien eines Lebenszusammenhanges, in der Wirtschaft z. B. Gewinn / Verlust.

[81] Vgl. *Rombach,* Bd. 2 S. 419.

[82] *Rombach,* Bd. 2 S. 413 f.; vgl. Bd. 1 S. 166, 173.

[83] *Dilthey,* Werke, Bd. 8 S. 175 f.; vgl. *Kreissl,* S. 71.

sprachliche Reize in sinnvoller Weise reagiert wird[84] (Wo die Sprache nicht mehr zur Mitteilung führt, wird zur Anschaulichkeit der Tat gegriffen und in der durch diese ausgelösten Betroffenheit eine neue Basis in der Homogenität der Irrationalität gesucht[85]. Freilich sind die Betroffenheit ausmachenden Gefühle nicht weniger gesellschaftlich präformiert als die Meinungen.); in diesem Fall gibt es eine ausreichende Homogenität zwischen Verstehendem und Verstandenem. Dagegen kommt es für eine Friedlichkeit garantierende Leistung von Einheit auf die Art dieser Reaktion an. Diese ist bei Sprache sekundär, weil auch Auseinandersetzung im Bereich der Sprache gewaltfrei ist; dieser Aspekt des Modelles läßt sich auf das Problem staatlicher Einheit aber nicht übertragen. Deswegen reicht für einen Friedlichkeit gewährleistenden Einheitsbegriff die reine Verbundenheit in der Struktur nicht hin.

Man kann vermuten, daß Dilthey mit einer derart formal beschränkten Einheitsvorstellung die gesellschaftliche Situation des Wilhelminismus widerspiegelt; die Paralyse aller Wertgemeinschaft, über der der Alltag, das „Leben" in scheinbar unberührter Weise fortexistiert.

Diese Überlegung bestätigt die schon früh in der Literatur geäußerte Kritik an Smends Theorie: die Einheit gerade des Staates läßt sich aus ihr nicht begründen. Denn der Staat ist gegenüber beliebigen anderen Einheiten — als einer Struktureinheit eines Beziehungsgefüges — nur relativ ausgezeichnet. Keineswegs aber hört die Verbundenheit im Sinne von geschlossenen Kreisen eines Lebenszusammenhanges etwa an den Staatsgrenzen auf. Die strukturale Einheit von Lebenszusammenhängen, die in der Lage zur Selbstreproduktion sind, könnte daher ebenso über die Staatsgrenzen hinausweisen wie unter Umständen innerhalb des Staates aufgefunden werden. Die Auswahl, welche Struktureinheit entscheidend sein soll, läßt sich phänomenologisch nicht begründen. Da aber Strukturdenken phänomenologisch verfährt[86], gibt es innerhalb dieses Denkens keine Auszeichnung gerade für eine auf das Staatsgebiet bezogene Struktureinheit vor anderen. Weil die Einheitlichkeit in der Reduktion auf umfassende Verbundenheit keinen Inhalt mehr hat, lassen sich darüber keine nicht formalen Aussagen machen[87]. Mayer hat dieses Problem früh einer Untersuchung gewürdigt. Er stellt

---

84 Weil eben der geschichtliche Lebenszusammenhang aller Individuen einen Kreises die Gleichartigkeit auch von deren menschlicher Natur garantiert; *Dilthey*, Werke, Bd. 1 S. 44.

85 „Auf der gesellschaftlichen Ebene erscheint politisch motivierte Gewalt weniger als ‚Schrei der Stummen', sondern eher als ‚Sprache' derer, mit denen kein ausreichender Dialog geführt worden ist oder werden konnte." Endgutachten der Gewaltkommission der Bundesregierung, in: Ursachen, Prävention und Kontrolle von Gewalt, Bd. 1 S. 260.

86 Weil die Reduktion der Dinge von Substanzen auf Zurechnungspunkte ihrer Relationen sie als bloße Phänomene erfaßt. Vgl. *Rombach*, Bd. 1 S. 330, 336; Bd. 2 S. 453 f., 477, 512.

87 Vgl. *Rombach*, Bd. 1 S. 274, 290. Möglicherweise liegt hierin ein Grund für das Pathos des Positivismus: die bewußte Beschränkung auf den Bereich des Aussagbaren über das Detail.

zunächst dar, wie das Konzept des ‚geschlossenen Kreises' (ein von Litt für die Darstellung der eigengesetzlichen Bereiche innerhalb des allgemeinen Lebenszusammenhanges eingesetzter Begriff) die Erklärung zahlreicher gesellschaftlicher Einheiten erlaubt, die aber nur zufällig mit dem Personenkreis, der juristisch den Staat trägt (Staatsvolk), zusammenfallen. Normalerweise werden diese gesellschaftlichen Kreise entweder mehr oder weniger Personen als das Staatsvolk umfassen[88]. Wenn man nun die Besonderheit der staatlichen Einheit in der Bildung des einheitlichen Willensverbandes sieht, ist nicht ersichtlich, wie aus den zahlreichen Kreisen ein souveräner[89] Willensverband ausgesondert werden soll[90]. Tatsächlich liegt hier ein Manko schon in der Theorie Litts, indem sie unspezifiziert nur den Zusammenhang von allem mit allem ausdrückt. Auch Kelsen fragt, wie aus dem Lebensprozeß des Staates der „reale Willensverband" Staat hervorgehen soll[91]. Setzt man die Besonderheit des Staates mit Smend[92] in der autonomen Garantie der Funktion an, das heißt in der Fähigkeit zur Selbsterneuerung, die durch nichts Äußeres, also immanent, gewährleistet sein müsse, so führt das auf das gleiche Defizit. Eine solche Autonomie kann zunächst einmal auf unterschiedlichen Ebenen, nicht nur im Staat, bestehen. Darüber hinaus setzt sie eine sinnvolle Zuordnung der einzelnen Interessen, Institutionen etc. voraus, die im nicht von einer souveränen Stelle geleiteten Prozeß der Selbsterneuerung des Staates nicht gewährleistet ist. Weil Smend dies sieht, benutzt er, wie Mayer es bezeichnet, das romantische Verständnis des Organismus, um den Konflikt auszusparen und die bloß in der allseitigen Verbundenheit bestehende funktionale Einheit als harmonisch erscheinen zu lassen[93]. Hier unterscheidet sich Smend auch von Litt, der immerhin ein Auseinanderbrechen der Einheit des Lebenszusammenhanges für möglich hält; dies muß für Smend schwerfallen, weil er an eine Normalsituation anknüpfend, mit einer hauptsächlich deskriptiven Methode arbeitet.

Der Einwand, die staatliche Eigenart der Integration ergebe sich aus der Staatlichkeit der Integrationsfaktoren, verfängt nicht. Bei Smend ist undeutlich geblieben, wie das Verhältnis der drei benannten Integrationsfaktoren zu weiteren zu sehen ist. Nachdem er zunächst die Zufälligkeit und Unvollständigkeit der Darstellung betont, stilisiert er die drei Faktoren später zur Einheit eines Integrationssystems, also wohl doch mit dem Anspruch auf Vollständigkeit, die er auch

88 *Mayer,* S. 54 f.

89 Vgl. *Mayer,* S. 56.

90 Dabei ist diese Schwierigkeit bereits in der Methodenentscheidung Smends angelegt, vgl. *Mayer,* S. 70.

91 *Kelsen,* Der Staat als Integration, 1930, S. 40.

92 *Smend,* Integrationslehre, S. 300.

93 *Mayer,* S. 73 ff., 77. Man könnte diese Einheit als eine der Wechselbezüglichkeit bezeichnen; Smend möchte diese funktionalistische Interpretation zwar ablehnen (Verfassung und Verfassungsrecht, S. 7), bleibt aber dennoch dabei stehen (S. 11), da er die angestrebte Mittellage zwischen Substanzdenken und Funktionalismus nicht begrifflich erfassen kann.

benötigt, um staatliche Einheit plausibel machen zu können. Im Ergebnis bleibt diese nicht nur mangels eines Aufweises des abschließenden Charakters der Faktoren, sondern auch mangels Berücksichtigung entgegenwirkender Integrationsfaktoren unbewiesen. Schließlich zeigt Smend selber, daß die Funktionsfähigkeit staatlicher Integration einer Wertgemeinschaft bedarf. Diese bildet sich im Verständnis Smends zwar auch durch Integration, aber nicht durch ausschließlich staatliche. Sobald aber weitere Integrationsfaktoren wirksam werden, ist die Voraussetzung für die staatliche Integration nicht mehr sichergestellt, weil sich im Bereich der Gesellschaft mehrere Wertgemeinschaften bilden können.

Auch aus Diltheys Auffassung des Rechts wird deutlich, daß die Suprematie gerade des Staates über andere Gruppierungen nicht gewährleistet ist. Da das Recht den Willen des Rechtsunterworfenen in der Regel durch Motivsteuerung lenkt, also nur im Ausnahmefall mit vis absoluta arbeitet, kann es entgegenstehende Motivationen geben, die stärker sind als die staatlich, z. B. in einer Strafandrohung, gesetzten sind. Staatliche Macht ist stets begrenzt[94]. Dadurch, daß das Recht die zweite Wurzel im Individuum hat, die zu einem Teil staatlich nicht ergriffen wird, muß sich die Überlegenheit des staatlichen Rechts über die Gegenkräfte stets erneut aus Organisation und Motivation ergeben[95]. Nur dadurch findet die Überwindung der divergenten Wertstandpunkte statt, die also im Ergebnis oft unsicher ist.

b) Der Rückgriff auf das Denken in Substanzen

Smends Ausweg aus dieser theoretischen Verlegenheit liegt in der Aufstellung eines zweiten Begriffes von staatlicher Einheitlichkeit, die über den allseitigen funktionalen Zusammenhang hinausgeht und mit seinem Grundansatz schwer vereinbar ist[96]. Für die Begründung staatlicher Einheit gibt er nun das Strukturdenken auf und benutzt die von ihm bei Schmitt so heftig angegriffenen Denkformen des Substanzdenkens[97]. Zweifellos kann jedes Phänomen sowohl als Schnittpunkt von Relationen wie als Substanz aufgefaßt werden; so auch der Staat. Smend wollte aber die aus der zweiten Auffassung resultierenden theoretischen Folgen vermeiden[98]. Seine Auffassung von Einheit geht dahin, daß sie wesentlich auf einer Wertgesetzlichkeit des Staates, die ihn gleichsam automatisch zur Einheit treibt, beruht. Diese Wertgesetzlichkeit des Staates ist der Sache nach nichts anderes als die causa efficiens der aristotelischen Substanz[99], die die Bedingungen

---

94 *Dilthey*, Werke, Bd. 1 S. 67.

95 *Dilthey*, Werke, Bd. 1 S. 82.

96 Vgl. *Mayer*, S. 81 f.

97 Auch *Vesting* kritisiert diesen Punkt bei Smend und sieht diesen wieder bei den zunächst abgelehnten Substanzen enden (S. 63). Diese sieht auch Vesting z. B. in den Wertgesetzlichkeiten von Smend, ohne allerdings deren Struktur klar zu beschreiben.

98 *Smend*, vgl. z. B. in: Verfassung und Verfassungsrecht, S. 10, 13.

99 Deswegen wird die Teleologie von *Smend* im Prinzip auch nicht akzeptiert; Verfassung und Verfassungsrecht, S. 10.

für die eigene finale Entwicklung in sich selbst enthält. Die teleologische Gerichtetheit resultiert aus dem Wesen der Sache als von dem Äußeren abgegrenzt, gerade nicht aus den Relationen[100]. Durch diesen Rückgriff sucht Smend der Unabgrenzbarkeit von Struktureinheiten im funktionalen Denken zu begegnen. Er vollzieht also genau wie Dilthey einen Wechsel von einer formalen Einheitsauffassung zu einer inhaltlich reicheren, indem er auf die Teleologie ausweicht. Damit liegt er in einem von der Biologie beeinflußten ihm zeitgenössischen Trend.

Wenn man der These folgt, daß Smend entgegen dem eigenen Programm teilweise in Substanzdenken verfällt, so liegt es nahe, nach dem Grund dafür zu fragen. Möglicherweise ist das von Smend praktizierte Strukturdenken für die Rechtswissenschaft nur begrenzt geeignet. Dafür spricht einiges: durch das Schwinden des Gegensatzes von Substanz und Akzidenz in Smends Strukturdenken und der damit verbundenen Destruktion des Wesensbegriffes wird zwar klarer, daß auch in der juristisch-begrifflichen Arbeit Wesensdefinitionen meist Funktionszuschreibungen verdecken; insofern liegt darin ein klarstellender Aspekt. Aber der damit verbundene Verzicht auf Substanzen bedeutet gleichzeitig die Auflösung jedes rechtlichen Kerngehaltes. Faßt man das Individuum oder andere Einheiten nur noch als Zurechnungspunkte der auf sie bezogenen Rechte oder Pflichten, so wird dieser Zurechnungspunkt vollkommen in seine Relationen aufgelöst und für jede Verwendung in diesen fungibel. Eine Wesensgehaltssperre, eine Kernbereichsgarantie ist in diesem Denken kaum möglich. Dem entspricht die Verschiebung des Denkens von der Untersuchung abgegrenzter Kompetenz- und Freiheitsräume[101] hin zu der Betrachtung der interdependenten Verhältnisse von Rechtsträgern untereinander.

Deutlich wird dies zum Beispiel bei Smends Bearbeitung des Problems, das mit dem Begriff der Bundestreue bezeichnet wird. Hier werden klar definierte Rechtsbeziehungen auf dem Weg über die Analyse und Betonung ihrer Funktion aufgelöst zu einer unbestimmten Verpflichtung und dieser korrespondierenden Interventionsrechten. Die Abgrenzung von Rechtsträgern, deren geregelter Konflikt vorgezeichnet ist, wird liquidiert zugunsten einer vermeintlichen Harmonie in der Vielheit, die aber durch die Auflösung von gewichteten Interessengegensätzen erkauft wird und durch eine Funktionsanalyse ersetzt wird, die dem Inhaber der Definitionsmacht die Möglichkeit der Umgestaltung der vorgegebenen Gewichtungen einräumt.

Aus der Unmöglichkeit, im Rahmen der Struktur feste Kernbestände zu denken, aus ihrer Geschichtlichkeit und der stetigen Umformierung im Gesamtzusammen-

---

100 Vgl. *Rombach,* Bd. 1 S. 62 ff. Neuerdings ist von Jonas, Das Prinzip Verantwortung, mit ebenso geringer Überzeugungskraft versucht worden, eine immanente Tendenz des Wertes zur Selbstrealisierung zur Begründung seiner Ethik zu verwenden (insb. 3./ 4. Kap.).

101 Grenze ist dann bei Freiheitsräumen nur noch die Verhältnismäßigkeit und bei Kompetenzen der Treuegedanke.

hang ergibt sich, daß die Struktur wohl geeignet ist, beschreibend und erklärend[102] den Wandel des Rechts zu erfassen, aber nur beschränkt für die rechtswissenschaftliche Arbeit in einem bestehenden Rechtssystem oder für dessen Fortentwicklung taugt. Die Aufgabe der Begründung staatlicher Einheit wird nicht erfüllt. Die Begründung von Einheit wird durch den Aufweis des bestehenden Funktionszusammenhanges ersetzt.

3. Das Anwendungsbeispiel: Bundestreue

An dem Rechtsbegriff der Bundestreue werden die Gefahren des funktionalistischen Strukturdenkens in der Art Smends[103] besonders deutlich.

Art. 8 Abs. III RV 1871 sah einen Ausschuß des Bundesrates für Äußeres vor, dessen Aufgabe die Kontrolle der Außenpolitik des Reiches war. Dieser Ausschuß, der entsprechend dem Gewicht der Einzelstaaten mit deren Vertretern besetzt war, war lange Zeit nicht zusammengetreten, ab 1913 jährlich einmal. Die dem Ausschuß durch die Reichsregierung übermittelten Informationen über die Außenpolitik gingen nicht über das für die Öffentlichkeit bekanntgegebene hinaus, so daß der Ausschuß seine Kontrollaufgabe nur unzureichend wahrnehmen konnte.

Smend legte sich nun die Frage vor, ob die unzureichende Information des Ausschusses im Widerspruch zu der Reichsverfassung stünde. Dazu wird zunächst der Sinn der Vorschrift durch teleologische Auslegung ermittelt. Dieser soll in der „regelmäßigen Fühlungnahme zwischen Reichsleitung und Einzelstaatsregierung“ liegen; es handele sich um einen Fall der in der Reichsverfassung nur unvollkommen positivierten Bundestreue. Diese Fühlungnahme könne aber auch auf anderen Wegen als dem durch Art. 8 III RV vorgesehenen hergestellt werden, die möglicherweise sogar besser geeignet wären. Die Verfassungsnorm sei ein Rechtssatz, „der nur scheinbar eine organisatorische Einrichtung schafft, in der Hauptsache aber ein funktionelles Verhältnis zwischen Reich und Einzelstaaten herstellen will“[104]. Die Vorschrift zeichne nur „einen der möglichen Wege zur Durchführung des unausgesprochen in ihr versteckten funktionellen Grundsatzes“[105] vor. Daher genüge die Praxis einer informellen Besprechung zwischen

---

102 Der Unterschied der Denkweisen wird auch neuerdings wieder benutzt, um Schwierigkeiten der Methodenlehre auszuräumen. So wollen Koch / Rüßmann die Probleme der Ableitung der Entscheidung dadurch lösen, daß sie auf die nachträgliche Begründung der getroffenen Entscheidung und deren Rechtfertigungsfunktion abstellen (*Koch / Rüßmann*, insb. § 15). Damit finden sie zwar jederzeit hinreichend Argumente, um die vorliegende Entscheidung zu erklären, sie verfehlen jedoch den normativen Aspekt und die vom Gebot des Rechtsstaates geforderte Prognostizierbarkeit. Denn nachträgliche Erklärung ist gerade keine Konstruktion.

103 Vgl. *Smend*, Ungeschriebenes Verfassungsrecht, S. 247 ff.

104 *Smend*, Ungeschriebenes Verfassungsrecht, S. 250.

105 *Smend*, Ungeschriebenes Verfassungsrecht, S. 250 f.

Reichsregierung und Mitgliedern der Einzelstaatsregierungen durchaus der Verfassung.

Hier zeigt sich die typische Gefahr eines zu stark funktionellen Denkens, wie es in Smends Grundorientierung angelegt ist: das in der Verfassung gewichtete organisatorisch-institutionelle Gegeneinander wird durch eine Interpretation, die den funktionellen Aspekt als einzigen hervorhebt[106], überspielt. Die Folgen der Umgehung des Ausschusses zeigten sich auch im beschriebenen Fall: die Volksvertretungen der Einzelstaaten wußten nicht mehr, an wen sie sich bezüglich der Verantwortlichkeit für die außenpolitische Kontrolle wenden konnten. Die von der Reichsregierung herangezogenen Mitglieder der Einzelstaatenregierungen wurden persönlich eingebunden, die Verantwortlichkeit blieb dabei jedoch unklar; auch wurde die in Art. 8 III RV vorgesehene Gewichtung der Einzelstaaten umgangen[107].

Am Begriff der Bundestreue läßt sich noch eine weitere Schwäche von Smends Ansatzes darstellen, die sich auch in der gegenwärtigen Auslegung des Begriffes bemerkbar macht. Diese Schwäche liegt in der mangelnden Unterscheidbarkeit von gesellschaftlicher und staatlicher Einheit; dieser Mangel macht auch die Scheidung zwischen Rechtsnormen und ethischen Grundsätzen oder Konventionsregeln schwierig. So wird zwar heute betont, das Prinzip der Bundestreue sei objektiv-rechtlich und begründe keinen ethischen Vorwurf für den Fall der Verletzung[108]; gleichzeitig wird aber darauf hingewiesen, daß der Begriff der Treue die Verankerung der Pflicht zur Bundestreue in ethischen Pflichten deutlich mache[109]. Zahlreiche Definitionen der Bundestreue stellen denn auch mitentscheidend auf eine Motivationswertung ab. So verlangt beispielsweise nach Hesse die Bundestreue nicht nur äußerlich korrektes Verhalten, „sondern auch das stete Suchen und die Herstellung eines guten, bundesfreundlichen Verhältnisses; ein Gegeneinander, mag sich ein Partner auch auf formell bestehendes Recht berufen, kann verfassungswidrig sein.“[110] Der Grundsatz der Bundestreue steht auch in Gefahr, in Richtung auf bloße Konventionalregeln hin überdehnt zu werden. Dies wird deutlich, wenn davon die Rede ist, daß er Anforderungen an Procedere und Stil von Kontakten im Bundesstaat stelle[111]. Die grundsätzliche Schwierigkeit

---

106 Teleologische Auslegung und funktionales Denken haben eine Beziehung zueinander. Das ist beispielsweise in der Grundrechtsauslegung deutlich: Jede teleologische Auslegung steht in Gefahr, die selbstzweckhaft eingeräumte grundrechtliche Freiheit zu funktionalisieren.

107 Vgl. zur allgemeinen Tendenz Smends, Kompetenzen und Institutionen zugunsten vermeintlicher Harmonie zu überspielen, *Göldner*, S. 63 ff.

108 Vgl. z. B. *Isensee*, in: HdB des StaatsR, Bd. IV, 1990, S. 605.

109 *Isensee*, in: HdB des StaatsR, Bd. IV, 1990 S. 599. Tatsächlich sieht auch Isensee die Gefahr eines Überganges in den außerrechtlichen Bereich, S. 604.

110 *Hesse*, § 7 II 3.

111 Vgl. z. B. *Stern*, Bd. I, 2. Aufl. 1984, S. 699 ff. (702). Der Sache nach wird hier aber Verfahrensrecht behandelt; allein die Begriffswahl ist unglücklich.

des Begriffes der Bundestreue liegt darin[112], daß er — in der treffenden Formulierung Isensees[113] — objektive Strukturelemente in Rechtspflichten umsetzt. Dies führt aber dazu, daß die die Struktur zusammenhaltende Funktion alleinentscheidend wird: die teleologische Auslegung kann den Gesetzestext überwinden.

Einheit wird von Smend dann als erreicht angesehen, wenn bestimmte funktionale Bezüge hergestellt sind; wie dies geschieht, scheint weniger wichtig. Dabei wird das positive Recht überspielt und die Einheit wird in das Funktionieren eines konfliktfreien Zusammenwirkens verlegt, das die in der organisatorischen Ausgestaltung der Verfassung angelegten Konfliktpotentiale ausspart. Tatsächlich gelingt es Smend wegen seiner Überbetonung des Funktionalen nicht, das eigene Recht der Teile in der Struktur zu wahren. Existenz und Ausgestaltung des Ausschusses nach Art. 8 III RV 1871 scheinen ihm unwichtig, wenn nur „Fühlungnahme" hergestellt ist. Die von Smend erreichte Möglichkeit, einen binnendifferenzierten Begriff der Einheit zu denken, wird also sogleich wieder preisgegeben.

III. Einheitsherstellung durch Integration bei Smend

1. Zur personellen Integration

Smend beschreibt zunächst die personelle Integration, die zum Beispiel in Führung besteht. Dabei ist Führung nicht zu sehen als einseitige Steuerung einer trägen Masse[114], sondern setzt eigene Aktivität der Geführten voraus[115]. Die Leistung des Führens besteht in dem Zusammenschluß der Geführten aus einem Konglomerat von Individuen zu einer Gruppe[116]. Wie Smend die Gruppe auffaßt, und wie der Prozeß der Integration durch Führung verlaufen soll, wird nicht dargestellt. Smend exemplifiziert personelle Integration an den Beispielen des Kabinettes, des Monarchen und der Verwaltungsbeamten und Richter. Dabei weist er darauf hin, daß bei dem Monarchen neben der personellen Integration

---

112 Der Begriff ist in der heutigen Staatsrechtslehre denn auch eher umstritten und wird jedenfalls mit Vorsicht behandelt; vgl. *Hesses* Kritik an der Vergleichbarkeit der Rechtssituation nach RV 1871 und GG (§ 7 II 3); *Isensee,* in: HdBStR, Bd. IV, 1990, S. 604 f. reduziert den Anwendungsbereich; teilweise werden zusätzliche Kautelen gefordert, *Leibholz / Rinck / Hesselberger,* Art. 20 Rdnr. 77 ff. Das BVerfG sucht die Gefahren der Unbestimmtheit durch Bildung von Fallgruppen zu umgehen (vgl. z. B. E 81,310 (337).

113 *Isensee,* in: HdBStR, Bd. IV, 1990, S. 605.

114 *Vesting* behauptet, auch bei Smend sei Einheit Leistung nur eines Subjektes, es gebe einen homogenen Ursprungspunkt in seiner Theorie (S. 66); diese Behauptung ist mit der ganzen Denkmethode Smends, ihren Ursprüngen in der Überwindung der Zentralstellung des Subjekts und speziell mit den unterschiedlichen Integrationsmethoden, von denen personelle Integration ja nur eine ist, unvereinbar.

115 *Smend,* Ungeschriebenes Verfassungsrecht, S. 144.

116 Man denke an die Unterscheidung von Gesellschaft und Gemeinschaft.

auch eine sachliche, die Repräsentanz der Verpflichtung auf traditionelle Werte, steht. Die auf Leistung (als technischer Aufgabenbewältigung) und nicht auf Integration beruhende Verwaltung realisiert dagegen personelle Integration nur als Nebeneffekt[117].

Bezüglich aller von Smend angeführter Beispiele folgt aus dem Mangel der näheren Darstellung des Integrationsvorganges auch das Fehlen einer Befragung auf die Zwangsläufigkeit der Integrationsleistung. Solche Fragen zielen in mehrere Richtungen: Kann der Bezug auf eine Person neben der Integrationswirkung nicht auch desintegrierende Folgen haben?[118] Kann die Integrationswirkung der Person bei mehreren Personen als Identifikationsfiguren nicht gerade konfliktfördernde Wirkung zeitigen?

Zunächst ist die Vorstellung, der Bezug auf eine Person wirke integrierend, nicht plausibel. Warum kann das Charisma einer Person nicht polarisierend wirken? Insbesondere im Falle demokratisch gewählter Regierungschefs liegt die Möglichkeit einer Entzweiung der Wählerschaft, die sich neben Sachargumenten auch an der Person ausrichtet, nahe. Smend hat dies Argument anscheinend bedacht; er führt an, daß in der Demokratie die Führerschaft wechsele; dadurch würden unterschiedliche Gruppen von Bürgern durch die personelle Integrationsleistung erfaßt. Damit gibt Smend der Sache nach zu, daß nur die Möglichkeit des Wechsels Integration in bezug auf den Staat und nicht hinsichtlich der konkurrierenden Gruppen bewirkt[119]. Die auf den Staat bezogene Integration wird also nicht durch Personen erreicht[120], sondern durch die Chance auf den Wechsel der Herrschaft, also einen wesentlichen Inhalt des Demokratieprinzips. Smend gesteht auch explizit zu, daß personelle Integration jeweils nur Gruppen integrieren kann, wenn er darstellt, daß das Kabinett nur die Mehrheitsfraktion des Parlaments integriere, nicht dagegen das Plenum. Die fehlende Integrationsleistung soll von funktionellen Integrationsfaktoren erbracht werden[121].

Ebenfalls nicht deutlich ist, wie es sich vermeiden käßt, daß personelle Loyalitäten verschiedener Gruppen auf verschiedene Führer bezogen werden. Als Beispiel mag nur der geschichtliche Modellfall der statt auf den Regierungschef auf den Armeeführer bezogenen Loyalität dienen. Aufgrund der Unterschiedlichkeit

---

117 *Smend*, Ungeschriebenes Verfassungsrecht, S. 147.

118 Ausführlich geht auf diese Defizienzen Smends *Göldner* passim ein. Auch er betont, daß Integration in Bezug auf Einzelnes oder individuelle Personen nicht zwangsläufig stattfindet, sondern daß der Effekt des Bezuges ebenso desintegrativ sein kann (S. 42).

119 Vgl. *Smend*, Ungeschriebenes Verfassungsrecht, S. 156.

120 Auch ohne Belege ist es deutlich, daß integrative Personen, sei es in der WR Hindenburg oder in der Bundesrepublik Deutschland der Bundespräsident v. Weizäcker niemals alle Gruppen integrieren konnten. Sobald Repräsentation über das formal ästhetische Element hinausgeht und inhaltlich wird, wird sie in die politischen Auseinandersetzungen einbezogen. Ohne Inhalte aber ist die Integrationsintensität gering.

121 Vgl. *Smend*, Ungeschriebenes Verfassungsrecht, S. 144.

der Kreise von Lebenszusammenhängen spricht vieles für das Entstehen unterschiedlicher und gegensätzlicher Integrationswirkungen.

Wenn Smend davon spricht, daß die Arbeit der Verwaltung integrierend wirke, weil sie im Geiste des Publikums geschehe[122], so ist auch dies unklar. Es gibt nicht nur ein Publikum mit einem ‚Geist'; das Volk ist heterogen und auch die Verwaltung kann nicht zu jedermanns Vorteil wirken. Gerade die Weimarer Republik hat gezeigt, daß die Arbeit der Justiz und Verwaltung mit ihrer Fixierung auf den Geist eines bestimmten Publikums polarisierend wirkte.

Insgesamt läßt sich eine Integrationsautomatik jedenfalls im Bereich der personellen Integration nicht feststellen. Der Erfolg dieses Faktors hängt weitgehend von staatlich nicht beeinflußbaren Vorgaben ab.

2. Zur funktionellen Integration

Als funktionelle Integration bezeichnet Smend die durch die Teilnahme an staatskonstituierenden Akten erfolgende Gruppenbildung. Beispielhaft werden Wahlen und Abstimmungen genannt.

Daneben gebe es die Vergemeinschaftung durch sinnlich erfahrbare gemeinsame Aktion. Smend denkt hier an die Massenvergemeinschaftung durch Aufmärschen etc., wie sie auch vom Faschismus in großem Umfang genutzt wurde.

Bei der Integration durch Teilnahme an staatskonstituierenden Akten betont Smend, daß der Erfolg dieser Integration nicht auf dem Inhalt des Aktes beruht, sondern auf dem Erleben der in der Wahl erfolgenden gemeinsamen Auseinandersetzung. Er weist darauf hin, daß hier eine besonder Art des Kampfes mit „Integrationstendenz" vorliege. Sein für die Existenz dieser Tendenz gegebener Verweis auf G. Simmel trägt allerdings kaum. Richtig ist, daß Simmel darstellt, daß soziale Einheit nicht nur statisch und harmonisch ist, sondern stets von desintegrierenden Strömungen durchzogen ist, die im ganzen gesehen einheitsbildend wirken können[123]. Simmel legt aber auch dar, daß es Kämpfe gibt, die keinen integrierenden Aspekt in sich tragen. So beispielsweise Vernichtungskämpfe, die zwar soziale Einheit herstellen, aber eben durch Vernichtung des desintegrierten Teiles[124]. Wesentlich für den integrierenden Charakter der Auseinandersetzung ist neben der Teilnahme am Kampf die Akzeptanz der Grundregeln der Auseinandersetzung. Simmel belegt dies an vielfachen Beispielen[125]. Hier wird jeweils eine breite Basis des Gemeinsamen vorausgesetzt; entfällt diese Basis, so auch die integrierende Tendenz der Auseinandersetzung; es wird dann die Teilnahme zur Obstruktion. Wahlen als Integrationsfaktor setzen also ein

122 Vgl. *Smend,* Ungeschriebenes Verfassungsrecht, S. 147.

123 *Simmel,* Untersuchungen über die Formen der Vergesellschaftung, S. 248 ff. (250).

124 *Simmel,* S. 258.

125 *Simmel,* S. 265 ff.

Vielfaches voraus. Die Teilnahme am geistigen Leben, das Akzeptieren der Regeln des Parlamentarismus in mehr als einem strategischen Sinne und das Vertrauen in die Denkart des Gegners. Liegt z. B. die letzte Voraussetzung nicht vor, so ist Friede nicht denkbar[126]. Die potentiell desintegrierende Wirkungsrichtung sozialer Auseinandersetzungen wird auch nicht dadurch aufgehoben, daß das Element persönlicher Feindschaft darin nicht auftaucht; gerade die Berufung auf bestimmte Inhalte kann den Kampf radikalisieren[127].

Die Voraussetzungen der Teilnahme an den integrierenden Funktionen und der gemeinsamen Akzeptanz der Regeln führt auch Smend als Bedingungen für erfolgreiche Integration an[128]; wie diese selbst gesichert werden, ist aber nicht ersichtlich. Dies ist um so erstaunlicher, als Schmitt die Notwendigkeit der Begründung von Einheit gerade auf die Beobachtung der Disparatheit auch in diesen Bereichen gestützt hatte. Die antagonistischen Interessen in der Weimarer Republik waren sich gerade über die Regeln der Auseinandersetzung keineswegs einig: die Nationalsozialisten betrachteten die Legalität keineswegs als wesentliche Basis. Solche Kräfte waren also integrationsunfähig.

3. Zur sachlichen Integration

Die sachliche Integration[129] soll die Gemeinsamkeit der Gruppe durch die „Sozialität des Sinnerlebens" festigen[130]. Smend geht dabei davon aus, daß jeder Staat in seiner Verfassung einen bestimmten Bestand von Werten positiviert hat. Diese Werte prägten die Tätigkeit des Staates in jeder Ebene. Der sachliche Wertgehalt begründet die Legitimität und damit die Geltungskraft von Rechtsnormen[131]. Die Integration geschehe durch das Erleben dieses Wertgehaltes, das im Grunde Anerkennung sei, ohne dabei den passiven Charakter von Anerkennung zu beinhalten[132]. Es handele sich bei diesem Wertbestand nicht um einen ein für alle Mal festliegenden, sondern um einen solchen, der im staatlichen Prozeß ständig fortgebildet wird[133]. Deswegen liege in der Anerkennung des Prozesses auch die Identifizierung mit seinen Produkten[134]; eine Legitimation durch Verfahren.

---

126 *Simmel,* S. 258 f. Hier hat Schmitt klarer formuliert als Smend; das Vertrauen ist bei ihm thematisiert als das Erfordernis, daß nicht der Herrschende die Opposition von der Chance zur Erlangung der Herrschaft mit den Mitteln der Herrschaft abschneidet.

127 Vgl. *Simmel* zu den sozialen Konflikten seit Marx, S. 269.

128 *Smend,* Ungeschriebenes Verfassungsrecht, S. 155.

129 Die sachliche Integration findet sich nicht bei *Litt;* Einheit besteht bei ihm im bloß formalen auf einander bezogen Sein; vgl. S. 88.

130 *Smend,* Ungeschriebenes Verfassungsrecht, S. 160.

131 *Smend,* Ungeschriebenes Verfassungsrecht, S. 215.

132 Zu dieser Position Smends vgl. *Rennert,* Die „geisteswissenschaftliche Richtung" in der Staatsrechtslehre der Weimarer Republik, S. 244.

133 Vgl. *Smend,* Ungeschriebenes Verfassungsrecht, S. 165.

Smend stellt sich die Frage, ob im positiven Recht in Anbetracht seiner Wandelbarkeit noch ein grundlegender Wertbestand identifiziert werden kann. Er nimmt in dieser Frage eine vermittelnde Position ein. Nicht alle Bestimmungen der Verfassung eines Staates gehörten zum Wertbestand, der homogenisierende Wirkung hat, sondern nur einige. Zu diesen zählt er für die Weimarer Reichsverfassung vor allem die Grundrechte, weiter die Bestimmungen über Staatsform, Staatsgebiet und Nationalflagge; letzte als symbolische Chiffre für den komplexen Wertgehalt, der dadurch emotional erlebbar gemacht wird[135]. Der sachliche Gehalt, der durch die Grundrechte zum Ausdruck gebracht werde, bilde positivrechtlich ein Wert-, Güter- und Kultursystem, das die Bürger zur Einheit integrieren könne[136]. Demgegenüber trete der Schrankencharakter der Grundrechte als „individualistische Einseitigkeit" der „Abgrenzung von Willenssphären zwischen Berechtigten und Verpflichteten jeder Art"[137] zurück. Mit der Abschaffung der Monarchie sei der Bedarf nach dieser Funktion gemindert. Damit betont Smend wie im Fall der Bundestreue die allgemeine Wechselbezüglichkeit innerhalb der Struktur zu Lasten der einzelnen ausgrenzbaren Rechtsbestände[138]. Er faßt die Grundrechte im Grunde mehr als Staatszielbestimmungen denn als subjektive Rechte auf.

Das der Einheit des Staates zugrunde liegende Wertsystem werde im Zusammenspiel der staatlichen Funktionen unter ständigen Veränderungen reproduziert[139]. Ausdrücklich wendet sich Smend gegen eine Auffassung des Verhältnisses von Wert und Staat im den Kategorien von Zweck und Mittel. Es sei nicht so, daß der Staat durch vor ihm liegende Werte gerechtfertigt sei und diese zu verwirklichen habe[140]. Vielmehr würden die Werte im Prozeß des Staates geschaffen und verändert. Eine Grenze für diesen Prozeß gibt es dann nicht. Weder sind

---

[134] Zur Epocheneigentümlichkeit der Wertbestände vgl. *Smend,* Ungeschriebenes Verfassungsrecht, S. 160, 167 ff.

[135] Vgl. *Smend,* Ungeschriebenes Verfassungsrecht, S. 217. In der Betonung der Rolle der symbolischen Formen durch Smend liegt der Versuch, die Kraft des Mythos für die Integration des Staates wirksam zu machen. Gerade die Nationalflagge erwies in Weimar wiederum polarisierende Wirkung. Smend wird dem gerecht, indem er einschränkend anmerkt, daß auch eine Nationalflagge im Sinne der Integration nutzlos sei, wenn ihr Symbolwert nicht konsentiert sei (S. 217 f.).

[136] Vgl. *Smend,* Ungeschriebenes Verfassungsrecht, S. 264. Damit kann Smend auch den Programmcharakter der Grundrechte verbinden; sie geben Auslegungsregeln für das technische Einzelrecht der Verwaltung und sind daher in erster Linie teleologisch zu interpretieren (vgl. S. 263, 265, 266 Fn. 17).

[137] *Smend,* Ungeschriebenes Verfassungsrecht, S. 261.

[138] *Göldner* betont, daß die Integrationsvorstellung Smends dahin geht, alles zu harmonisieren, statt Gegenstrukturen innerhalb der Verfassung zuzulassen. Statt des Prinzip begrenzten Konfliktes und der Spannung einzubinden, führe die Integration zur Elimination dieser Elemente. Vgl. insb. S. 53, 64; die gesamte Schrift von Göldner widmet sich diesen Problemen der Fähigkeit des Integrationsgedankens, Spannungen zu verarbeiten.

[139] *Smend,* Ungeschriebenes Verfassungsrecht, S. 261 ff.

[140] Vgl. *Smend,* Ungeschriebenes Verfassungsrecht, S. 160, 165 f.

dem Staat vorausliegende Staatsaufgaben für den staatlichen Prozeß maßgeblich, noch ist dieser Prozeß selbst von außerhalb an bestimmte Formen gebunden. Er reproduziert ständig nur den status quo, gleichgültig, worin dessen Inhalt besteht.

4. Zu der Einheit der Integrationsfaktoren

Smend war zunächst davon ausgeganen, daß die Einteilung der Integrationsarten eine bloß empirische sei, so daß beispielsweise Überschneidungen denkbar blieben[141]. Da die Integrationstypen auf unterschiedliche Weise ihre Funktion entfalten, ist es nicht ausgeschlossen, daß sie ihre Integraionsleistung in verschiedener Richtung erbringen. Smend muß also die Harmonie der Wirkungen der Integration erweisen. Seine Beschreibung soll deswegen die „Einheit des Integrationssystems" darstellen. Dabei ist interessant, daß Smend hier erstmals von einem System spricht. Schon im Übergang vom Begriff der Struktur zu dem des Systems liegt ein Vorgriff auf die erst zu erweisende Einheit. Daß die Integrationsvorgänge sich zu einem vollständigen System zusammenschließen, führt Smend darauf zurück, daß sie als Teil des geistigen Lebens Träger einer besonderen „Wertgesetzlichkeit" seien, die die Tendenz zur vollständigen Verwirklichung aufgegebener Sinnzusammenhänge beinhalte[142]. Hier ist also der Ort, wo die Vorstellung einer vorfindlichen Teleologie ihre vereinheitlichende Kraft entfaltet. Dabei verweist Smend auf das hermeneutische Konzept des oszillierenden Verstehens bei Litt. Dieser Verweis hilft aber nicht weiter, weil Verstehen ein bloß funktionaler, nicht sachlicher Zusammenhang ist. Dementsprechend übergeht Smend die Stellen, an denen Litt betont, daß die durch Verstehen hergestellte Einheit nur funktional ist[143], daß innere Entzweiung durch die Einheit des Verstehens nicht ausgeschlossen wird. So kann auch der Krieg noch eine Auseinandersetzung zweier Parteien, die verständig aufeinander reagieren, sein: selbst dann noch ist die funktionale Einheit der Beziehung aufeinander gewahrt. Litt beschreibt sogar den Haß als eines der Gefühle, die verstehende Einheit voraussetzen[144]. Wenn aber die Gegensätze zu groß werden, trennen sich die Erlebniskreise, auch die Verstehenseinheit löst sich auf[145]. Mit dem bei Smend die Einheit garantierenden Begriff der Wertgesetzlichkeit hat sich Rennert ausführlich auseinandergesetzt; er weist auf die Herkunft von Dilthey und die Weiterführung durch Litt und Spranger hin. Ausgangspunkt ist, daß die Struktur des Erlebens bei Dilthey nicht nur entelechetische Bewegung, sondern auch Werterfassung ist. Diese Werterfassung bezieht sich auf den Lebenswert, der bejaht wird[146].

141 Vgl. *Smend,* Ungeschriebenes Verfassungsrecht, S. 139.

142 Vgl. *Smend,* Ungeschriebenes Verfassungsrecht, S. 170 ff.

143 Vgl. *Litt,* S. 120.

144 *Litt,* S. 126 f.

145 *Litt,* S. 125, 127.

146 *Rennert,* S. 90 ff. Vgl. dazu andererseits *Poeschel,* Anthropologische Voraussetzungen der Staatslehre Rudolf Smends, passim.

Jenseits des Individuums gibt es nach Dilthey keine eigenständigen Werte. Über diese Beschränkung auf den bloß biologischen Lebenswert gehen Litt und Spranger hinaus. Die „teleologische Struktur der geistigen Seele" sei eine Komplexion von Wertrichtungen, in denen eine apriorische Werthierarchie liege[147]. Hier ist also nicht wie bei Dilthey ausschließlich das Individuum Wertzentrum, sondern darüber hinaus gibt es Wertrichtungen der verschiedenen Kulturbereiche. Diese sich in der Sinnsphäre objektivierenden Wertrichtungen ermöglichen als ‚Sinnbänder' das Verstehen von Kulturerscheinungen[148]. Werte sind also für das Verstehen konstitutiv und tendieren durch eine Eigengesetzlichkeit[149] zur systematischen Wertverwirklichung[150]. Rennert kommt m. E. zu Recht zu der Einschätzung, daß diese Teleologie der Werte bei Smend nicht mehr immanent begründet werden kann[151]; Smend muß den Bereich immanenter Begründung verlassen und kann daher sein Programm nicht erfüllen[152]. Die Einheitsverbürgung kann letzten Endes nicht aus dem Lebenszusammenhang begründet werden[153]. Rennert führt zutreffend aus, daß die Wertrichtungen des Geistes bei Smend als den Menschen durch Gott eingeschaffen vorgestellt werden, nicht als kulturell erworben. Erst die Entfaltung in Kultursysteme geschehe geschichtlich. Solche apriorischen zeitlosen Wertrichtungen des Staates seien Macht, Recht und Wohlfahrt, also die Topoi der Staatszwecklehre. Aus diesen eingeschaffenen Wertrichtungen leitet Smend dann mit Spranger eine Tendenz der Menschen zur Verwirklichung der Ideen ab, die stets eine Tendenz zur optimalen Verwirklichung im Sinne der systematisch vollständigen Realisierung sei. Der Kern der Wertgesetzlichkeit sei dieser Grundtrieb des Einzelnen zur vollständigen Integration[154]. Smend selbst umgeht die klare Stellungnahme zu dieser Problematik dadurch, daß er davon redet, die Werte seien gleichzeitig gegeben und aufgegeben. Diese Formulierung verschleiert ohne nähere Klärung aber mehr, als sie verdeutlichen kann.

---

147 *Rennert,* S. 91. Diese kann nach Litt durch die phänomenologische Methode erkannt werden.

148 Vgl. *Rennert,* S. 94, 225. Sinnsphäre steht bei Smend für das geistige Leben in Bezug auf Werte im Gegensatz zu den sinnlich wirkenden Integrationsmechanismen.

149 In der Eigengesetzlichkeit der Wertsysteme sieht Bartlsperger, Die Integrationslehre Rudolf Smends als Grundlegung einer Staats- und Rechtstheorie, eine Parallele zur Schichtenlehre N. Hartmanns.

150 Vgl. *Rennert,* S. 225.

151 Auch *Mayer,* S. 43 f. betont, daß es sich bei Smends Werten nicht um wissenschaftliche Erkenntnis, sondern um subjektiv willkürliche Setzung handele.

152 Vgl. *Rennert,* S. 226. Demgegenüber behauptet Poeschel eine immanente Begründbarkeit dieser Werte und Wertgesetzlichkeiten (vgl. *Poeschel,* S. 172 ff.).

153 Vgl. dazu *Smend,* Ungeschriebenes Verfassungsrecht, S. 301 Fn. 1.

154 Vgl. *Rennert,* S. 247 f.

IV. Ergebnis: R. Smend

Smend versucht den subjektorientierten Standpunkt Schmitts zu überwinden. Der stets schon existierende Gesamtzusammenhang soll die Selbstbegründung für die Einheit liefern. Dadurch sollen Fixpunkte anders als bei individuell hergestellter Einheit entbehrlich werden. Dadurch entgeht Smend allen Versuchungen zu überspitzten Souveränitätsfassungen und wahrt die Geschichtlichkeit der Einheit. Zu diesem Zweck wählt er einen anderen philosophischen und methodischen Ausgangspunkt als Schmitt. Diese Entscheidung zeitigt jedoch bei Smend mehrere Folgen. Einheit wird dargestellt als funktionale Verbundenheit in der Struktur, die gewährleistet, daß die Gesamtstruktur ihre Leistung erbringt. Durch diese Vorstellung geht der gerade erst durch den Strukturbegriff erreichte Schutz für die in der Struktur umfaßten Teile wieder verloren, weil deren Leistung funktional äquivalent ersetzbar ist. Jedes Teil steht potentiell zur Disposition des Ganzen (vergleiche das Beispiel Bundestreue). Zudem erlaubt die Orientierung an der verstehenden Methode keine Abgrenzung spezifisch staatlicher Einheit; der Begriff des Lebenszusammenhanges ist im Bereich des Beschreibenden verankert; eine tragfähige Brücke zum Normativen hin wird bei Smend nicht gebaut.

Schließlich setzt Smends Einheitsbegriff voraus, daß der intakte einheitliche Zusammenhang stets schon vorfindlich ist; seine Begriffsbildung ist nicht geeignet dafür, nicht vorhandene Homogenität als herstellbar denken zu können. Es geht stets um die Reproduktion des Normalzustandes.

Indem Smend von Gleichzeitigkeit des Aufgegebenseins und Gegebenseins spricht, möchte er wie Schmitt den Sollenscharakter des Rechts retten, ohne in Metaphysik auszuweichen. Anders als Schmitt legt er aber keine Gedankenfigur dar, die diesen Zusammenhang zu explizieren in der Lage wäre. Die teleologische Figur der Selbstverwirklichungstendenz der Werte ist für eine verallgemeinerbare Begründung ungeeignet; gleichwohl ist sie für Smends Einheitskonzeption konstitutiv, weil er ohne sie nicht die Einheit der Integration begründen kann.

C. Hermann Heller

Auch für Heller ist die Einheit des Staates ein virulentes Problem. Seine erste „große systematische Arbeit“ [1] widmet er dem Begriff der Souveränität, in dem traditionell das Denken über die Einheit des Staates zusammenläuft. Dieser Begriff war plausibel, solange von der monarchischen Souveränität ausgegangen werden konnte, weil diese die Einheit des Staates in der Einheit der natürlichen Person verkörperte. Seit aber die Überzeugung von dynastischer Legitimität und Gottesgnadentum verfallen ist [2], muß klargemacht werden, wie das Volk, neues Subjekt der Souveränität [3], mit dem Inhalt des Begriffes in Verbindung gebracht werden kann [4].

Heller teilt mit Schmitt und Smend den allgemeinen Ausgangspunkt: Homogenität ist im Staatsvolk nicht mehr real vorhanden; deswegen muß sie hergestellt werden. Ein wesentlicher Unterschied besteht aber im Umfang und im Weg dieser als notwendig erkannten Willensvereinheitlichung. Dieser Unterschied ist grundsätzlich dadurch bedingt, daß Heller davon ausgeht, daß auch bei gelingender Vereinheitlichung immer ein erheblicher Bereich an Heterogenität verbleibt. Zudem beschränkt sich Heller darauf, Vereinheitlichung durch staatliche Organisation herbeizuführen. Was in diesem Bereich nicht möglich ist, bleibt unberücksichtigt und muß als vorgegeben hingenommen werden. Darin liegt eine wesentliche Verengung der Fragestellung auf den Bereich der Staatsorganisation. Schließlich versucht Heller im Bereich dieser Organisation wie Smend die Eigengesetzlichkeit von Einzelbereichen gegenüber umfassenderen Vereinheitlichungstendenzen zu retten und damit zu einer freiheitssichernden Binnendifferenzierung der staatlichen Einheit zu gelangen. Ähnlich wie Smend dafür den Begriff der Struktur bemüht hat, setzt Heller den der ‚Gestalt‘ ein. Auch er hält das damit aufgestellte Programm von ‚Einheit in Vielfalt‘ nicht durch.

I. Die vorfindliche Heterogenität des Volkes

Heller geht von der sozialen Realität des Vorhandenseins einer Mehrzahl von verschiedenen Interessen und Überzeugungen aus [5]. Selbst in Momenten relativer

---

[1] So *Schluchter*, Entscheidung für den sozialen Rechtsstaat, S. 182.

[2] Vgl. *Heller*, Gesammelte Schriften, Bd. 2 S. 92 ff.

[3] Dies gilt jedenfalls für Deutschland. In GB wird bekanntlich seit langem von Parlamentssouveränität ausgegangen.

[4] *Heller*, Schriften, Bd. 2 S. 97.

[5] Vgl. z. B. *Heller*, Schriften, Bd. 3 S. 265; zur Ablehnung der Homogenität der Rechtsgemeinschaft besonders deutlich, Bd. 3 S. 301.

Einmütigkeit seien noch dissentierende Minderheiten vorhanden[6]. Deshalb gebe es keine vorstaatliche volonté générale und der Zustand des Volkes sei stets antagonistisch[7]. Die unterschiedlichen Interessen werden vertreten von einer Vielzahl von Interessengruppen — religiöser bis wirtschaftlicher Herkunft —, die einen Konsens nicht aus sich heraus produzieren können, sondern stets nur auf dem Umweg über staatliche Macht[8]. Wegen der Notwendigkeit dieses Umweges verlagert sich das Einheitsproblem bei Heller in den Bereich der staatlichen Organisation. Das noch bei Smend aufgestellte Programm einer umfassenden Integration ist damit aufgegeben. Gleichzeitig ist der Horizont auf die zukünftige Entwicklung eröffnet; die unterschiedlichen Interessengruppen akzeptieren die Notwendigkeit dieses Umweges und versuchen, ihre Interessen innerhalb des Staatsapparates zu artikulieren und wirksam zu machen: das ist die im zweiten Teil zu bearbeitende moderne Fragestellung nach der Einheit.

Soziale Homogenität hält Heller für die Voraussetzung jeder Staatsbildung. Dies gilt insbesondere für die Staatsform der Demokratie, weil in dieser die Staatsfunktionen von der Zustimmung der Gewaltunterworfenen abhängig sind[9]. Dabei bezeichnet soziale Homogenität einen Zustand, in welchem die vorhandenen Gegensätze und Interessenwidersprüche durch ein Bewußtsein, Gefühl und den Willen zur Gemeinschaft eingebunden sind[10]. Heller betont realistisch, daß soziale Homogenität als aktive Loyalität nur von einer kleinen Gruppe von Menschen im Staat, die er als dessen Machtkern bezeichnet, erwartet werden kann. Von seiten der übrigen Bürger genügt beireits eine widerwillige Duldung. Dies verringert die Anforderungen an die Homogenisierungsleistung in erheblichem Maße. Da aber stets Differenzen bestehen bleiben, ist organisierter Zwang für den Bestand des Staates notwendig. Heller erkennt, daß es für eine Demokratie wesentlich ist, daß soziale Homogenität nicht mit Uniformität der Gesellschaft identisch ist[11]. Er leitet die Existenz von Widersprüchen schon daraus ab, daß es Unterschiede zwischen den Individuen gebe[12]. Allerdings verhinderten diese nicht prinzipiell die Entstehung von Homogenität. Die Weimarer Realität sei durch einen geringen Grad aktueller Homogenität gekennzeichnet[13]. Ursache ist die geminderte Bedeutung traditioneller Homogenisierungsfaktoren wie Religion

---

6 *Heller*, Schriften, Bd. 3 S. 262.

7 Vgl. dazu *Robbers*, Hermann Heller. Staat und Kultur, S. 33 f.

8 Vgl. *Heller*, Schriften, Bd. 3 S. 38, 194, 351. Damit ist allen Modellen automatisch sich einstellender Harmonie von A. Smith bis Mandeville eine Absage erteilt.

9 *Heller*, Schriften, Bd. 2 S. 467.

10 *Heller*, Schriften, Bd. 2 S. 428.

11 Dies war der Fehler der Romantik, die deswegen das Volk überhöhen mußte, um empirisch vorfindliche Differenzen zu kaschieren (vgl. *Heller*, Schriften, Bd. 3 S. 264, 301).

12 Vgl. *Heller*, Schriften, Bd. 3 S. 356; diese Ableitung tendiert wieder zur Verabsolutierung. Die Aussage stellt jedenfalls für die subjektorientierte Neuzeit die Tendenz zutreffend dar.

13 *Heller*, Schriften, Bd. 2 S. 429.

und Nationalstaatsidee; das neue Zentralgebiet des Politischen, das Ökonomische, sei aber vom Klassenwiderspruch gezeichnet. Der italienische Faschismus versuche, diesen obrigkeitlich zu befrieden[14], verkenne dabei aber, daß eine solche Gleichschaltung die zukunftsgestaltenden Kräfte unterdrückt. Hier liegt m. E. eine wichtige Erkenntnis Hellers: staatliche Innovationsfähigkeit bedingt die Zulassung begrenzter Konflikte innerhalb des Staates; daraus muß sich die legitimitätsproduzierende Überzeugung von der Problemlösungsfähigkeit des Staates ergeben. Allerdings wird Heller in seiner Darstellung der Organisation des Staates dieser Erkenntnis nicht gerecht. In ihr spielen die einander widerstrebenden Kräfte keine wesentliche Rolle. Auch ist nichts über das Verhältnis dieser Kräfte zueinander dargetan. Heller geht davon aus, daß ein Teil der dargestellten Heterogenität der Vereinheitlichung in der Staatswillensbildung zugeführt werden muß; ein anderer Teil bleibt davon unberührt und muß als vorhanden vorausgesetzt werden.

Die Feststellung dieser Ausgangsbasis ist bei Heller nicht ungeschichtlich gemeint; Heller weist dem Staat eine bestimmte historisch bedingte Rolle zu, deren Bedingtheit besonders klar in der pluralistischen „polyarchischen" Wirklichkeit des mittelalterlichen Gemeinwesens mit seiner Vielzahl von Machtträgern deutlich wird[15]. Deshalb gilt die Behauptung der Inhomogenität des Volkes speziell für die Zeit nach der konfessionellen Spaltung des Glaubens und insbesondere für das 20. Jahrhundert als Zeit der zerfallenden Legitimitäten von Gott, Nation und Vernunft.

II. Die Vereinheitlichung durch Organisation und Entscheidung

Weil die vorfindliche Heterogenität des in seine Interessengruppen zerfallenen Volkes zu groß ist, als daß sie einen friedlichen Staat ermöglichen würde, müssen diese Interessen auf dem Weg der staatlichen Willensbildung vereinheitlicht werden[16]. Heller geht davon aus, daß es keine ‚invisible hand' des gesellschaftlichen Zusammenlebens gibt. Die heterogenen Interessen ordnen sich also nicht automatisch zu einem harmonischen Miteinander, es bedarf bewußter Gestaltung (Entscheidung) und der zeitlichen Stabilität dieser Gestaltung (Organisation). Darüber hinaus ergibt sich die Notwendigkeit von Entscheidungen auch aus der von Heller angenommenen Konkretisierungsbedürftigkeit aller staatlichen Normen.

---

14 Durch den korporativen Staat; vgl. *Heller*, Schriften, Bd. 2 S. 440.

15 Vgl. *Heller*, Schriften, Bd. 3 S. 222.

16 Vgl. *Heller*, Schriften, Bd. 3 S. 349.

1. Organisation als Mittel der Vereinheitlichung

Heller setzt also voraus, daß die Handlungsfähigkeit und Entscheidungsfähigkeit des Staates der Organisation bedürfen, weil sie sich nicht automatisch herstellen, andererseits aber notwendig sind, um innerstaatlichen Frieden zu garantieren. Diese Organisation, die die vielen unkoordinierten Leistungen, die in der Gesellschaft erbracht werden, zusammenfassen und vereinheitlichen soll, muß bewußt geschaffen werden; sie wächst nicht in der Art des Organismus, sondern ist Kunstprodukt[17]. Heller geht nicht darauf ein, wie Organisation geschaffen wird und ob es überhaupt einen Zustand ohne Organisation geben kann. (Hier würde sich analog zu der Problemlage des Gesellschaftsvertrages die Frage stellen, wer die Macht hat, bei nicht bestehender Organisation diese zu errichten. Diese Macht müßte selbst schon auf Organisation beruhen[18]). Die Erkenntnis von Organisation als Kunstprodukt ist ein wesentlicher Zug von Hellers Argumentation; sie steht mit der Eigenart von Organisation im engen Zusammenhang. Stets wiederholt betont Heller den planmäßigen Charakter des Zusammenwirkens in der Organisation, die „einheitlich-planmäßige Aktualisierung" der Leistungen, die „planmäßig geordnete Arbeitszerlegung und Arbeitsverbindung". Diese Plangemäßheit erfordert aber den Bezug auf das rational bewirkende Subjekt. Diese Sicht der Organisation als bewußt geschaffener Zweckeinrichtung entspricht, daß Heller drei relativ unhistorische Merkmale jeder Organisation feststellt: das gesellschaftliche Zusammenwirken einer Vielzahl von Menschen, die regelmäßige Orientierung an regelgeforderter Ordnung, die Setzung und Sicherung dieser Ordnung durch besondere Organe[19]. Diese Merkmale sind sehr allgemein; sie geben keine Kriterien an, die nicht auf die meisten gesellschaftlichen Erscheinungen von Ordnung anwendbar wären. Dementsprechend allgemein ist auch Hellers Definition von Organisation: „Organisieren heißt ein Handeln, das auf Veranlassung und Verwirklichung solcher Handlungen (Unterlassungen) gerichtet ist, die für die gegenwärtige und ständig sich erneuernde Existenz eines geordneten Handlungsgefüges (Organisation) notwendig sind."[20] Hieraus wird deutlich, was das Entscheidende der Organisation für Heller ist: die gesellschaftliche Arbeitsteilung zum Erreichen des gemeinsamen Zieles[21]. Dementsprechend ist der Idealtypus der Organisation

---

[17] *Heller*, Schriften, Bd. 3 S. 193.

[18] Vgl. *Heller*, Schriften, Bd. 3 S. 350.

[19] *Heller*, Schriften, Bd. 3 S. 341.

[20] *Heller*, Schriften, Bd. 3; die formalen Schwächen der Definition sind bemerkenswert: Organisation wird durch Ordnung („geordnetes Handlungsgefüge") erklärt, also zirkulär; alles Inhaltliche bleibt durch den Verweis auf ‚Notwendigkeit' ausgespart.

[21] Vgl. *Heller*, Schriften, Bd. 3 S. 340 ff. Auch die Rezeption Hellers durch Böckenförde bleibt im Bannkreis der Beispiele von Arbeitsteilung und des damit Implizierten. So sucht Böckenförde die staatliche Organisationshoheit am Beispiel einer marschierenden Kompanie Soldaten oder einer Fußballmannschaft zu veranschaulichen *(Böckenförde*, Demokratie und Repräsentation, 1983 S. 13). Damit bleiben auch die Schwächen Hellers erhalten. Der Vorrang der Handlungs- gegenüber der Deliberationsorientierung;

für Heller der der militärischen Ordnung[22] oder des hoch arbeitsteilig arbeitenden Großbetriebes[23], an dessen Spitze eine mit relativer Entscheidungsfreiheit ausgestattete Autorität[24] steht, auf die hin die Macht in der Organisation hierarchisch zugeordnet ist[25]. Die Abläufe in der Organisation sind um der zu bewirkenden Einheitlichkeit willen regelhaft und berechenbar[26].

Heller beschreibt die Organisation also als eine nach dem Vorbild zweckorientierter Gebilde geschaffene Einheit, die sich dadurch auszeichnet, daß Tätigkeiten spezialisiert bearbeitet werden und zu einem einheitlichen Gesamtprodukt durch hierarchische Ordnung zusammengeführt werden.

2. Die Entscheidung als Vorgang der Einheitsbildung

Hellers Ausgangspunkt ist, daß die divergenten Interessen der pluralen Gesellschaft durch Organisation vereinheitlicht werden müssen. Da diese Organisation planmäßig errrichtet werden muß, bedarf es der Entscheidung über die Art der Organisation. Diese muß vom Souverän getroffen werden.

Souveränität hat für Heller im wesentlichen zwei Funktionen: Konkretisierung der allgemeinen Rechtsgrundsätze und Durchsetzung dieser Konkretisierungen vermittels der Organisation[27]. Dafür bedarf es jeweils der Entscheidung, die stets einheitlich sein muß, will sie sinnvoll Rechtsfolgen bewirken. Souveränität bedeutet Positivierung des Rechts durch die Entscheidungseinheit[28]. Um die Einheitlichkeit der souveränen Willensentscheidung verständlich zu machen, muß Heller nun das Subjekt der Souveränität benennen. Gegen die Lösung, das an der Spitze der organisatorischen Hierarchie stehende individuelle Subjekt (als natürliche Person) für den Souverän zu halten, führt Heller dessen Beschränkung durch die Verfassung an[29]. Er setzt also wie Schmitt für den Begriff der Souveränität unbeschränkte Organgewalt voraus, die keiner anderen wirksamen universalen

---

die Implikation der einheitlichen anordnenden Leitung und das Fehlen gegeneinander wirkender Handlungseinheiten (dazu unten). Der Aspekt des Staates als Betrieb, dadurch vorangetrieben, daß der Staat immer „technischer" (*Heller*, Die Souveränität, S. 43) werde, widerspricht Hellers eigener Ablehnung einer Herrschaft der Dinge und engt die Spielräume für Entscheidungen aus angeblich vorgegebenen Sachzwängen ein.

22 Vgl. *Heller*, Schriften, Bd. 3 S. 299. Idealtypus im Sinne Webers, nicht im Sinne des Wertes.

23 *Heller*, Schriften, Bd. 3 S. 300.

24 *Heller*, Schriften, Bd. 3 S. 359.

25 *Heller*, Schriften, Bd. 3 S. 358.

26 *Heller*, Schriften, Bd. 3 S. 15.

27 Vgl. *Heller*, Schriften, Bd. 2 S. 60 ff.

28 *Heller*, Schriften, Bd. 2 S. 72 ff.

29 *Heller*, Schriften, Bd. 2 S. 88.

Entscheidungseinheit untergeordnet ist[30]. Im Konfliktfall geht die Anordnung des Souveräns stets allen anderen möglicherweise bestehenden Loyalitäten vor[31].

Die „Gemeinschaft" kann nach Heller mangels real existierender Volonté générale, der Staat in seiner gesamten Organisation mangels entscheidungsfähiger Einheit nicht Souveränitätssubjekt sein[32], ebensowenig das oberste Staatsorgan mangels Unbeschränktheit seinerRechte[33]. Heller benennt, der deutschen Demokratietheorie folgend, das Volk als den Souverän. Da aber auch das Volk von Heller als inhomogen begriffen wird[34], leuchtet die Entscheidungsfähigkeit dieses Souveräns nicht ein. Die Abgrenzung des „Volkes" von der „Gemeinschaft" ist kaum begründbar. Wenn die Gemeinschaft inhomogen ist, ist es auch das Volk. Nun geht Heller davon aus, daß die Willensentscheidung des Volkes durch Mehrheitsentscheidungen und Repräsentation vereinheitlicht werde. Damit verliert die souveräne Entscheidung aber ihren Ort und ihr Subjekt und wird eher als Prozeß der Vereinheitlichung aufgefaßt. Heller selbst reduziert die Bedeutung des Souveränitätsbegriffs, wenn er dessen polemischen Aspekt gegen die Fürstensouveränität hervorhebt: diese Antithese sei sein „wahrer Sinn"[35].

Ordnung muß nicht nur hergestellt werden, sie muß auch eine regelhafte sein, denn unter den Bedingungen der modernen Zeit mit Verkehrsströmen und wirtschaftlicher Komplexität ist die Berechenbarkeit von Ordnung gefordert[36]. Die wesentlichen Merkmale dieser Ordnung müssen demzufolge in Normen niedergelegt sein. Diese Normen können ihre Wirkung nur entfalten in der Anwendung auf den Einzelfall, also auf die individualisierte historische Situation; diese Anwendung ist nicht vollständig aus der Norm determiniert, sondern bedarf eines Elementes der Entscheidung. Hier liegt eine Ähnlichkeit zwischen Schmitt und Heller begründet. Heller nimmt wie Schmitt an, daß es stets der Individualisierung einer Norm für ihre Anwendung bedarf und daß diese Individualisierung eine Konkretisierung darstellt, die nicht aus der Norm ableitbar und zu legitimieren ist. Diese Konkretisierungsbedürftigkeit von Normen existiert auf allen Ebenen: Sei es, daß überpositive Rechtsprinzipien zu positivem staatlichen Recht konkretisiert werden müssen, sei es, daß diese positiven Normen auf den Einzelfall Anwendung finden sollen. Stets muß der Sinn der dem Gesetz zugrunde liegenden Idee im Einzelfall konkretisiert werden[37]. Es ist also stets eine Entscheidung

---

30 *Heller*, Schriften, Bd. 2 S. 65, 120.

31 *Heller*, Schriften, Bd. 2 S. 104, 117, 119.

32 *Heller*, Schriften, Bd. 2 S. 62.

33 *Heller*, Schriften, Bd. 2 S. 81.

34 *Heller*, Schriften, Bd. 2 S. 96 ff.

35 *Heller*, Schriften, Bd. 2 S. 96. Souveränität bedeute dann nur noch „Willenseinheit, die aus Willensvielheit resultiert" (S. 96), d. h. Bindung aller Regierung an das Volk.

36 Wenn Heller allerdings mit Radbruch meint, schließlich brauchten auch „himmlische Heerscharen" ein Exerzierreglement (Bd. 2 S. 64), dann deutet dieses Bonmot allerdings auf eine unhistorische Auffassung des Staates.

37 Vgl. *Heller*, Schriften, Bd. 2 S. 61.

notwendig, denn ohne diese ist eine nicht programmierbare Konkretisierung unmöglich. Entscheidungen aber können nur von Menschen getroffen werden. Daher ist auch Herrschaft der Normen nicht ohne menschliche Herrschaft durch Entscheidung denkbar. Die Entscheidung setzt ein willensfähiges Subjekt voraus.

Heller sieht die Organisation nicht nur durch Normen bestimmt, sondern auch als auf Einzelfallanordnungen („Befehlen") beruhend an. Er zeigt, daß in der praktischen Anwendung auch der Befehl, obwohl selbst schon individualisiert, der Konkretisierung auf weiteren Stufen bedürftig ist. Die Notwendigkeit dafür ergibt sich schon daraus, daß eine Gesellschaft nicht von ‚oben' aus zu übersehen ist. Sachnähere Entscheidungsträger müssen also auch den Befehl innerhalb der Organisation konkretisieren[38]. Die Konkretisierung als Vorgang findet nicht nur beim Anordnenden statt, sondern auch beim Befehlsempfänger: damit der Befehl sinnvoll ausgeführt wird, ist eine eigeninitiative Konkretisierung durch den Befehlsempfänger notwendig[39]. Ordnung ist also nicht ohne menschliche Entscheidung denkbar.

Wie Schmitt gelangt auch Heller zu einem Entweder / Oder in der Entscheidung und begründet damit die Notwendigkeit subjektiver Dezision[40]. Hellers Betonung

---

38 Vgl. *Heller,* Schriften, Bd. 2 S. 60.

39 Vgl. als Beispiel die Figur des Soldaten Schwejk, der dies unterläßt.

40 Vgl. *Heller,* Schriften, Bd. 2 S. 61 f., 71. Heller macht von der Entscheidung die Geltung des Rechts abhängig, indem er behauptet, nur „bestimmtes" Recht könne gelten (Bd. 2 S. 71). Kelsen könne nie zu einer sozialen Geltung des Rechts kommen, weil bei ihm nicht zu begründen sei, wie die Entscheidung für eine bestimmte Grundnorm zustande kommt. Diese Abhängigkeit der Positivität und der Geltung des Rechts von der Bestimmtheit, d. h. Entschiedenheit wird von Heller stets neu betont (vgl. Bd. 2 S. 186, 71, 251, 277; Bd. 3 S. 332). Deswegen ist seine Polemik gegen Schmitt im Zusammenhang mit dessen Behauptung, das Verfassungsgesetz eines Volkes gelte aufgrund einer Entscheidung (Heller: „völlig unverständlich", Bd. 3 S. 392), schwer verständlich. Richtig ist, daß Schmitt die Normativität zugunsten der Dezision unterschätzt (Bd. 3 S. 366, 379); Heller selbst kann allerdings selber eine stärkere Rolle der Normativität nur in den Begriffen von Gestalt und Dialektik ausführen (dazu unten). Insbesondere wird seine Polemik unklar, wenn er ausführt, daß der enge Zusammenhang zwischen Normativität und Normalität am deutlichsten in der „absoluten Rechtslücke" (Bd. 3 S. 382 ff.) werde. Denn diese normimmanente Grenze aller Normen, die nämlich an den nicht normierbaren Fall geknüpft ist, bezeichnet gerade den Ausnahmefall. Gerade Schmitt aber behauptet, daß der Ausnahmefall den Zusammenhang von Normalität und Normativität — die Richtung auf die Souveränität — anzeige. In der Entscheidung werde Normalität wiederhergestellt. Dem kann Heller nur seine Bindung der Entscheidung an überpositive Rechtsgrundsätze entgegenstellen. Das weitere von Heller aufgestellte Erfordernis für Gesetzesgeltung, die Akzeptanz führt auf dem Umweg über die Legitimität zu diesen Rechtsgrundsätzen wieder zurück. Wenn Heller sich demgegenüber auf Schmitts Vergleiche des Staatsrechts mit der Theologie des Wunders (i. e. des Ausnahmezustandes) beruft und ihm die Position romantischer Naturphilosophie und Theologie entgegenhält, daß Gott sich in der Naturgesetzlichkeit offenbare, so übersieht er darin den von ihm selbst konstatierten Zerfall der gesellschaftlichen Normalität. Es gibt das romantische homogene Volk nicht, ebensowenig wie es ein allgemein akzeptiertes Weltbild gibt. Der gesellschaftliche Normalzustand deutet gerade nicht zuverlässig auf den Souverän hin, wie es bei der vermeintlichen Einheitlichkeit der Naturgesetzlichkeit ist. Hilfreich ist für

der Notwendigkeit der Entscheidung wird aus mehreren Quellen gespeist: Aus der Einsicht in die Notwendigkeit einer Ordnung, die er durch Organisation zustande kommen sieht, sowie aus der Notwendigkeit, die Positivität des Rechts angesichts der modernen Unmöglichkeit der Vorstellung einer detaillierten durch Naturrecht aufgegebenen Ordnung herstellen zu müssen.

3. Keine staatliche Einheit aufgrund politischer Neutralität

Hellers Betonung der Notwendigkeit von Entscheidung wendet sich vor allem gegen den juristischen Neukantianismus der Kelsen-Schule. Diesen sieht Heller als Exponenten einer langfristig wirksamen Entwicklung, deren Tendenz es war, menschliche Herrschaft als solche zu reduzieren und dadurch Freiheit zu sichern. In dieser Entwicklung wurde die Vorstellung von der Herrschaft des Gesetzes aufgenommen, durch die alle subjektive Willkür ausgeschlossen sein sollte. In der Gesetzgebung bestimmt das Volk über sich selbst und ist deswegen nicht mehr der Herrschaft von einzelnen Menschen unterworfen. Heller selbst bestreitet schon die Möglichkeit einer solchen einheitlichen Selbstbestimmung des Volkes: es gebe stets überstimmte Minoritäten, weil eben das Volk nicht homogen sei, sondern aus Gruppen bestehe. In der Vorstellung von der Herrschaft des Gesetzes komme ein typisch bürgerliches Ideal zum Ausdruck. Da das Bürgertum im 19. Jahrhundert sozial in die Minderheit geraten sei, sei es bemüht gewesen, die Vorstellung einer Herrschaft von Menschen über Menschen zugunsten der Herrschaft des allgemeinen Gesetzes abzubauen, da in dieser seine Interessen besser gewahrt blieben[41]. In der gleichen Entwicklungslinie sieht Heller die marxistische und anarchistische Theorie. Beide wollten die Herrschaft von Menschen über Menschen entbehrlich machen und versuchen, Ordnung aus gesellschaftlicher Naturgesetzlichkeit zu begründen: die Ordnung der Natur wird trotz ihrer Grenzsetzungen vom Menschen nicht als Herrschaft empfunden. Die Idee, eine abstrakt unpersönliche Gesetzesherrschaft aufgrund der Sachzwänge einer Verwaltung

---

Hellers Abgrenzung von Schmitt auch nicht die Anmerkung, daß, was von gesellschaftlich hoher Warte gesehen Dezision sei, von unten gesehen Norm wäre. Daraus abzuleiten, daß es keine Entgegensetzung von Norm und Entscheidung geben dürfe, vernachlässigt nicht nur alle Unterschiede der Inhalte von Norm und Entscheidung, sondern bestätigt Schmitt geradezu in der These der Herstellbarkeit von Normalität und Normativität in der Entscheidung (vgl. Bd. 3 S. 392, 379). Richtig ist zwar Heller Ansicht, daß Soziologie und Jurisprudenz Ausnahme und Normalzustand nicht gleichsetzen dürften; dies bleibt aber konstruktiv unausgeführt. Die Behauptung der dialektischen Beziehung zwischen beiden läßt mehr offen als sie klärt. Die Nähe Hellers zu Schmitt stellt sich manchmal auch rhetorisch ein, wenn Heller das gleiche existentialistische Pathos der Gefährlichkeit der Entscheidung anschlägt (vgl. Bd. 2 S. 202). Dies ist bei Heller umso unverständlicher, als er ja die Gefährlichkeit der Entscheidung durch die Annahme überpositiver Rechtsgrundsätze zumindest abmildert.

[41] Ebenso hat Schmitt mit der Entwicklung der institutionellen Garantien die bürgerliche Ordnung gegen die Macht des Gesetzgebers abzuschirmen gesucht, indem er Ehe, Privateigentum und Berufsbeamtentum dessen Disposition entzog.

der Dinge könne gesellschaftliche Ordnung begründen, weist Heller also mit dem Aufweis der Notwendigkeit gewillkürter Entscheidungen, d. h. menschlicher Herrschaft zurück. Er betont den Aspekt der Entscheidung und des einheitlichen Willenssubjektes und weist die Degeneration des Souveränitätsbegriffes seit dem 19. Jahrhundert zurück, die die Herrschaft entpersönlichen will[42] oder die Willenseinheit gegenüber einer faktisch bestehenden Polykratie als illusionär erweist[43]. Nur die Einheitlichkeit der menschlichen Herrschaftsentscheidung gewährleiste berechenbare und widerspruchsfreie Ordnung[44].

Tatsächlich entspricht die Vorstellung unpersönlicher Macht (statt persönlich zurechenbarer Herrschaft) nicht nur nicht der Realität, in ihr gibt es konsequenterweise auch keine politische Verantwortlichkeit. Auch dies kritisiert Heller und erkennt in der Propagierung einer unpersönlichen Sachgesetzlichkeit Sekuritätsdenken und Entscheidungsangst[45].

Damit scheidet die Möglichkeit aus, Einheit in der Neutralität einer Sachgesetzlichkeit zu finden. Ebenso gibt es keine über allen Interessen stehende, durch persönliche Integrität garantierte Neutralität, wie sie von Schmitt für den Reichspräsidenten reklamiert worden war. Die bloße Einsicht in die Notwendigkeit Entscheidungen zu treffen ist für Heller mit der Erkenntnis verbunden, daß diese Entscheidung nicht neutral sein kann, politisch zu sein hat, und dann auch verantwortet werden muß.

Wenn Organisation der Willensvereinheitlichung dient und dies durch das Treffen von Entscheidungen geschieht, liegt es allerdings nahe zu vermuten, daß heterogene Minderheiten in diesem Vereinheitlichungsprozeß ‚gleichgeschaltet' werden. Dies Bedenken ist Heller deutlich bewußt. Er möchte das Problem lösen, indem er das Modell seiner Organisation so beschreibt, daß die notwendige Willensvereinheitlichung Freiräume für Eigengesetzlichkeiten innerhalb dieser Vereinheitlichung läßt. Er nimmt also das von Smend mit dem Begriff der Struktur verfolgte Anliegen in der Erkenntnis auf, daß von der Möglichkeit, eine solche ‚Einheit in der Vielheit' zu denken, der Erfolg eines pluralistischen Modelles des Staates abhängt.

III. Die „Gestalt" der Organisation: Einheit in der Vielfalt

Mit Organisation und Entscheidung ist für die Vereinheitlichung der divergenten Willensrichtungen durch die Staatswillensbildung vorgesorgt. Heller will die Freiheitlichkeit dieses Vorganges dadurch sichern, daß er die Merkmale der

42 Vgl. *Heller,* Schriften, Bd. 2 S. 38 ff.

43 *Heller,* Schriften, Bd. 2 S. 46.

44 *Heller,* Schriften, Bd. 2 S. 58 f., 111 f.

45 Vgl. *Heller,* Schriften, Bd. 2 S. 251 f., 267, 269, 267 f., 474, 618.

‚Gestalt‘ als für die Organisation maßgeblich erklärt. Im Begriff der Gestalt sieht Heller die Vereinbarkeit übergreifender Organisation und beibehaltener Eigengesetzlichkeit der organisierten Teile gegeben; die Ausrichtung an der Gestalt soll also eine Sicherung gegen den potentiell autoritären Charakter von Organisation und Entscheidung erbringen, wie er bei Schmitt deutlich wurde.

1. Hellers Anknüpfung an den Gestaltbegriff

Der aus der Psychologie von Ehrenfels stammende Gestaltbegriff ist ein Schlüsselbegriff für das Verständnis dafür, was Heller mit Einheit meint und beabsichtigt. Heller übernimmt den Begriff von Ehrenfels im wesentlichen unverändert[46]. Gestalt und Struktur[47] werden als Begriffe weithin synonym benutzt[48]. Heller parallelisiert die durch die Begriffe repräsentierten Erkenntnisfortschritte, wenn er Dilthey und Ehrenfels nebeneinander nennt. Der Gestaltbegriff hat für Heller zwei Vorteile: er operiert nicht mit dem Dualismus von Subjekt und Objekt und vermeidet dadurch alle Einseitigkeiten[49]. Gestalt hat für Heller folgende Eigenschaften: sie ist individuell als Ganzes, aber allgemein in ihrer Gesetzlichkeit. Die Allgemeinheit zeigt sich in der Transponierbarkeit, das heißt in der Unveränderlichkeit der Gesamtgestalt auch bei Austausch oder Wegfall einzelner Elemente. Die Individualität zeigt sich ihrerseits in der historischen Bedingtheit[50]. Der Gestaltbegriff vermeidet weiter jede Einseitigkeit, indem er das Ganze nicht als bloße Summe der Elemente auffaßt. Für Heller besteht die Leistung des Begriffes darin, daß sowohl Ganzes wie Teile ein Eigenleben behalten. Dennoch sind sie nicht unverbunden, sondern nur in der gleichzeitigen Existenz von Teilen und Ganzem vorstellbar. Dies deswegen, weil die „Teile“ durch das Ganze verändert werden, ebenso wie das Ganze nur aus den Teilen erklärlich ist. Jedoch ist das Ganze über diese Erklärbarkeit aus den Elementen hinaus eigenständig; ebenso erklären sich die Teile nicht ausschließlich durch ihre Funktion im Ganzen[51]. Der Gestaltbegriff trägt also der Funktionalisierung Rechnung, indem er die Relationen zwischen Teilen und zwischen Teilen und Ganzem wahrnimmt, er löst aber Teile und Ganzes nicht völlig in Relationen auf; sie bleiben jeweils eigenständig, d. h. Substanz, Qualität[52]. Daraus ergibt sich, daß Heller auch das analytische Denken nur für begrenzt brauchbar hält. Statt dessen betont er die Notwendigkeit eines dialektischen Denkens, das in der Lage sein soll, die Verhältnisse in der Gestalt trotz der Unerfüllbarkeit der eigentlich gestellten Aufgabe,

---

46 Vgl. *Heller*, Schriften, Bd. 2 S. 104.

47 *Vesting* bezeichnet Hellers Staatslehre zutreffend als strukturalistisches Unternehmen (S. 72).

48 Vgl. *Heller*, Schriften, Bd. 3 S. 159.

49 Vgl. *Heller*, Schriften, Bd. 3 S. 195, 342.

50 Vgl. *Heller*, Schriften, Bd. 2 S. 277.

51 Vgl. *Heller*, Schriften, Bd. 2 S. 160.

52 Vgl. *Heller*, Schriften, Bd. 2 S. 256 f.

alles gleichzeitig zu denken und auszusprechen, und damit der Komplexität gerecht zu werden, nachzuvollziehen[53]. Auch der Vorteil, daß Gestalt als offenes System denkbar ist, durch das die Zeit hindurchgeht ohne die Struktur zu verändern, ist für Heller wichtig. M. E. kann Heller aber nicht klarmachen, worin die Substantialität der Teile und des Ganzen, also der die bloße Funktion überschießende Teil, bestehen soll.

Die Gestaltpsychologie geht davon aus, daß die Einheit der Person in einem Gleichgewichtszustand, einem Fließgleichgewicht, besteht. Für Heller muß es nun darauf ankommen[54], aufzuzeigen, wie die Struktur des Staates aussehen muß, damit ebenfalls von einer Einheit gesprochen werden kann. Da er gleichzeitig voraussetzt, daß Einheit des Staates hergestellt werden muß, also der Organisation bedarf, muß er angeben können, wie eine solche Struktur herstellbar ist. Genau dies kann aber der Gestaltbegriff nicht leisten, weil unausgeführt bleibt, wie die dialektischen Beziehungen in einer Weise zu denken sind, die (Nach-) Konstruktion erlaubt. Zwar gesteht auch Heller ein, daß juristisches Denken vervollständigendes konstruierendes Nachdenken sein müsse. Dies kann aber der Gestaltbegriff mit seiner prognostischen und therapeutischen Schwäche nicht leisten. Heller versucht die Probleme zu lösen, indem er den Gestaltbegriff zu Vermittlungen benutzt, die weit über den ursprünglichen Anwendungsbereich hinausgehen. So soll der Gestaltbegriff nicht nur Teil und Ganzes, Subjekt und Objekt, Leib und Seele, Sein und Werden, sondern auch Sein und Sinn, Faktizität und Normativität dialektisch vermitteln[55]. Mit der Behauptung dieser nicht weiter aufgeklärten Vermittlung kann freilich der der Nachvollzug der Gestalt nicht reproduzierbar verdeutlicht werden. Sowohl die Eigenart der Beziehungen in der Gestalt wie der qualitative Charakter von Teilen und Ganzem bleiben bei Heller undeutlich. Aufgezeigt wird nur umfassende Komplexität, die analytisch nicht auflösbar und synthetisch nicht herstellbar ist. Struktur und Gestaltbegriff haben also weithin gemeinsame Defizite und Leistungen[56].

---

53 Vgl. *Heller*, Schriften, Bd. 2 S. 160.

54 *Heller*, Schriften, Bd. 3 S. 160.

55 *Heller*, Schriften, Bd. 3 S. 160.

56 *Rombach* sah den Höhepunkt des Strukturdenkens in der Mystik Pascals. Heller glaubt zwar ablehnen zu können, daß die Gestalt des Staates dem corpus mysticum christi vergleichbar sei (Bd. 3 S. 194; vgl dazu oben Schmitts Hinweis auf die Dreifaltigkeit als Einheitsvorbild), aber auch er kann die Einheit der Gestalt in ihrer sozialen und normativen Komponente nur „uno intuito" erfassen (Bd. 2 S. 102). Damit nähert er sich wieder der romantischen Auffassung staatlicher Einheit als der eines Kunstwerkes. In dieser Annäherung an die Romantik zeigt sich die Schwierigkeit der mit dem Gestaltbegriff eingenommenen Position. Die Romantik blickt mit Ehrfurcht auf die Komplexität des Gewordenen; sie sieht aber diese historische Gestalt als nicht konstruierbare: Gewordenes Recht ist besser als Gesetztes (vgl. *Heller*, Schriften, Bd. 1 S. 43; Bd. 3 S. 116, 177 f., 302, 329). In der Tat ist die Konstruktion der im Gestaltbegriff vorgestellten Komplexität unmöglich; deswegen betont die Romantik den gewordenen Volksgeist und und die Uneinsehbarkeit der genialischen Schöpfung des Kunstwerkes. Heller kann aber die Position der Romantik schon wegen der Frage der Homogenität des Volkes nicht

Auch das dialektische Denken im Sinne Hellers führt zur Verständlichmachung der Verhältnisse im Inneren der Gestalt nicht weiter. Dialektische Beziehungen setzt Heller überall dort an, wo Vermittlungen innerhalb der Gestalt stattfinden sollen[57]. Meist wird allerdings nur ausgeführt, eine undialektische Entgegensetzung der Momente sei falsch; sie müßten in dialektischer Einheit gesehen werden. Wo Heller in der Beschreibung des dialektischen Denkens konkreter wird, sagt er, daß die Momente korrelativ einander zugeordnet werden müssen[58]. Was Heller mit Korrelation meint, führt er wie folgend aus: „Das dialektische Verhältnis besteht also darin, daß die weder aufeinander, noch auf eine gemeinsame logische Wurzel zurückzuführenden Aussagen sich dennoch auf einen wirklichen Gegenstand beziehen, in welchem mit der einen Aussage immer zugleich auch die andere gesetzt ist."[59] Diese Erklärung wiederholt im wesentlichen nur die Bestimmungen des Gestaltbegriffes: keine Ableitung eines Momentes funktional aus anderen Momenten oder einem Ursprung; existierende Eigengesetzlichkeit aller Momente und des Ganzen, stets übergreifend wirkende Veränderung. Die Ganzheit der Gestalt wird „uno actu" gesetzt[60] und „uno intuito" verstanden. Das ist beim Staat unmöglich und als Handlungsanweisung für Organisation unbrauchbar. Hellers Dialektik tendiert an mancher Stelle zum bloßen Perspektivismus, wenn er feststellt, was von oben Befehl sei, sei von unten Norm[61].

2. Organisation, Gestalt und Einheit

a) Gestalt und Organisation

Die durch Organisation vermittelte Einheit ist nicht dieselbe wie die mit dem Gestaltbegriff angestrebte. Es ist offensichtlich, daß die von Heller gegebene Beschreibung des Aufbaues der staatlichen Organisation mit den angestrebeten Merkmalen der Gestalt nicht übereinstimmt. Die Organisation hat für Heller ihr Vorbild in der wirtschaftlichen Betriebsorganisation der zwanziger Jahre. Dort ist durch Planmäßigkeit und Arbeitsteilung gesicherte Effizienz der leitende Maßstab, nicht aber die Sicherung von eigengesetzlichen freiheitlichen Teilbereichen. Damit würde aber ein wesentliches Moment der Staatlichkeit den eigenen Anforderungen Hellers nicht gerecht. Heller sieht dies und sucht eine Kritik im vorhinein zu entkräften. Eine autonomiesichernde Beziehung des Staates als Ganzem auf die Individuen bliebe auch in der Organisation erhalten, da die

---

teilen, ebensowenig die Betonung der Irrationalität (Bd. 3 S. 116; Bd. 1 S. 42); er selber betont, die Romantik sei nicht staatsbezogen (Bd. 3 S. 352).

[57] Zum Beleg vgl. Sachregister zu *Heller*, Schriften, Bd. 3, Stichwort Dialektik.

[58] *Heller*, Schriften, Bd. 3 S. 294.

[59] *Heller*, Schriften, Bd. 3 S. 161.

[60] *Heller*, Schriften, Bd. 3 S. 294.

[61] *Heller*, Schriften, Bd. 3 S. 295.

Organisation durch „Leistungen“ der Individuen bewirkt werde[62]. Diese Beziehung besteht allerdings in jeder menschlich bewirkten Ordnung, auch wenn sie das Individuum einer umfassenden Funktionalisierung unterwirft. Das schwierig an diesem Bild der Organisation mit Hellers Vorstellung von Gestalt Vereinbare ist die Forderung des Gestaltbegriffes, daß Teile und Ganzes ihre Eigengesetzlichkeit nicht verlieren sollen. Das ist aber offenkundig sowohl beim Militär wie beim Großbetrieb der Fall. In beiden Fällen werden Menschen auf ihre Funktion als Mittel für die Erzielung eines Zweckes reduziert[63]. Um diesen Aspekt der Organisation nicht für das eigene Bild zu übernehmmen, sagt Heller, diese „technische Organisation“[64] sei nur eine Seite der staatlichen Organisation. Gleichzeitig soll aber die beschriebene Organisation das „Bildungsgesetz“ des Staates sein[65]. Zum Beleg, daß die technische Organisation nicht einziges oder wichtigstes Moment kollektiver Wirksamkeit im Staat sei, sucht Heller weitere, einheitsbildende Faktoren aufzuweisen[66]. All dies ändert nichts daran, daß die beschriebene Organisation keineswegs den Anforderungen an den Gestaltcharakter entspricht, auch wenn Heller dies behauptet[67]. Demgegenüber bleibt die Aussage, daß Menschen nicht wie Dinge ohne Rücksicht auf ihre Eigengesetzlichkeit funktionalisierbar seien[68], ohne Folgerungen für das innere Bild der Organisation, wie Heller sie darstellt. Dies wird insbesondere deutlich, wenn er die Rolle widerstrebender Kräfte in der Organisation als wesentlich außer ihr liegend kennzeichnet[69]. Gegenwirkungen hindern die Effektivität und müssen notfalls gebrochen werden[70]. Nur gewisse Hemmungen der innerorganisatorisch ausgeübten Macht werden als organisationseigen anerkannt, ohne daß Heller deren Rolle erläutert. Es ändert sich also nichts daran, daß die Organisation intern funktionali-

---

62 *Heller,* Schriften, Bd. 3 S. 340, 348.

63 Vgl. *Heller,* Schriften, Bd. 3 S. 185. Die von Heller aufgewiesene Notwendigkeit der Mitwirkung des Befehlsempfängers bei der Interpretation des Befehls kann ernsthaft wohl mit einer Eigengesetzlichkeit nicht in Vergleich gebracht werden.

64 *Heller,* Schriften, Bd. 3 S. 300.

65 *Heller,* Schriften, Bd. 3 S. 363.

66 *Heller,* Schriften, Bd. 3 S. 184.

67 *Heller,* Schriften, Bd. 3 S. 342.

68 *Heller,* Schriften, Bd. 3 S. 184 f.

69 *Vesting* lobt bei Heller, daß dieser den Schritt zur Binnendifferenzierung der staatlichen Einheit getan habe und damit die juristischen Begriffe an den erreichten Grad sozialer Differenzierung anpasse (S. 68). Diese Differenzierung geht ihm allerdings nicht weit genug: Hellers Betonung der einheitsstiftenden Kraft des politisch-rechtlichen Systems veranschlage die Wirkung dieser Kraft viel zu hoch (S. 148). Der Versuch, das „Politische als das Erste zu fixieren“ (S. 149) sei gescheitert. Heller produziere mit der Überordnung des Staates über die Wirtschaft eine sozialistische Variante der Staatsvergottung (S. 134 f.). Hier scheint mir Heller gegen Vesting Recht zu behalten; die bloße Feststellung sozialer Differenzierung ohne den Gedanken möglicher Steuerung ist für eine Verfassungslehre unzureichend. Es geht stets auch um Bändigung der pluralen Gewalten.

70 *Heller,* Schriften, Bd. 3 S. 343.

stisch aufgebaut ist. Damit haben sich alle Erkenntnisse Hellers bezüglich zu respektierender Eigengesetzlichkeit hier nicht auswirken können.

Allerdings führt Heller an, neben der Organisation sei noch anderes einheitsstiftend wirksam. Hier werde die durch den Gestaltbegriff repräsentierte Forderung eingelöst. Es sei die im Gemeinschaftscharakter gegenüber der bloß zweckverfolgenden Gesellschaft[71] zum Ausdruck gelangende Bindung, die sich aus Abstammung und Schicksal ergebe und mehr als funktionalisierende Einheitlichkeit stifte, nämlich „Einigung in Sinn und Geist“[72].

Stets betont Heller, daß erfolgreiche Herrschaft nicht nur auf Entscheidung und Durchsetzung beruht, sondern auch auf dem Finden von Gehorsam. Der durch die Legitimität der Herrschaft motivierte Gehorsam beruht wesentlich mit darauf, daß die Herrschaft sich im Rahmen eines bestimmten überpositiven Grundkonsenses hält. Auch der Mehrheitsentscheid kann Verbindlichkeit nur entfalten, wenn das Entscheidungssystem höheren Wert genießt als die Durchsetzung von Einzelpositionen. Das wiederum hängt davon ab, ob einem von Heller vorausgesetzten Grundkonsens, der sittliche Gerechtigkeitsprobleme betrifft, in der Regel entsprochen wird. Dafür, daß es so etwas wie überpositive Rechtsgrundsätze gibt, argumentiert Heller mit einer Gedankenfigur, die schon Marx benutzt hat: Warum ‚sagt‘ uns griechische Kunst heute noch etwas?[73] Löwith hat gezeigt, wie Marx das Argument benutzt, um die Brauchbarkeit bestimmter Denkformen (z. B. des Messianismus) auch bei veränderten Umständen (des ökonomischen Unterbaues) zu belegen, nämlich durch die Behauptung anthropologischer Invarianten: Griechische Kunst habe den „ewigen Reiz“ der menschlichen „Kindheit“ an sich[74]. Löwith hält diese Behauptung für in keiner Weise begründet und nicht in die Gedanken von Marx integriert. Funktionell gleichartig benutzt Heller das Argument: als Beleg für die Nichthistorizität bestimmter Werte. Was bei Marx der Messianismus, ist bei Heller der Rechtsgrundsatz.

Auch die Rechtfertigung des Staates[75] als konkret historischer Erscheinung, die bestimmte Opfer von den Bürgern verlangt, verweist auf diesen Grundkonsens. Von verschiedenen Seiten her stößt Heller also auf die Notwendigkeit des Konsenses über inhaltliche Gerechtigkeitsvorstellungen. Besteht dieser Konsens nicht mehr, dann entfällt die Möglichkeit legitimer und erfolgreicher Herrschaft. Die Ordnungsfunktion allein kann den Staat nicht legitimieren. Solche Gerechtig-

---

71 Die Begriffsdifferenzierung Gemeinschaft / Gesellschaft stammt von Tönnies.

72 *Heller*, Schriften, Bd. 3 S. 185, 187.

73 Vgl. zu der in dieser Allgemeinheit zweifelhaften Aussage *Hegel* zur griechischen Kunst: „unser Knie beugen wir doch nicht mehr“ (Ästhetik, Bd. 1 S. 110). Von theoretischer Seite her *Habermas* zur querelle des anciens et des modernes: Neue Kunst muß ihre eigene normative Grundlage aufweisen (Diskurs, S. 46 f.).

74 Vgl. *Löwith*, Weltgeschichte und Heilsgeschehen, S. 49.

75 Dem legitimierenden Effekt der Beachtung von Rechtsgrundsätzen entspricht der machtschaffende, vgl. *Heller*, Schriften, Bd. 3 S. 355.

keitsvorstellungen nennt Heller Rechtsgrundsätze im Gegensatz zu dem ‚Recht', mit dem die positiven Rechtnormen bezeichnet sind. Rechtsgrundsätze sind überpositiv[76]. An diese Feststellung Hellers schließt sich die Frage an, welche ‚Existenz'form diese Grundsätze haben sollen. Heller beantwortet die Frage negativ: nur das positive Gesetz habe Geltung, Existenz, Wirklichkeit[77]. Demgegenüber sollen die überpositiven Rechtsgrundsätze, die den naturrechtlichen ordre naturel ersetzen[78], eine andere Art von Geltung haben. Heller gerät hier in die Begriffsschwierigkeiten des ‚objektiven Geistes' und der Geltungsdebatte der zwanziger Jahre. Rechtsgrundsätze „wollen nicht bloß in idealer Absolutheit gelten, sondern möglichst auch als positive Rechtssätze wirken."[79] Wie überpositive Rechtsgrundsätze ‚wollen' können, bleibt ungeklärt. Der Vergleich zu Smend „Aufgegebenheit" drängt sich auf. Auch wird Heller den eigenen Vorgaben nicht gerecht; er reißt hier die dialektische Verbundenheit von Gegebenheit und Aufgegebenheit, die er den Objekten der Geisteswissenschaft attestiert[80], auseinander[81]. Auch der Verweis auf auch ohne Beachtung existierende grammatische Sprachregeln ist mit einer konventionalistischen Sprachtheorie, der man heute wohl folgen muß, nicht vereinbar und trägt daher nichts zu einer Klärung bei. Rechtsgrundsätze sind für Heller Konstitutionsprinzipien des Rechts einerseits und sittlich verbindliche Rechtsgrundsätze andererseits. Die erste Gruppe (z. B. Gleichheitssatz oder pacta sunt servanda) ist apriorisch und setzt sich von selbst durch, da sie logische Bedingung der Rechtsform ist[82]. Die zweite Gruppe inhaltlicher Rechtssätze hat sittliche Verbindlichkeit, die erst noch durchgesetzt werden muß; solche Grundsätze sind historisch und kulturgebunden, unterliegen aber langsamerem historischen Wandel als das positive Recht. Ihre historische Bezugsgröße ist nicht wie beim positiven Recht die Legislaturperiode, sondern die Epoche[83]. Heller geht davon aus, daß die überpositiven Rechtsgrundsätze nicht bestimmt genug sind, als daß sich daraus bestimmte Verhaltensgebote ableiten ließen. An dieser Stelle setze die Wirksamkeit und Berechtigung des Staates ein. Mit zunehmender Komplizierung der Lebenswelt bedürfe es immer detaillierterer Handlungsdirektiven,

---

76 Vgl. *Heller*, Schriften, Bd. 3 S. 332 ff.

77 *Heller*, Schriften, Bd. 2 S. 71.

78 Vgl. *Heller*, Schriften, Bd. 2 S. 151.

79 *Heller*, Schriften, Bd. 3 S. 332. Rechtsgrundsätzen sei also die Forderung nach sozialer Geltung immanent.

80 *Heller*, Schriften, Bd. 2 S. 277 f. Hellers existentialistische Heroisierung des Zwiespalts zwischen Gegebenheit und Aufgegebenheit impliziert die Unmöglichkeit dialektischer Vermittlung (vgl. Bd. 3 S. 336, 338). Wohin diese Heroisierung führen kann, zeigt sich deutlich bei C. Schmitt oder E. Jünger.

81 In der Stoßrichtung ähnlich die Kritik von *Vesting* an den ‚Rechtsgrundsätzen' Hellers S. 206 ff. m. w. N. Er versteht sie als Reaktion auf den Wertrelativismus Max Webers.

82 *Heller*, Schriften, Bd. 2 S. 70, 228; Bd. 3 S. 319.

83 *Heller*, Schriften, Bd. 2 S. 70. Dadurch ergeben sich Interpretationsprobleme an jeder Epochenschwelle (Blumenberg, Die Legitimität der Neuzeit), weil diese Grundsätze im Umbruch sind.

um Konflikte zu vermeiden. Aus der möglichen Interpretationsvielfalt der Grundsätze wählt der Staat aus und konkretisiert durch Entscheidung den Grundsatz zum positiven Recht. Gleichzeitig sichert er die Beachtung der konkretisierten Norm. Damit leistet er die Merkmale der Positivität des Rechts: Sinngewißheit und Vollstreckungsgewißheit[84]. Der Staat findet nach Heller in dieser Aufgabe seine Legitimation: Hilfestellung für die Tendenz der Rechtsgrundsätze zu ihrer sozialen Verwirklichung[85]. Damit stellt Heller den Staat in eine ähnliche Beziehung zum Recht wie Schmitt in der Schrift über den Wert des Staates.

Die Dynamik in der Interpretation der Rechtsgrundsätze sieht Heller dadurch gesichert, daß niemals alle im Staat lebenden Individuen über die Konkretisierungen einig sind; nicht erwähnt wird von Heller das drängendste Problem der Moderne, was geschieht, wenn Einigkeit nicht einmal über die „ideelle Geltung" der Rechtsgrundsätze selbt herrscht. Dann kommt es gar nicht erst zum Streit um den Richtliniencharakter dieser Sätze[86]. Heller selbst stellt fest, daß die Gewißheit über Rechtsgrundsätze, wie sie früher bestanden haben mag, entfallen ist. Dennoch setzt er epochale, kulturkreisgebundene Überzeugungen voraus, auf denen der erforderliche Grundkonsens aufruht[87]. Die Existenz solcher Homogenitäten, die im voraus bestehen, ist aber unter technischen Lebensbedingungen der Mobilität und Kommunikation über den Bereich der Kulturkreise hinaus nicht mehr zwangsläufig gegeben[88]. Darüber hinaus ist meist strittige Frage, was überpositiver Grundsatz und was staatliches Recht ist: Demokratiebegriff und Gleichheitssatz sind so offen, daß sie nicht geeignet sind, aus sich heraus schon einen Konsens für friedliches Zusammenleben zu garantieren[89].

In dieser Frage ist darauf zu verweisen, daß reine Natur- und Kulturfaktoren schon nach Hellers eigenen Aussagen (im Gegensatz zu Smend) nicht für sich einheitsbildend wirken können. Es ist auch an seine These von der Heterogenität

---

84 *Heller,* Schriften, Bd. 3 S. 332.

85 *Heller,* Schriften, Bd. 3 S. 355.

86 Vgl. dazu *Heller,* Schriften, Bd. 2 S. 286; Bd. 3 S. 332.

87 Um Grundvorstellungen zu ermitteln, untersucht *Heller,* ob es geschichtliche Bewegungsgesetze gibt; da er eine relative Eigengesetzlichkeit kultureller Kreise (Staat, Wirtschaft, Wissenschaft etc.) feststellt, gibt es jedenfalls keine einfachen Ableitbarkeiten (vgl. Bd. 3 S. 213). Tatsächlich erliegt Heller selbst manchmal der Verführung bloßer Fortschreibungen; so verlängert er die Kette objektiver politischer Ziele von bürgerlicher politischer zu ökonomischer Freiheitsherstellung (vgl. zu solchen Fortschreibungen *Löwith,* Weltgeschichte und Heilsgeschehen S. 64 f.; z. B. Gleichstellungen des Menschen vor Gott [Christentum], der Vernunft [Aufklärung], dem Gesetz [Rechtsstaat], der Ökonomie [Sozialismus]. Vgl. zur Periodisierung von Verrechtlichungsschüben *Habermas,* Theorie des kommunikativen Handelns, 4. Aufl. 1987, Bd. 2 S. 525 ff.). Solche Periodisierungen sind ein naheliegendes Element geschichtsphilosophischer Wahrheitserkenntnis.

88 Man denke nur an die „Weltdorf" Vorstellung des Kommunikationstheoretikers M. McLuhan.

89 Für Demokratiepinizip und Gleichheitssatz denke man z. B. an die Entwicklung der Wahlberechtigung: männliche Besitzbürger, männliche Bürger, Bürger, Einwohner. Was ist hier Grundsatz und was Gesetz?

des Volkes zu erinnern. Die ‚Einigung in Sinn und Geist' spielt auf Faktoren an, die jenseits des positiven Rechts und der staatlichen Organisation liegen. Wenn ihre Wirksamkeit nachgewiesen wäre, und davon kann in der Weimarer Republik nicht entfernt die Rede sein, könnten sie ein Gegengewicht gegen die funktionale Organisation bilden[90]; aber auch dann bliebe dieses Gewicht gegenüber dem der staatlichen Organisation sehr schwach.

b) Gestalt und Souveränität

Es ist auch bereits deutlich geworden, daß Heller mit seiner Vorstellung von Souveränität in Konflikt mit der Idee des Staates als Gestalt geraten muß. Innerhalb der Gestalt ist ein derartig unabhängiges Moment, wie es in der Souveränität von Heller gedacht wird, unmöglich. Der damit aufgewiesene Zwiespalt zeigt sich auch in konkreten Folgen. Einerseits macht Heller für die Souveränität geltend, daß alle dem Staat eingeordneten Rechtssubjekte ihre Handlungsmöglichkeiten von der universalen Entscheidungseinheit ableiten, sie also als eigene Kompetenzen (Wahrnehmungszuständigkeiten) und nicht als Herrschaftsrechte (oder Freiheiten) wahrnehmen[91]. Eine Eigengesetzlichkeit innerhalb der Staatsorganisation kann es also nicht geben. Für das Individuum scheint Heller andererseits vorstaatliche Rechte anzuerkennen[92]. Bezeichnenderweise schwankt die Umschreibung der Souveränität bei Heller selbst zwischen der Nähe zu einheitlicher Entscheidungsmacht und der zu einem ‚Moment' im Beziehungsgeflecht der Gestalt: „Die in keinem Einzelrepräsentanten lokalisierbare Souveränität ist ihrem Wesen nach das begriffliche Symbol für die im positiven Recht nicht auflösbare Einheit der das Recht und die Macht einer gebietsuniversalen Entscheidung konstituierenden Willensakte."[93] All diese realen Willenseinheiten konstituieren den Staatswillen, der einheitlich sein soll, obwohl die getroffenen Entscheidungen selber nicht einheitlich sind. Damit ergibt sich, daß der Begriff der Souveränität bei Heller entgegen dessen Behauptungen ortlos geworden ist. Es gibt keine Stelle im staatlichen Gefüge, die die geforderte Unabhängigkeit aufweist. Der Begriff der Souveränität hat in dem, was Heller mit ‚Gestalt' meint, keinen Raum.

---

90 Auch *Vesting* kritisiert diesen Rückgriff auf Substanzen eines kulturellen Zusammenhanges zu Lasten einer prozessualen Einheitsfindung (S. 84 ff.); zum Begriff der Nation dito S. 134.

91 *Heller,* Schriften, Bd. 2 S. 139.

92 Es gebe keinen Leviathan Staat, der den natürlichen Personen erst ihren Rechtskreis verleihe; *Heller,* Schriften, Bd. 2 S. 122.

93 *Heller,* Schriften, Bd. 2 S. 128. Diese gibt es auf mehreren Stufen des Rechtsbaues, z. B. auch bei der Interpretation von Gesetzen und bei der Lückenschließung (S. 122 ff.).

c) Organisierte Einheit und Staatszwecke

Organisationsmodelle sind stets auf Staatszweckbestimmungen ausgerichtet. Deswegen ist es aufschlußreich, auch diese Ebene bei Heller kurz zu betrachten. Er erblickt den Zweck der staatlichen Organisation darin, daß sie die Gruppe befähigt, vom Erörtern zum Handeln überzugehen. Diese Staatszielbestimmung greift zu kurz: Nachdem die technischen Möglichkeiten die Fähigkeit zu sinnvoller Zielbestimmung überschießen, wie man es seit längerer Zeit annehmen kann, scheint die Aufgabe der deliberatio gegenüber dem agere für den Staat der Gegenwart schwieriger zu lösen zu sein. Die Machtmittel des Staates wie der Technik allgemein sind einer besonderen Steigerung nicht mehr bedürftig. Heute steht nicht mehr wie bei Hobbes in erster Linie die Durchsetzungsfähigkeit des Staates nach innen in Frage; ebenso brisant ist angesichts der Steigerung der technischen Machtmittel die Frage der Kontrolle der staatlichen Handlungsmacht.

Auch ist keineswegs die Vermutung zutreffend, die Erörterung bedürfe im Gegensatz zum effektiven Handeln keiner Organisation. Die Notwendigkeit einer Organisation des deliberare ergibt sich für Heller selbst, wenn er anerkennt, daß die ‚Einigung in Sinn und Geist‘ sich nicht spontan herstellt, sondern nur unter bestimmten Bedingungen entstehen und wirksam werden kann. Deutlich ist jedenfalls, daß eine derartige, Innovation nicht technischer Art ermöglichende Organisation sehr viel konfliktorientierter aussehen müßte als die von Heller vorgestellte[94].

Es kann also festgestellt werden, daß es Heller nicht völlig gelungen ist, die Organisation als Bildungsgesetz des Staates als ‚Gestalt‘ auszuweisen.

3. Das Anwendungsbeispiel: Föderalismus

Der Auswirkung von Hellers an einem betriebswirtschaftlich orientierten Einheitskonzept, das effektives Handeln durch Planwirtschaftlichkeit und Arbeitsteilung als Maßstab setzt, kann an seiner Stellung zum Gedanken des Föderalismus illustriert werden.

Heller steht dem föderalen Prinzip grundsätzlich ablehnend gegenüber; die Begründung dafür findet er sowohl in der juristischen Dogmatik wie in der wirtschaftlichen Realität.

---

94 In den oben genannten Beipielen Hellers (Großbetrieb, Militär) wird die Ausblendung des Bereiches der Zwecksetzung aus der Organisation besonders deutlich; Zwecksetzung erfolgt dort stets extern. Das zeigt sich in der Unterordnung des Militärs unter das Primat des Politischen und in der des Betriebes unter das Interesse der Kapitaleigner, wie es in den Strukturen des Gesellschaftsrechts und der h. M. zur Mitbestimmung zum Ausdruck gelangt.

Einerseits haben die Länder im Bundesstaat, wie er ausführt, ohnehin keinen Staatscharakter im strengen Sinne. Ihre Herrschaftsgewalt kann nicht als unabgeleitet gelten; sonst wäre es nicht möglich, daß die Gesamtstaatsverfassung die Länder auf eine demokratische Homogenität verpflichtet. Die Weimarer Reichsverfassung habe den Ländern nur „den Schein einer staatsähnlichen Organisation belassen, mit Regierungen, Ministern, Gesandten und Parlamenten . . ."[95].

Andererseits werden im föderalen Bundesstaat in Hellers Sicht Aufgaben nicht arbeitsteilig erledigt, sondern es findet eine Ressourcenverschwendung durch doppelte Kompetenzwahrnehmung auf gleichem Felde statt. Die Aspekte einer durch föderale Ordnung ermöglichten begrenzten Konkurrenz, die Erneuerung fördert, der föderalen Gewaltenteilung und einer Verstärkung der demokratischen Legitimationsbasis nimmt Heller nicht in den Blick. Diese Verschwendung findet zum Beispiel statt, indem Ministerien des Reiches und der Länder, insbesondere Preußens, ressortpatriotisch gegeneinander arbeiten[96]. Mit einem Zitat von Poetzsch-Heffter bemerkt Heller: „,Wird doch von sachkundiger Seite die im Neben- und Gegeneinander der beiden Ministerialinstanzen verloren gehende Arbeitskraft auf ein Drittel der ministeriellen Gesamttätigkeit geschätzt'. Hier liegen die allerdings nicht berechenbaren Möglichkeiten einer gewaltigen Verbilligung des Verwaltungsapparates . . ."[97]. Damit dient der Föderalismus der Weimarer Reichsverfassung nicht der Effektivität durch „wirtschaftliche und kulturelle Höchstleistung des Volkes"[98]. Soll diese erreicht und gleichzeitig Einheit gesichert werden, so bedarf es der Mediatisierung der Länder, indem diese als mit abgeleiteter Staatsgewalt ausgestattet betrachtet und ausgestaltet werden sowie der „Entpolitisierung der Landesregierungen"[99] durch Verzicht auf den „Unfug des ganzen Länderparlamentarismus"[100]. Denn die formelle Eigenstaatlichkeit der Länder verlockt als „Staatsschein die Regierungen und Parlamentarier selbst der kleinen Länder dazu, in die hohe Politik einzugreifen und die Einheit der Regierungspolitik zu durchkreuzen"[101].

Hier wird deutlich, daß die Forderung nach Eigengesetzlichkeit der Teile innerhalb des Ganzen der Gestalt, die Heller erhoben hatte, in seinen organisatorischen Vorstellungen nicht umgesetzt wird. Wie C. Schmitt benutzt auch Heller das Argument der Krise für die Begründung eines Zwanges zu größerer Einheit: „Die Gesamtlösung ‹des Problems Föderalismus› stellt eine ungeheure Vereinfa-

---

95 *Heller*, Schriften, Bd. 2 S. 393 ff. (396), Die Neuordnung des Reiches im Verhältnis zu seinen Ländern (1931). Heller widmet dem Problem des Föderalismus entsprechend seiner klaren Stellung dazu wenig Raum; gerade dies zeigt die Schwäche seines Einheitsbegriffes.

96 *Heller*, Schriften, Bd. 2 S. 397.

97 *Heller*, Schriften, Bd. 2 S. 397.

98 *Heller*, Schriften, Bd. 2 S. 399.

99 *Heller*, Schriften, Bd. 2 S. 402.

100 *Heller*, Schriften, Bd. 2 S. 387.

101 *Heller*, Schriften, Bd. 2 S. 396.

chung und eine bedeutende Verbilligung der Verwaltung dar, die im sozialen und nationalen Interesse nicht trotz, sondern gerade wegen der krisenhaften Gegenwartslage sofort durchgeführt werden muß! ... das deutsche Volk muß und wird auch aus dem jetzt bestehenden föderalistischen Wirrwarr den Weg zum großen deutschen Einheitsstaat finden."[102] Auch ‚Volk' und ‚nationales Interesse' werden hier im alten Sinne als einheitliche Größen verwandt, obwohl Heller deren grundsätzliche Heterogenität erkannt und im Interesse der Freiheit auch für Minderheiten akzeptiert hatte.

Exkurs: Der Ich-Begriff als Modell für das Verständnis staatlicher Einheit

Heller kritisiert wie Smend die Voraussetzungen der Staatskonstruktion Hobbes. Eine dieser Voraussetzungen ist Hobbes' spezifische Auffassung der Person. Heller kritisiert an ihr die mangelnde Berücksichtigung der Gesellschaftlichkeit und Geschichtlichkeit; in der gedanklichen Isolierung des Subjekts habe ein folgenschwerer Irrtum gelegen[103]. Man dürfe Individuen nicht als „fensterlose" „Ich-Substanzen" auffassen[104], weil dann keine angemessene Erfassung des Staates, der nur noch Funktion dieser Substanzen sein könne, möglich sei[105]. Auch bei Heller übernimmt die Vorstellung des ‚Ich' der Sache nach eine Modellrolle für die staatliche Einheit; diese kann nach dem Vorbild der Einheit der Person aufgefaßt werden. Mit Heller's Ersetzung des Vorranges des Subjekts durch eine Dialektik zwischen Subjekt und Objekt ist seine Ablehnung des Neukantianismus vorentschieden[106]. Dementsprechend will er die Einheit des Staates nicht analog zur Einheit eines synthetisierenden Bewußtseins begreifen; demgegenüber müsse Einheit vorfindlich sein und nicht aus chaotischem Material erst hergestellt werden[107]. Heller verliert mit der Ablehnung der Subjektsorientierung auch die Begründungskraft der Hobbes'schen generatio. Das Ich ist dann nicht nur Schöpfer, sondern auch Geschöpf und wird ebenso wie die Übung des Denkens more geometrico geschichtlich zufällig. Die Verbindlichkeit der Begründungsmethode Hobbes' ist verloren. Es ist nicht mehr möglich, aus Vorgegebenheiten des Menschen und der Methode eine Begründung des Staates, die immanent bleibt, zu liefern. Gerade diese Immanenz der Begründungsmethode Hobbes hatte aber

102 *Heller*, Schriften, Bd. 2 S. 402 f.

103 *Heller*, Schriften, Bd. 3 S. 110, 127, 339.

104 *Heller*, Schriften, Bd. 3 S. 14.

105 Vgl. *Heller*, Schriften, Bd. 3 S. 195. Dagegen will Heller die „dialektische Identität von Subjekt und Objekt" setzen (Bd. 3 S. 117, 161).

106 Vgl. *Heller*, Schriften, Bd. 2 S. 18, 275, 266 f.

107 Vgl. *Heller*, Schriften, Bd. 3 S. 339. Zu einer solchen Auffassung in der Nachfolge Kants sei man aber gezwungen, wenn man von einer cartesianischen Grundposition ausgehe. Nachfolgekonstruktionen dieser Art sieht Heller in der Einheit als denkökonomischer Figur (E. Mach) und als nützliche Fiktion (Vaihinger).

auch Heller als dessen großes Verdienst gesehen[108]. Heller sieht auch die Verbindung zwischen dieser Immanenz und der Isoliertheit des Hobbes'schen Subjekts[109]; dennoch ist er nicht bereit, diese in Kauf zu nehmen. Ein entsprechend mechanistisches Verständnis des Staates von den Individuen her sei unerträglich, weil es der Realität des Verbandes keine Rechnung trüge. Darüber hinaus lasse sich mit der Methode Hobbes nie die Existenz eines bestimmten, sondern nur eines Staates überhaupt rechtfertigen. Da der konkrete Staat von seinen Bürgern im Extremfall das Opfer des Lebens verlange, müsse er auch durch inhaltliche Gerechtigkeit über die bloße Ordnungsfunktion hinaus legitimiert sein.

Heller selbst versucht, einen Mittelweg zu gehen, indem er das Individuum als relative, geschichtsbestimmte Konstante versteht. Dadurch rettet er durch einen Rest von Substanz in der Person diese vor einer umfassenden Funktionalisierung, wie sie m. E. bei Smend[110] angelegt ist. Nur auf dieser Basis kann er davon sprechen, daß es in der Rechtswissenschaft neben Relationsbegriffen auch Substanzbegriffe geben müsse und gebe[111]. Darin ist Heller zuzustimmen. Heller möchte den „dialektischen Charakter des Ichbegriffs" durchsetzen. Dabei soll das Ich nur aus dem Gesamtzusammenhang verstehbar sein, nicht aber als Resultante der Relationen mit anderen „inselhaft getrennten Ichs"[112]. Der dialektische Charakter soll sowohl das Verständnis allein aus dem Wesen einer Sache wie das aus der Funktion allein überwinden. Die begriffliche Starrheit des Substanzdenkens soll vermieden werden; ebenso soll nicht jeder substantielle Kern in Funktion auflösbar sein. Wie aber juristische Argumentation aussehen kann, wenn beide Methoden nicht anwendbar sind, bleibt offen.

IV. Heller im Zusammenhang der Weimarer Staatsrechtslehre

Breiten Raum widmet Heller der Widerlegung der zeitgenössischen juristischen Versuche, eine staatliche Einheit zu behaupten, indem ein Element vorgegebener Natur- bzw. Kulturfaktoren als unabänderlich vorgegeben dargestellt wird.

So bemüht er sich, die auf scheinbaren geopolitischen Invarianten basierenden Einheitskonstruktionen zu widerlegen[113]. Aufgrund der Entwicklung der techni-

---

108 Vgl. *Heller*, Schriften, Bd. 2 S. 508; Bd. 3 S. 62 f., 108; vgl. Bd. 1 S. 285.

109 Vgl. *Heller*, Schriften, Bd. 3 S. 63, 108, 111.

110 Heller selbst wendet diesen Vorwurf durchgängiger Funktionalisierung gegen Kelsen, dessen empiriefreies System keinerlei individuelle historische Gestalt zulasse. Er löse alles in quantitative Relationsbegriffe auf. Diese seien für geisteswissenschaftliche Arbeit unbrauchbar. Dadurch werde alles juristische Konstruieren willkürlich *(Heller*, Schriften, Bd. 2 S. 274).

111 Vgl. *Heller*, Die Souveränität S. 116, 121 f.

112 *Heller*, Schriften, Bd. 3 S. 176.

113 *Heller*, Schriften, Bd. 3 S. 239.

schen Fertigkeiten ist die geopolitische Denkrichtung heute weitgehend in den Hintergrund getreten. Eines der beliebtesten Beispiele [114], die Folgerung von der Feststellung, daß ein Staat keinen Zugang zum Meer hat, auf seine expansive Politik, hat angesichts der Verlagerung der Verkehrsströme (insbesondere in die Luft) seine Überzeugungskraft eingebüßt. Heller formuliert den Befund allgemein, indem er darstellt, daß nicht die geopolitische, sondern nur die physikalische Lage einer Nation konstant ist [115]. Dagegen hängt die Bedeutung dieser Naturtatsache im politischen Sinne von zahlreichen anderen Umständen ab. Deswegen kann es keinen unmittelbaren Schluß von geographischen Tatsachen auf die politische Ebene geben. Stets gibt es Zwischenschritte der Interpretation dieser Tatsachen unter anderen Aspekten.

Ebensowenig kann die Berufung auf natürliche Eigenarten des Volkes als Grundlage einer Einheit dienen [116]. Verallgemeinernd läßt sich sagen, daß Naturtatsachen vergesellschaftend wirken können, daß sie aber niemals unmittelbar und hinreichend einheitsbegründend wirken können [117]. Sie sind stets nur ein Moment der ‚dialektischen Totalität'. Gesellschaftliche und staatliche Einheit können daher niemals bloßer Überbau von Naturtatsachen sein [118].

Auch, soweit das Volk nicht als Naturtatsache, sondern als Kulturprodukt und -produzent aufgefaßt wird, kann dies Einheit ohne weiteres nicht begründen. Das Volk ist in sich selbst nicht homogen. Daher findet Integration nicht des Volkes, sondern im Volk statt. Damit verweist Heller auf die verbreitete Kritik an Smend, die darauf hinweist, daß der Integrationsbegriff nichts spezifisch Staatliches aufweise [119]. Der Staat lasse sich ebensowenig aus dem Volk ableiten wie das Volk aus dem Staat [120].

Heller wendet sich auch dem Versuch des Marxismus zu, Einheit aus dem Klassenwiderspruch abzuleiten. Hier stellt er die Frage, ob durch diesen etwas anderes als ökonomische Einheit begründet werden kann. Heller stellt eine spezifische Staatsfremdheit des Marxismus fest, wenn er darauf hinweist, daß sich staatliche Einheit nicht aus Marktgesetzen ableiten lasse [121]. Er begründet dies mit der Eigengesetzlichkeit der Bereiche von Staatlichkeit und Ökonomie. Mit diesem Begriff der Autonomie greift er wieder das Modell der Gestalt auf: Einheit des Ganzen trotz Eigengesetzlichkeit der Teile (also des staatlichen und des

---

114 Vgl. *Heller,* Schriften, Bd. 3 S. 245.

115 *Heller,* Schriften, Bd. 3 S. 244.

116 Vgl. *Heller,* Schriften, Bd. 3 S. 246 ff.

117 *Heller,* Schriften, Bd. 3 S. 170 f.

118 Heller beruft sich für seine Kritik auch auf Litt; seine Stoßrichtung geht u. a. gegen die Massenpsychologie Le Bons, in der der Nachahmungstrieb als einheitsbildende Naturtendenz aufgefaßt wird und gegen die Massenpsychologie Freuds mit der libidinösen Bindung an die Führergestalt.

119 *Heller,* Schriften, Bd. 3 S. 267.

120 *Heller,* Schriften, Bd. 3 S. 266 f.

121 *Heller,* Schriften, Bd. 3 S. 267 f.

ökonomischen Teilsystems). Heller besteht darauf, daß der Staat nicht funktional zum Mittel der Durchsetzung von Interessen aufgefaßt werden darf, sondern als neutraler Dritter über den Klassen stehend verstanden werden muß[122].

Die ablehnende Haltung Hellers gegenüber Kelsen ist in den Grundlagen der jeweiligen Positionen angelegt. Heller kritisiert die Stellung des Subjekts (Ich) bei Kelsen. Er bemängelt, daß Kelsen unreflektiert die kopernikanische Wende der Erkenntnistheorie auf das Feld der Jurisprudenz übertrage[123]. Die Anknüpfung an die Vorstellung Kants vom Ich sei deswegen falsch, weil diese keine Beziehung zum empirischen ‚Ich' habe[124]. Kelsens Neukantianismus verhindere die adäquate Erfassung der juristischen Probleme, insbesondere des Problems der Souveränität. Denn die typische Eigenart der juristischen Grundprobleme nicht-dogmatischer Art sei es, das Verhältnis von Macht und Recht, Sollen und Sein zu betreffen. Der Neukantianismus aber isoliere durch seine methodischen Reinheitspostulate beide Bereiche derart gegeneinander, daß sie nur noch nach Art einer Zwei-Seiten-Theorie der Wirklichkeit aufgefaßt werden könnten. Jurisprudenz unterscheide sich von den Naturwissenschaften dadurch, daß sie nicht ihr Gegenstandfeld selbst konstituiere, sondern ihre Tatsachen vorgegeben habe. Daraus ergebe sich die Notwendigkeit, einen Übergang vom Sein zum Sollen zu denken; ein solcher ergebe sich beispielhaft im Begriff der Souveränität, mit dem Kelsen daher auch nicht zurechtkomme[125]. Der Widerspruch zwischen Sein und Sollen müsse dialektisch aufgehoben und fruchtbar gemacht werden; dazu bedürfe es des Gedankens der Gestalt. In diesem Begriff erscheinen die Spannungen verarbeitbar[126]. Bei Kelsen führe die Reduktion auf die normative Betrachtung zwangsläufig dazu, daß die Verbindung zur Empirie abreiße, ein Reich freischwebender, reiner Rechtsnormen konstituiert werde[127]. Die mit dem Verlust an inhaltlicher Empirie verbundene programmatische Entsubstanzialisierung führe zur Auflösung aller juristischen Begriffe, so wie Souveränität zum bloßen Zurechnungspunkt werde. Deutlich werde dies insbesondere an der Kelsenschen Grundnorm[128]. Kelsen verschleiere hier durch mehrdeutigen Sprachgebrauch, daß die Grundnorm diejenige Stelle ist, an der unausdrücklich die soziale Realität wieder in das System eingeführt wird; Inhalt der Grundnorm und der Geltungsanordnung könnten nur auf dem Hintergrund bestehender Tatsachen als sozialer Machtverhältnisse verstanden werden[129]. Kelsen gelinge es, von der Einheit des Staates die Einheit des Normensystems darzustellen. Damit erfasse er aber nur einen

---

122 *Heller*, Schriften, Bd. 3 S. 275.
123 *Heller*, Schriften, Bd. 2 S. 19.
124 *Heller*, Schriften, Bd. 2 S. 28.
125 *Heller*, Schriften, Bd. 2 S. 22 f., 42 ff.
126 Vgl. *Heller*, Schriften, Bd. 2 S. 118.
127 *Heller*, Schriften, Bd. 2 S. 20.
128 Vgl. *Heller*, Schriften, Bd. 2 S. 77 Fn. 155, S. 86.
129 Vgl. *Heller*, Schriften, Bd. 2 S. 20 ff.

Teil des Gegenstandsfeldes der Jurisprudenz und unterschlage die wesentliche Dialektik zwischen Recht und Macht.

Hellers eigene Gedanken erinnern in einigen Punkten an die organische Staatstheorie, insbesondere, was die Ablehnung des mechanistischen Staatsbildes und die abstrakte Beschreibung des Verhältnisses von Ganzem und Teilen betrifft. Hellers Kritik an der organischen Staatstheorie bezieht sich vor allem auf die Uneindeutigkeit ihrer Aussagen und die politische Ausnutzung dieser Theorie im Verlaufe ihrer Wirkungsgeschichte. Damit ist die Auffassung des Staates als Machtstaat in der zweiten Hälfte des 19. Jahrhunderts und die Reduktion der Individuen zu bloßen Funktionen der staatlichen Substanz gemeint[130]. Damit werde eine Geringschätzung des Individuums zum Ausdruck gebracht, die die Organismustheorie als Legitimationsgrundlage totalitärer Regime brauchbar mache[131]. Diese Mißbrauchbarkeit beruhe vor allem auf der Hegel'schen Identifikation von existierenden Sozialgebilden mit der „Vernunft" und auf der mangelnden Genauigkeit der Beschreibung der inneren Verhältnisse des Organismus durch die Theorie. Betont werde lediglich stets neu die Überlegenheit des Staates im Verhältnis zum Individuum; die Dialektik von Eigengesetzlichkeit und Einordnung werde verfehlt[132].

Die Stärke der organischen Staatstheorie zeige sich vor allem in der Verarbeitung durch die Genossenschaftstheorie v. Gierkes und Preuß'. Hier sieht Heller Vorgriffe auf seine eigenen Gedanken, wenn er positiv die Betonung des Staates als realer Verbandspersönlichkeit hervorhebt, die die Kontinuität des staatlichen Gebildes und die Bedeutung des unbewußten Werdens des Staates impliziert[133]. Heller zeigt, daß der Begriff des Organismus Potenzen aufweist, die an den Gestaltbegriff erinnern, wenn jedes Mittel innerhalb des Organismus auch Zweck ist[134].

Zu Schmitt ergibt sich eine Beziehung Hellers vor allem aus der Stellung des Begriffes der Entscheidung. Wie Schmitt sucht Heller das Subjekt dieser Entscheidung, nämlich den Souverän, ausfindig zu machen; Schmitt selbst habe diesen nicht zutreffend bestimmt[135]. Heller hält also wie Schmitt am Begriff der Souveränität selbst fest, obwohl dieser mit dem Gestaltbegriff nicht zu vereinbaren ist. Grundlegend für die Differenz zwischen beiden ist Hellers Kritik betreffend die Orientierung Schmitts am Ausnahmezustand. Beide sehen die Schwierigkeit, daß

---

130 Vgl. *Heller*, Schriften, Bd. 3 S. 14. Juristisch ist an die Ableitung der Rechte des Individuums aus staatlicher Verleihung zu erinnern.

131 Dies zeigt *Heller* am italienischen Faschimus; Bd. 2 S. 507.

132 Vgl. *Heller*, Schriften, Bd. 3 S. 193.

133 Vgl. *Heller*, Schriften, Bd. 3 S. 192.

134 *Heller*, Schriften, Bd. 1 S. 117. Heller verweist hier auf Kants Auffassung des Organismus (vgl. *Kant*, Kritik der Urteilskraft §§ 59, 66; Kant selber ist hier skeptischer als Heller, was die Anschauungsobjekte für solche Gebilde betrifft).

135 Vgl. *Heller*, Schriften, Bd. 2 S. 88 ff.

der Glaube an die Ableitbarkeit der Entscheidung aus der Norm verloren gegangen ist. Beide sehen auch die Entwicklung hin zu einem Verlust eines homogenen Weltbildes. Daraus werden aber verschiedene Folgerungen gezogen. Während Schmitt in der Situation äußerster Heterogeneität der Weltanschauungen darauf setzt, daß durch eine Diktatur, die sich in ihrem Erfolg legitimiert, Normalität und Normativität wiederhergestellt werden, sieht Heller diesen Punkt noch nicht erreicht. Hier liegt bei Heller eine grundlegende Unklarheit seiner Analyse. Einerseits legt er wiederholt dar, daß der Glaube an die Demokratie noch durchgängig vorhanden sei, in der Krise sei nur der Parlamentarismus. Andererseits scheint er zum Teil auch keinen Mindestbestand an Homogenität mehr zu sehen, d. h. eine gemeinsame Grundlage der Auseinandersetzung[136]. Gesetzt den Fall, auch diese Grundlage sei nicht mehr existent, so stimmt er Schmitt darin zu, daß nur noch die Diktatur den Bürgerkrieg verhindern könne; dann sei die Freund / Feind Unterscheidung die Grenze, entlang derer Homogenität hergestellt werde[137]. Hellers Grundüberzeugung, daß noch ausreichend Homogenität vorhanden sei, prägt auch seine Auffassungen in anderen Fragen. So sieht er in der Vorstellung der unpersönlichen Gesetzesherrschaft nicht nur die Vermeidung von Entscheidung, sondern auch den Glauben an konkrete normative Inhalte[138]. Basis des Parlamentarismus sei auch nicht, wie Schmitt meine, die Idee der öffentlichen Meinungskonkurrenz, sondern die Überzeugung, daß ein fair play ohne Gewaltanwendung im politischen Prozeß möglich sei[139]. Grundlage all dessen, also basierende gemeinsame Überzeugung sei die von der „sittlichen Vernunftautonomie des Volkswillens“[140]. Der Parlamentarismus betreffe demzufolge nur ein Umsetzungsproblem. Heller sieht danach den Normalzustand als gegeben, weil die Homogenität einer Grundüberzeugung noch besteht. Konsequent fordert er die Ergänzung des Parlamentarismus durch plebiszitäte Elemente, damit die Umgehung des kritischen parlamentarischen Bereiches und direktere Anknüpfung an die Meinungen im Volk. Heller sucht Schmitt auch auf theologisch-politischer Ebene zu begegnen, wenn er sich mit Schmitts Anmerkungen zu der Funktion des Wunderbegriffes auseinandersetzt. Auch diese Auseinandersetzung zeigt, daß wesentlich für die Differenz der Glaube an die bestehende Normalität ist, den Heller hat. Er geht davon aus, daß Juristen und Soziologen in jeder Lage die Unterscheidung von Ausnahme- und Normalzustand aufrechterhalten müßten[141]. Schmitt aber wolle den Ausnahmezustand zum richtigen und wahren Normalzustand machen[142], wenn er die Gesellschaft in einem andauernden Ausnahmezu-

---

136 Vgl. *Heller*, Schriften, Bd. 2 S. 469, 479.

137 Vgl. *Heller*, Schriften, Bd. 2 S. 264.

138 *Heller*, Schriften, Bd. 2 S. 475.

139 *Heller*, Schriften, Bd. 2 S. 427, 469.

140 *Heller*, Schriften, Bd. 2 S. 216.

141 *Heller*, Schriften, Bd. 2 S. 89; also dagegen, die utopische Vertauschung des Existierenden zur Ausnahme nachzuvollziehen.

142 *Heller*, Schriften, Bd. 2 S. 467.

stand sehe. Schmitt tut das, weil er den Ausnahmezustand an einem normativ aufgefaßten Normalzustand mißt: das Leben in der Gottferne (oder Friedensferne) ist prinzipiell Ausnahmezustand. Heller entgegnet darauf, daß Schmitt den Wunderbegriff der vorspinozistischen Zeit anwende: das Wunder als übernaturgesetzliche Magie. Demgegenüber sei das wirkliche Wunder dasjenige im romantischen Sinne: der Normalzustand in seiner Gesetzlichkeit[143], konkret also die Existenz der gemeinsamen Grundüberzeugung. Dabei legt Heller Wert darauf zu erkennen, daß diese gemeinsame Basis nicht die Spaltung der Gesellschaft in gegensätzliche Interessen völlig hindert. Die Existenz einer gemeinsamen Grundüberzeugung versteht Heller nicht als historisch zufälliges Faktum, sondern als notwendig: jede Epoche verfüge über einen Grundbestand an Homogenität in Form „relativer Konstanten"[144]. Es ist bereits darauf hingewiesen worden, daß damit gerade das Problem der Epochenschwellen ausgespart bleibt. Heller sieht also eine Grenze des Zerfalles von Homogenität; dieses habe Schmitt übersehen. Es gebe solche relativ auf Epochen konstanten und eigengesetzlichen sittlich verbindlichen Lebensformen[145]; weil Schmitt dies nicht erkenne, setze er den Wert der Entscheidung zu hoch an[146]. Heller hat in diesen Konstanten, die er nicht nur für existent, sondern auch für erkennbar hält, einen festen Punkt gefunden, an dem er sich orientieren kann. Folgerichtig muß er nicht den Weg Schmitts mitgehen, kann z. B. auch Schmitts Politisierung juristischer Begriffe als polemische Kampfbegriffe verweigern, um nicht den Gefahren eines situativ bezognen Rechts ausgeliefert zu sein[147]. Ob diese Basis der Anerkennung sittlich verbindlicher Lebensfor-

---

143 Wenn *Heller* sich für seine Auffassung des Wunders auf die Romantik (z. B. Schleiermacher) bezieht, so wiederspricht er damit seiner eigenen Kritik an der Romantik. Denn die pantheistische Auffassung des Aufweises Gottes in den Naturgesetzen hat genau die metaphysische Verabsolutierung des Gewordenen zum Korrelat, die Heller der Romantik vorwirft. Darüber hinaus setzt Heller in diesem Argument, die Souveränität Gottes offenbare sich eher im Naturgesetzgeber als im Wunderbewirken, eine Gleichsetzung von Normativität und Normalität voraus, die im Bereich des Naturgesetzes qua Definition gegeben ist, aber sonst problematisch sein kann. Denn Hellers Analogie, daß also Bodin Recht habe, die Souveränität in den Gesetzgeber zu legen (Bd. 2 S. 90 f.), gegen Schmitt, der sie in den wunderwirkenden Diktator legt, setzt voraus, daß die Normativität des Gesetzes auch zur Normalität wird. Gerade das war aber für Schmitt problematisch geworden. Auch hier setzt Heller also mehr Normalität voraus als Schmitt zugibt. Dennoch zeigt seine Argumentation noch einmal die irrationalen Voraussetzungen Schmitts. *Spinoza* hatte argumentiert, daß Gott sich in den Naturgesetzen offenbare, nicht in Wundern (vgl. *ders.*, Politisch-theologisches Traktat, Kap. 6). Glaube man anderes, so setze man einen von Gott unabhängigen Naturablauf voraus, dessen Schöpfer er also nicht sei, und in den er von höherer Warte aus eingreife. Säkularisiert bedeutet dies, daß Schmitts Diktator ebenfalls außerhalb alles Lebenszusammenhanges stehen müßte; darauf deutet die Figur der Suspension ja auch hin. Mit ihr ist aber die angenommene metapysische Interessenidentität von Volk und Führer dann unvereinbar. *Heller* meint konsequent auch, es könne nicht einen neutralen Diktator geben (Bd. 2 S. 621) wie einen neutralen Staat; der Diktator stünde eben nicht jenseits der Interessenzusammenhänge.

144 *Heller*, Schriften, Bd. 3 S. 99.

145 *Heller*, Schriften, Bd. 2 S. 489, Bd. 3 S. 99.

146 Vgl. dazu *Heller*, Schriften, Bd. 3 S. 300, 366, 373, 394.

147 Vgl. *Heller*, Schriften, Bd. 3 S. 368.

men und der Anerkennung der grundsätzlichen Vernünftigkeit des Volkswillens nach dem zweiten Weltkrieg noch Bestand haben kann, kann hier offenbleiben[148].

Die Gemeinsamkeit Hellers mit Smend liegt in dem Versuch der Erfassung einer hohen Komplexität. Smend arbeitet mit Hilfe des Strukturbegriffes, Heller mit dem Gestaltbegriff. Heller wirft allerdings Smend zu Recht eine zu weitgehende Funktionalisierung vor, die keinen Bestand unangetastet lasse. Wie die organische Staatstheorie arbeite auch Smend mit Begriffen, die wissenschaftlich unbrauchbar seien, weil sie keine wertenden Differenzierungen zuließen, z. B. dem der ‚Lebenstotalität' [149]. Diese Undifferenziertheit kommt im Gedanken der Integration besonders deutlich zum Ausdruck: Integration sei nicht staatstypisch. Smend sei es nicht gelungen, das Besondere staatlicher gegenüber anderer Gruppenintegration nachzuweisen[150]. Integration könne nicht vereinheitlichender Prozeß sein, weil staatliche Einheit aus der Vielzahl von Integrationsprozessen nicht abgeleitet werden kann, vielmehr darin aufgelöst wird[151]. Die Vorstellung von der Wesentlichkeit der Integration vernachlässige die Organisation, die entscheidend werde, wenn es gelte, widerstrebende Subjekte zu überwinden[152]. Ohne Organisation könne jeder Integrationsfaktor auch desintegrativ wirken[153]. Heller stellt im Hinblick auf den italienischen Faschismus fest, daß der Staat keineswegs um so stärker sei, je umfassender die Integration ist, weil dadurch die notwendigen Spannungen verlorengehen[154]. Von der Unklarheit der eignen Position Hellers in der Frage der Notwendigkeit vorgegebener Homogenität ist auch die Stellungnahme zu Smend geprägt. Einerseits meint Heller, Herrschaft setze keine schon begründete Wertgemeinschaft voraus[155]; andererseits betont er, es bedürfe stets einer politiktranszendenten Legitimation des Staates[156]. Hier scheint mir Heller deutlich bereiter als Smend, über den Bereich der immanenten Begründungen hinauszugehen.

148 Ein Indiz gegen den Konsens in Bezug auf die Vernunft des Volkswillens könnte in der Rolle liegen, die die Untersuchung des Wahnsinns in der Psychologie / Philosophie heute einnimmt, wenn man Parallelen vom individuellen Subjekt zu dem der Souveränität ziehen will.

149 *Heller*, Schriften, Bd. 3 S. 390. Die in der Jurisprudenz unanwendbare methodische Grundlage Smends sieht Heller in der phänomenologischen Analyse bei Th. Litt (Bd. 3 S. 163).

150 *Heller*, Schriften, Bd. 3 S. 267.

151 *Heller*, Schriften, Bd. 3 S. 144.

152 *Heller*, Schriften, Bd. 3 S. 182 f.

153 *Heller*, Schriften, Bd. 2 S. 471.

154 *Heller*, Schriften, Bd. 2 S. 515.

155 *Heller*, Schriften, Bd. 3 S. 17.

156 *Heller*, Schriften, Bd. 2 S. 471, Bd. 3 S. 329.

V. Ergebnis: H. Heller

Heller hat in seiner theoretischen Ausganspositíon wichtige Vorteile gegenüber Schmitt; er akzeptiert die gesellschaftliche Eingebundenheit des Individuums und gelangt so zu einer Einheitsvorstellung, die in sich differenziert sein kann[157] und die das Maß an erforderlicher sozialer Homogenität niedrig hält. Die Form der erstrebten Einheit wird mit dem Gestaltbegriff benannt. Diese entspricht der von Heller angenommenen ständigen Heterogenität des Volkes. Heller geht davon aus, daß die dadurch vorgegebnen auseinanderstrebenden Interessen nur im Rahmen der staatlichen Organisation vereinheitlicht werden können; damit wird deutlich, daß sich die Fragestellung nach der Einheit auf den Raum dieser Organisation beschränkt; damit verlagert sich das Problem der Einheit auf die Einheit innerhalb der staatlichen Organisation. Dadurch, daß Heller sich die Gestalt als bewußt gestaltete, normativ intendierte vorstellt, vermeidet er, wie Smend im Bereich des rein deskriptiven zu verbleiben. Als Umsetzungsschwäche bezüglich der Übertragung des Gestaltbegriffes in den Bereich der Organisation wird hier Hellers Vorstellung von der staatlichen Organisation gesehen, die der Handlungsaufgabe des Staates eine überhöhte Bedeutung zumißt. Daraus resultiert ein hierarchisch arbeitsteiliges Bild der Organisation, daß der Eigengesetzlichkeit auch von Teilen der Organisation und damit auch der Vielfalt von Staatszwecken nicht gerecht wird.

157 Vgl. die Aufnahme der Hellerschen Position bei *Böckenförde*, Demokratie und Repräsentation, S. 12 f., 25 ff.

D. Rückblick auf den historischen Teil

Konzeptionen zur Begründung staatlicher Einheit können heute nicht mehr auf metaphysische Überzeugungen zurückgreifen, wenn sie breite Anerkennung finden wollen. Einigkeit läßt sich in diesem Bereich weder vorfinden noch herstellen. Gegen die Verwendung derart grundlegender, aber nicht mit Allgemeinverbindlichkeit zu erweisender Elemente der Argumentation spricht auch, daß die Absolutheit ihres Geltungsanspruches etwaige Auseinandersetzungen radikalisiert; die Befriedung dieser Konflikte kann weitere Radikalisierung erforderlich machen.

Carl Schmitt und Rudolf Smend haben versucht, eine Vorstellung umfassender Einheit zu entwickeln; am höchsten ist der Anspruch bei Schmitt gestellt, der nicht nur die Einheit im Sinne der Geordnetheit der partikularen Teile innerhalb der staatlichen Organisation und der partikularen Kräfte innerhalb der Gesellschaft herstellen will, sondern auch eine Begründung für die Einheit von Normativität und Macht anstrebt[1]. Smend nimmt demgegenüber die Anforderungen etwas zurück; bei ihm steht die Notwendigkeit der Herstellung sozialer Einheit durch Integration im Vordergrund. Sowohl Schmitt wie Smend versuchen, ihre Begründungen ohne metaphysische Rückgriffe auskommen zu lassen.

Schmitt unternimmt es, Einheit durch die Möglichkeit substantieller Homogenität (in Bezug auf Werte und Eigenschaften) aufzuweisen. Da er erkennt, daß eine solche Einheitlichkeit nicht vorfindlich ist, muß er ein Konzept zu ihrer Herstellung vorlegen. Hauptschwierigkeit für dieses Vorhaben ist, daß es sich nicht auf einen allgemein anerkannten Grundkonsens stützen kann. Schmitt entscheidet sich, beeinflußt von Hobbes und dem individualistisch orientierten Existentialismus, für ein am Individuum orientiertes Konzept. Eine einzelne Person soll die Einheit herstellen und im Herstellungsakt begründen — indem in der Überschreitung der Grenze in der Ausnahmesituation diese Grenze neu gefunden wird. Der Versuch einer solchen Herstellung von Einheit ist ein Wagnis, weil die Herstellung sozialer Einheit in diesem Akt zwar angezielt, aber nicht gesichert ist. Wegen der strengen Ausrichtung auf das solipsistisch gedachte Individuum hat die neu zu schaffende Einheit Evidenz nur für dies Individuum selbst; im übrigen kann sie nur auf Anerkennung hoffen, die sie sich durch Erfolg legitimiert. Wenn es also gelingt, Einheit herzustellen, wird dadurch die legitimierende Basis dieses Versuches nachgeliefert. Hobbes hatte diese Klippe des Wagnisses bei seiner ebenfall individuell basierten Konstruktion von Einheit durch die Annahme

---

1 *Göldner*, S. 46 zu Schmitt: „Einheit höchster Potenzierung bedeutet auch: Einheit von Sollen und Sein, von Norm und Wirklichkeit, von Rechts- und Lebensordnung."

einer allgemeinen angeborenen Menschenvernunft umschifft. Schmitt versucht dem Wagnischarakter, und das heißt hier dem potentiell diktatorischen Charakter seiner Einheitsbegründung dadurch zu entgehen, daß er eine vorfindliche Harmonie zwischen dem Herrscher und dem Volk unterstellt; da diese möglichst grundlegend sein soll, wird sie zunächst in einer quasi-religiösen Interessenverkörperung, später in biologischen und räumlichen (Schein-)Konstanten — Rasse und Großraum — gefunden. Da diese Unterstellungen weder der Realiltät entsprechen noch politische Einheit garantieren können, bleibt der potentiell diktatorische Charakter von Schmitts Versuch bestehen; sein Begründungskonzept erweist sich als ein weitgehend begrifflich fiktives, dem Realitäten nicht entsprechen. Damit ist der Versuch, Einheit in ‚höchster Potenzierung' als substanzhaft begründete zu retten, gescheitert.

R. Smend zieht daraus die Konsequenz und möchte Einheit funktional begründen. Er knüpft nicht an das Individuum, sondern an der Lebensgemeinschaft an; dadurch gewinnt er zwar eine höhere Intersubjektivität, verliert aber gleichzeitig die zumindest scheinbar im Individuum gewährleistete Einheitlichkeit. Indem Smend den Lebenszusammenhang zugrunde legt, vermeidet er die radikalisierende Orientierung am Ausnahmezustand und die Notwendigkeit zur Übertragung der Attribute göttlicher Souveränität auf den Staat. Einheit wird prozessualisiert zu permanenter Einheitsreproduktion; mit diesem Übergang ist allerdings ein Verlust an Inhaltlichkeit verbunden. Die Integration zur Einheit soll durch unterschiedliche Faktoren gewährleistet werden. Die zwischen diesen bestehende und hergestellte Einheitlichkeit bleibt allerdings bei Smend weitgehend im Bereich des Funktionalen. Einheit basiert auf allgemeiner Wechselbezüglichkeit. Staatliche Einheit und die Einheit abgrenzbarer Rechtsbestände kann damit nicht plausibel gemacht werden, weil funktionale Zusammenhänge aus einem allgemeinen Lebenszusammenhang rechtliche Grenzen, zum Beispiel die des Staates, regelmäßig überschreiten. Die funktionale Einheitsvorstellung löst alle festen Rechtsbestände in Richtung auf ihre Funktionen hin auf. Dadurch geht auch der Gewinn durch die Aufnahme des Strukturbegriffes, der es erlaubt, die Binnendifferenzierung des Staates mit relativ selbständigen Elementen zu denken, wieder verloren. Im Ergebnis scheitert die funktionale Begründung von Einheit jedenfalls für die Zwecke der Rechtswissenschaft.

Damit ist das Projekt, staatliche Einheit in einem weiten Sinne, der auch die gesellschaftlichen Kräfte außerhalb der Staatsorganisation erfaßt, zu begründen, auf den Wegen des Substanz- und des Funktionsdenkens gescheitert.

Hermann Heller nimmt dies Scheitern zur Kenntnis und reduziert den Anspruch der Einheitsbegründung: er akzeptiert die fortbestehenden Spannungen zwischen Normativität und Faktizität; er setzt zwar gewisse Restbestände substanzieller Einheit voraus (Kulturbindungen), glaubt aber nicht, diese staatlich reproduzieren zu können. Damit beschränkt sich der Anspruch an den Aufweis der Einheit auf diejenige im Bereich der staatlichen Organisation. Hier ist er gleichzeitig notwendig geworden, weil mit dem Verlust des Modelles gottgleicher Souveränität auch die Staatsperson nicht mehr zwingend einheitlich gedacht werden kann.

Die Fragestellung verschiebt sich bei Heller hin zu dem Problem der Einheitlichkeit in der Zuordnung der staatlichen Organe zueinander. Diese Verlagerung der Fragestellung wird dadurch begünstigt, daß die faktische Durchdringung von Staat und Gesellschaft zur zunehmenden Einstellung von Interessen in staatliche Bindungen führt. Ein vergleichbarer Vorgang hatte dem Gewaltenteilungsgedanken Montesquieu's zugrunde gelegen; hier repräsentierten die staatlichen Gewalten unterschiedliche soziale Kräfte. Dieser Zusammenhang ist durch das relative Übergewicht der Rousseau'schen Volkssouveränität über die Gewaltenteilung im parlamentarischen Regierungssystem mit der Verschiebung der Gewaltenteilung zur Funktionentrennung verloren gegangen. Neuerdings aber gewinnt die Verbindung von Gewalten und sozialen Interessen wieder an Interesse. Weil der Staat für seine Selbstreproduktion vermehrt auf Leistungen der Gesellschaft, insbesondere der Wirtschaft, angewiesen ist, geht eine zunehmende Tendenz dahin, die Leistungsträger in staatliche Zusammenhänge zu integrieren. Es bildet sich ein Feld von Institutionen in einem Mittelbereich zwischen Staat und Gesellschaft (ohne daß dies für die rechtliche Einordnung Folgen tragen muß). Damit ist es den gesellschaftlichen Kräften zunehmend möglich, ihre Interessen in rechtlich eröffneten Bahnen zu verfolgen. Dem erzwungenen Verzicht, eine substantielle Einheit der gesellschaftlichen Kräfte zu erweisen, entspricht also ein verstärktes Bedürfnis, das institutionelle Gefüge auf seine Einheitswirkung hin zu befragen. Damit einher geht eine spezifische Verschiebung der Ebene der Einheitsgefährdung: Zu beobachten ist eine weitgehende weltanschauliche Homogenität einerseits, ein Partikularismus materieller Wohlstandsinteressen andererseits[2]. Da diese weitgehend in institutionellen Bahnen verfolgt werden und wegen zunehmender Verrechtlichung auch verfolgt werden müssen, verlagert sich ein Teil der Einheitsbedrohung in das intstitutionelle Feld.

Heller sucht die organisatorische Einheit am Begriff der Gestalt deutlich zu machen. Wie Smend erhofft er sich davon ein Modell der Einheit in Vielfalt, ohne daß eine umfassende Funktionalisierung der Elemente eintritt. Diesem Konzept widerspricht aber seine Anlehnung an arbeitsteilige Modelle der Betriebsorganisation, wenn es um die reale Ausgestaltung von Organisation geht. Im Ergebnis sieht sich auch Heller wie Schmitt und Smend gezwungen, auf kulturelle Konstanten (deren Konstanz freilich bei ihm nicht auf Ungeschichtlichkeit, sondern auf längerer Periodizität beruht) zurückzugreifen.

Da Einheit nicht substanzhaft oder funktional gedacht werden kann, bleibt die Möglichkeit, sie als eine Art regulativer Idee zu begreifen[3]. Sie läßt sich beschrei-

---

[2] Vgl. zu auf die Gesellschaft bezogener ‚Polyarchie' *Fraenkel,* S. 139 f.

[3] Diese Vorstellung von Einheit ist nicht identisch mit der sog. Leitidee in Haurious Institutionenlehre. Diese Idee ist objektiv ermittelbar und nicht unverbindlicher Vorschlag. Sie ergibt sich bei Hauriou aus der Zweckhaftigkeit der Dinge selbst, hier ist

ben als Struktursinn einer Zusammenordnung von Institutionen. Diese Zusammenordnung ist nicht überschneidungsfrei arbeitsteilig, wie Heller es dargestellt hatte; auch im staatlichen Bereich ist „Gegenvernunft" (Häberle) vielfach installiert[4]. Deren jeweilige Ausgestaltung muß auf ihre Einheit hin befragt werden.

---

sie Interpretation. Übereinstimmung besteht darin, daß Einheit vor allem auf den Struktursinn einer Zusammenordnung von Institutionen bezogen wird; Legitimation durch Anerkennung muß sich nicht auf verantwortliche Personen oder Handlungsprogrammierungen beziehen, sondern kann sich auch auf Einrichtung von Handlungszentren beziehen.

[4] Zu Kompetenzüberschneidungen als typischem Mittel der Kontrolle im staatlichen Innenbereich vgl. *Meyn*, S. 37 (bei Locke), S. 41 (bei Montesquieu). Zur Binnendifferenzierung des Regierungsapparates in den USA *Fraenkel*, S. 169 f. sowie *ders.*, Das amerikanische Regierungssystem, 4. Aufl. 1981.

E. Die Systemtheorie der Schule Luhmanns: Eine Rechtstheorie der Polyzentrik

Eine über das positive Recht hinausgreifende Diskussion um Einheit hat in der Bundesrepublik Deutschland insbesondere die Systemtheorie N. Luhmanns ausgelöst. Der hervorstechendste Anknüpfungspunkt dieser Theorie an die dargestellten Diskussionen liegt bei dem Problem der Binnendifferenzierung des Einheitsbegriffes. Das Bemühen, eine solche Binnendifferenzierung aufzuweisen und verständlich zu machen, bietet einen Hauptaspekt dieser Systemtheorie. Sie fährt dort fort, wo Smend und Heller stehen geblieben [1] waren: bei dem Versuch, ein Konzept für eine innere Ausdifferenzierung staatlicher Einheit zu finden, die die Funktionsfähigkeit des Staates mit der relativen Autonomie der Teilsysteme verbindet.

Die ‚Dezentrierung' im Staat ist der Prozeß der Auflösung staatlicher Souveränität gegenüber zahlreichen autonomen gesellschaftlichen Bereichen, aber auch Autonomiesierungen innerhalb des Bereiches der staatlichen Organisation. Diese ‚Auflösung' bildet den Hintergrund für die Systemtheorie Luhmanns [2]. Gleichzeitig verspricht die Systemtheorie, durch die Verarbeitung der Auflösung monolithischer Einheit in ein Gebilde aus zahlreichen eigenständigen und eigengesetzlichen Untereinheiten, zu einer freiheitssichernden Theorie des Pluralismus beitragen zu können.

Gegenüber der Verkürzung der Fragestellung auf den Binnenbereich des Staates erweitert die Systemtheorie die Fragestellung wieder auf die gesamte Gesellschaft, will also Gesellschaftstheorie sein; diese Erweiterung hat ihre Ursache nicht zuletzt in dem Ausgreifen des Staates in früher gesellschaftliche Bereiche beziehungsweise in der weitgehenden Verrechtlichung vieler Bereiche, die deren Möglichkeit zu eigengesetzlicher Entfaltung beschränkt [3].

---

1 *Vesting* betont aus seiner Sicht S. 210 ff. (214) dieses Ungenügen Hellers gegenüber den realen Entwicklungen.

2 Vgl. *Vesting,* S. 210 ff. (215, 221 ff.). An dieser Stelle geht allerdings der kritische Impetus der Arbeit von Vesting weitgehend verloren. Sie begnügt sich damit von Prozeduralisierung und dauernden Selbstkorrekturen im Sinne des ‚reflexiven Rechts' der Systemtheorie zu sprechen, fragt aber nicht danach, wie in diesen Vorgängen noch ein einheitlicher Sinn gefunden werden kann. Ziellose Prozedur zu sein ist eine für Juristen m. E. untragbare Vorstellung der Funktion des Rechts. Nur unklar erkennt und benennt Vesting die Gefahr, daß damit der Staat zur bloßen Machtabbildung von einflußstarken Gruppen wird. Die regulative Kraft des Einheitsbegriffes ist hier völlig aufgegeben und wird auch nicht weiter verfolgt.

3 Beispielhaft von Habermas unter dem Stichwort ‚Kolonialisierung der Lebenswelten' am Schulrecht, das die pädogogische Autonomie vergewaltige, vorgeführt.

I. Die staatliche Einheit und die Vielzahl unabhängiger Teilsysteme

Wenn man Einheit nicht mehr als von einem zentralen Fixpunkt ausgehend begründen kann, sondern als Zusammenwirken von relativ selbständigen Untereinheiten[4] im Staat begreifen muß, verdoppelt sich die Frage nach der Einheit: sie drängt sich auf als Einheitsproblem in dem Zusammenwirken dieser Untereinheiten[5] und sie muß nach deren Einheitlichkeit selbst fragen. Die Systemtheorie hat dies ihr innewohnende Bedürfnis nach der Darstellung der Begründbarkeit der Möglichkeit von Einheit erkannt. Vor allem Luhmann hat versucht, eine Antwort auf die Frage zu geben.

Bedauerlich für die Darstellung der Gedanken Luhmann's ist, daß er nicht völlig deutlich macht, auf welcher Ebene er von Einheit spricht. Denn für eine Theorie, die mit zahlreichen Subsystemen und Elementen als Grundeinheiten arbeitet, ist für die Fragestellung nach der Einheit entscheidend, auf welcher Ebene sie auf diese Einheit hin befragt werden soll[6]; auf der des Zusammenwirkens von Untersystemen oder auf der Ebene des Untersystems selbst. Bei Luhmann wird diese Frage nach der Ebene nicht klar beantwortet[7]; man kann lediglich aufgrund des umfassenden Anspruches seiner Gesellschaftstheorie vermuten, daß er beide Fragen beantworten will.

Luhmann stellt inhaltlich für Einheit vor allem zwei Maßstäbe auf: diese liegen in der zirkulären Struktur eines einheitlichen Systems und in dessen einheitsverbürgendem ‚Code'. Die Zirkularität besteht wesentlich darin, daß zirkuläre Systeme ihre Elemente selbst reproduzieren. Der ‚Code' ist der Maßstab des Systems für seine Verarbeitungsfähigkeit; er legt also fest, welche Eigenschaften ein Gegenstand haben muß, um von den Verarbeitungsmechanismen des Systems angenommen zu werden. So soll für das Rechtssystem Maßstab der binäre Code

---

4 Vgl. die Definitionen von „Autonomie" im Neostrukturalismus. Es handelt sich um eigengesetzliche Institutionen, aber keineswegs um unabhängige. „Autonom meint nicht: kraft eigener Souveränität in sich begründet", sondern eigengesetzliche Verarbeitung zahlreicher Einwirkungen aus Interdependenzen (Vgl. *Frank,* S. 583). Die Art eigenständiger Legitimation und Eigengesetzlichkeit läßt sich vielleicht mit der Ausdifferenzierung von Sphären der Politik (Macchiavell), Religion (Säkularisierung), Philosophie (wissenschaftlicher Positivismus), Ökonomie (Marx) und Kunst (l'art pour l'art) seit der Renaissance vergleichen (dazu kurz *Bloch,* Geist der Utopie, S. 59).

5 Die Terminologie ist unsicher. Was der eine Struktur bezeichnet, nennt der andere System. Entscheidend ist auf die Eigenarten der Gebilde abzustellen.

6 Entsprechend ist in der Leitdisziplin der Autopoiesis, der Biologie, strittig, ob das Lebewesen, die Zelle oder das Gen als Elementareinheit betrachtet werden soll. Vgl. *Ladeur,* S. 242 ff. (251).

7 Diese Unklarheit moniert der Sache nach auch *Ladeur* mit der Begründung, daß die Frage der Einheit nach System oder Element unterschiedlich zu beurteilen sei; das System sei geschlossen, das Element auf Koppelung angelegt (S. 257). Ladeur meint allerdings, Luhmann denke vom Element her (S. 259); das kann nicht richtig sein, weil der Code eines Rechtssystems nicht von einem Element her bestimmbar ist.

Recht / Unrecht sein[8]: alles, was zu diesen Maßstäben keinen Bezug aufweist, interessiert das Recht als System (bestehend sowohl aus den mit Recht befaßten Institutionen wie aus dem Normenbestand) nicht.

Luhmann geht zunächst davon aus, daß es keinen Standpunkt eines externen Beobachters außerhalb des Systems der Gesellschaft geben kann, der Einheit des Systems ‚von außen' feststellen könnte. Jeder Standpunkt ist bereits in ein Subsystem eingebunden[9]. Einheit muß also innerhalb der Selbstbezüglichkeit eines Systems festgestellt werden können. Damit lehnt Luhmann jede Möglichkeit eines anfänglichen archimedischen Punktes von Einheitsbegründung ab. Vielmehr könne Einheit nur als Differenz von System und Umwelt begriffen werden[10]. Dadurch wird Einheit gleichgesetzt mit dem zirkulären Charakter des Systems[11] und der Existenz eines Codes, da jeder solche Code durch seine Beschränktheit eine Schranke zur Umwelt aufrichtet. Recht produziert seine eigene Einheit[12] und unterscheidet sich dadurch von der Umwelt; diese Produktion geschieht im Vollzug des Rechts[13]. Einheit ist also wesentlich die Geschlossenheit der Zirkularität des Systems. Einheit des Systems ist „nichts anderes als die rekursive Geschlossenheit der Produktion der Elemente des Systems durch die Elemente des Systems"[14]. Diese Einheit ist für das System selbst und einen Beobachter nicht dekomponierbar[15]. Einheit als Geschlossenheit wird nach Luhmann dadurch gewahrt, daß Normatives stets nur vom Rechtssystem produziert werden kann und Nichtnormatives von ihm selbst ausgeschieden wird. In der Selbstreproduktion des Rechtsvollzuges findet eine Sonderung nach dem rechtlich Relevanten statt; Normqualitäten werden immer innerhalb des Rechtssystems produziert[16].

8 Vgl. *Luhmann,* Ökologische Kommunikation, Kap. XI; ob damit der richtige Code benannt ist, ist mir zweifelhaft. Man könnte vermuten, daß es sich statt dessen um Geltung / Nichtgeltung handelt. Damit fallen erhebliche Voraussetzungen von Luhmanns Argumentation zur Offenheit des Rechtssystems für ökologische Problemstellungen. Z. B. geht Luhmann davon aus, daß es keinen Vorrang für die Feststellung des Rechts vor der Feststellung des Unrechts gebe. Dies ist anders bei dem hier genannten Code; die Feststellung der Nichtgeltung nützt im Gegensatz zu der von Unrecht gar nichts. Kritisch zur Wahl des Codes auch *Rottleuthner,* Biological Metaphors in Legal Thought, S. 97 ff. (120).

9 *Luhmann,* Positivität, S. 11 ff. (S. 20, 23).

10 *Luhmann,* Positivität, S. 23.

11 *Luhmann,* Positivität, S. 22.

12 *Rottleuthner,* S. 119 bezweifelt interessanterweise, daß bloße Zirkularität eine Selbstbegründung der Normativität ergeben könne; stetes sei dazu ein Souverän oder eine Grundnorm erforderlich. Damit greift er die älteren Auseinandersetzungen auch explizit wieder auf.

13 *Luhmann,* Positivität, S. 23.

14 *Luhmann,* Einheit, S. 129 ff. (134). Vgl. auch S. 143: Einheit ist „autopoietische Reproduktion der Elemente durch die Elemente auf Grund zirkulärer, rekursiver Normativität".

15 *Luhmann,* Einheit, S. 132 f. Für das System selbst, weil es qua Systemeigenschaft nur stets die Einheit wieder reproduzieren kann. Diese Unzerstörbarkeit erinnert stark an die allgemeine Wechselbezüglichkeit im funktionalen Sinne, die ebenfalls unerstörbar ist, aber auch keine differenzierten Aussagen erlaubt.

Einheit liegt also in dem Monopol auf Produktion von Normativität. Darin liegt allerdings keine völlige Geschlossenheit des Systems gegenüber der Umwelt. An dieser Stelle des Gedankenganges führt Luhmann die Begriffe von Code und Kriterium ein. Der binäre Code des Rechtssystems aus Recht und Unrecht ermöglicht Geschlossenheit als Einheit. Niemals können solche Zuschreibungen aus der Umwelt des Rechtssystems übernommen werden oder an sie abgegeben werden. Sie sind stets selbst produziert und bedürfen zur Wirkung der Umsetzung in andere Codes (z. B. Preise). Dagegen soll das Rechtssystem auf der Ebene des Kriteriums offen sein: ob Rechthaben oder Unrecht haben nützlich ist, ist für das Rechtssystem zufällig und aus der Umwelt bestimmt, weil das Rechtssystem auf der Tatbestandsebene offen ist. Damit wird Einheit beschrieben als Kooperation von normativer Geschlossenheit (Code) und kognitiver Offenheit (Tatbestand) des Systems; es ist nie vollkommen selbstbestimmt, aber auch nie vollkommen abhängig[17]; es kann zwar alle denkbaren Tatbestände bearbeiten, aber nur dann, wenn in diesen ein Bezug auf die Recht / Unrecht Unterscheidung hergestellt werden kann.

Mit diesem Ergebnis zur Frage der Einheit lehnt Luhmann alle diejenigen traditionellen Vorstellungen von Einheit, die in Richtung auf Souveränität verlaufen, ab. Es gebe keine letzte Instanz, in der Sein und Sollen in Eines fallen[18]; kein begründendes Prinzip, keine Metanorm[19] und keine regulative Idee[20]. Damit fällt auch das Primat von Subjekt und Bewußtsein[21] sowie von Reduktion und Kausalität[22] in der Luhmannschen Theorie. Die Nähe zur Abwertung des Subjekts im französichen Neostrukturalismus ist unverkennbar. Luhmann legt gleichsam das Gegenkonzept zu jeder Souveränitätsvorstellung vor. Seine Vorstellung von Einheit des Systems ist nicht hierarchisch, sondern reflexiv zirkulär[23]. Würde man sie von einem Standpunkt der Souveränität aus betrachten, könnte sie sich als Auflösung der Einheit in „postmoderne Diskurse"[24] darstellen. Mit dieser Formulierung weist Luhmann allerdings auf eine Unklarheit in seiner Argumentation hin. Die Diskurse des Neostrukturalismus entsprechen Systemen bei Luh-

---

16 *Luhmann,* Einheit, S. 136, 140.

17 *Luhmann,* Einheit, S. 140, 133. Vgl. *ders.*, Ökologische Kommunikation, Kap. XI.

18 *Luhmann,* Einheit, S. 141.

19 *Luhmann,* Einheit, S. 140; „kein legitimierendes Prinzip", keine „Supernorm" (S. 136).

20 *Luhmann,* Einheit, S. 140. Einheit ist immer schon ‚im Recht'. Folglich will Luhmann auch die Vorstellung von Gerechtigkeit positivieren: „Innerhalb des Rechtssystems kann die Idee der Gerechtigkeit zunächst nur die Einheit des Systems nochmals benennen . . . „(*Luhmann,* Positivität S. 26). Gerechtigkeit wird also auf Zirkularität der Normativitätsproduktion, dogmatische Konsistenz und Problemauffassungsfähigkeit (Offenheit) des Rechtssystems reduziert (S. 26 f.).

21 *Luhmann,* Einheit, S. 131.

22 *Luhmann,* Einheit, S. 141.

23 *Luhmann,* Positivität, S. 24.

24 *Luhmann,* Positivität, S. 24.

mann; dann stünde bei Luhmann aber nicht die Einheit eines Systems in Frage, sondern die mehrerer Untersysteme. Die Geschlossenheit eines Einzelsystems könnte für diesen Teil der Einheitsfrage nicht weiterhelfen. Damit zusammen hängt die Frage, wie Luhmann die Innovationsfähigkeit des geschlossenen Systems theoretisch sichern kann in dem Sinne, daß es nicht bloß Reproduktion einer sich vorfindenden Normalität bleibt; diese Problematik hatte sich bei Smend gezeigt, der ebenfalls die Zirkularität des Lebenszusammenhanges zur Einheit erklärte, aber dies mit dem Verlust normativer Kraft bezahlen mußte; diese aber ist für Erneuerung verlorengegangener Einheit oder andere korrigierende ‚Eingriffe' erforderlich.

Die damit angesprochene Frage wird in der Systemtheorie unter dem Stichwort ‚Evolution' behandelt, weil in einer Evolution möglicherweise eine vorher bestehende Einheit verloren gehen kann; man muß sich also fragen, wie eine solche Evolution abläuft. Die Vorstellung der an der Bilogie orientierten Systemtheorie von Evolution folgt im groben dem Raster der biologischen Evolutionstheorie mit den Stadien ‚Produktion von Vielfalt', ‚Selektion' und ‚Stabilisierung des Selegierten'[25]. Damit ist aber gleichzeitig auch die Aussage impliziert, daß die Evolution ‚richtungslos', ‚blind' verläuft[26]. Sie ist niemals zielgerichtet[27]. Deswegen liegt auch die Gefährdung der eigenen Reproduktionsvoraussetzungen als Möglichkeit im Rahmen sich selbst erneuernder Evolution[28]. Primäre Orientierung der Selektion ist allerdings stets die Fortsetzung der zirkulären Repoduktion des Gesamtsystems[29]. Die variierende Produktion von Vielfalt wirkt sich, am bestehenden System gemessen, zunächst als unangepaßte, disfunktionale Störung aus[30]. Damit beschreibt Luhmann den Sachverhalt, der dazu geführt hat, daß hier das Heller'sche Bild des Betriebes als Modell der organisatorischen Einheit

25 Vgl. *Luhmann*, Evolution des Rechts, S. 11 ff. (14).

26 Vgl. *Teubner*, Kap. 4: vgl. z. B. S. 62; „blinde Rechtsevolution". In diesem Zusammenhang kritisiert Teubner den Vergleich von Gesellschaft und Ich (S. 69 f.). Dadurch werde die genetisch bedingte Teleologie der Ich-Entwicklung vom Embryo bis zum Greis übertragen, obwohl eine solche Teleologie in der gesellschaftlichen Evolution nicht vorliege. Das trifft für die Vergleiche, die die Entwicklung der Gesellschaft in der Zeit thematisieren zu, nicht aber für ‚horizontale' Analysen einer bestehenden Struktur.

27 Die autopoietische Systemtheorie kann in Vergleich mit der Institutionenlehre Haurious gesetzt werden. Nicht nur knüpfen beide an die Biologie und dort an die konzeptionelle Auffassung der Lebewesen als Substanzen an, auch ihre Probleme sind ähnlich. Typisch dafür ist die Auseinandersetzung um die Gerichtetheit der Evolution in der autopoietischen Theorie; Hauriou sieht in der idée directrice die Leitrichtung der Institution; die Autopoiesis ersetzt sie durch reflexive strukturgebundene Selbstreproduktion. Über die Institutionenlehre hinaus gehen manche Vertreter der Systemtheorie, indem sie die Entwicklung als blind begreifen und auf die Annahme einer gesellschaftlichen, nur geschichtsphilosophisch begründbaren Teleologie verzichten und damit den Darwinismus in ihrer Leitwissenschaft akzeptieren. Dafür muß damit bezahlt werden, daß ein Sinn der Evolution nicht mehr garantiert werden kann. Gleichzeitig wird in der Systemtheorie das Subjekt völlig den strukturbildenden Mächten preisgegeben.

28 Vgl. *Luhmann*, Ökologische Kommunikation, S. 38.

29 *Luhmann*, Evolution, S. 22.

30 *Luhmann*, Evolution, S. 17, 24.

kritisiert worden ist. Dieses Modell hat in sich durch die konfliktlose Arbeitsteilung eine äußerst geringe Innovationsfähigkeit. Auch Luhmann kann nicht zeigen, wie die Produktion von Möglichkeiten zu wesentlichen Änderungen des Systems führen kann, da die Selektion stets auf der Basis des vorhandenen funktionalen Zusammenhanges des Systems wirkt. Damit kann die bisherige Art der Leistungsfähigkeit des Systems gesteigert werden; eine sinnvolle Zuordnung zu anderen Systemen läßt sich daraus aber nicht begründen, insbesondere keine Funktionsänderung des Systems. Luhmanns Beispiele für Systemwandel behandeln denn auch stets Fälle, wo offenbar eine direkte Einwirkung anderer Bereiche in das System stattgefunden hat[31]. Damit steht Luhmann vor der Alternative, Einheit aufzugeben oder die Innovationsfähigkeit zu begrenzen[32]. Die Schwierigkeit besteht also darin, daß bei einem geschlossenen System das Funktionsgefüge des Systems die Selbsterneuerungsfähigkeit (Lernfähigkeit) begrenzt. Gleichzeitig verhindert die Geschlossenheit des Systems Eingriffe ‚von außen'. Im Ergebnis gibt es dann für die verschiedenen Systeme keine Möglichkeit sinnvoller Zuordnung: Wirtschaft ist der Technik, Recht der Politik, Medizin der Wissenschaft ausgeliefert: „Es gibt keine übergeordnete Instanz, die hier für Maß und Proportionalität sorgen könnte."[33] Überträgt man diese Gedanken auf den Bereich des Staates, so behauptet Luhmann eine Evolution des Staates und der Gesellschaft, die aus der Selbsterneuerung der eigengesetzlichen Bereiche von Wirtschaft, Recht, Religion, Kunst etc. hervorgeht. Eine zentrale Steuerungsinstanz für diese Entwicklung besteht Luhmann zufolge nicht; er kann dies hinsichtlich des Parlamentes mit dem Einfluß der gesellschaftlichen Gruppen im Gesetzgebungsprozeß plausibel machen. Dann aber ist nicht gewährleistet, daß die stattfindende Entwicklung nicht zu gegenüber geänderten Aufgaben disfunktionalen Ergebnissen führt. Insbesondere ist keine sinnvolle Abgrenzung des Einflusses der einzelnen Bereiche aufeinander oder auf das Parlament möglich; Luhmann würde sogar behaupten, daß der Begriff des ‚Sinnvollen' sinnvoll nur aus der Perspektive eines Teilsystems zu benutzen ist. Gleichermaßen wird der Begriff eines normativ verstandenen Gemeinwohles unmöglich und die auf ihn gerichtete Fragestellung nur noch aus den einzelnen Sussystemen beantwortbar.

Dieses Problem Luhmanns ist von Teubner aufgegriffen worden[34]. Er geht davon aus, daß die Frage nach Systemidentität, d. h. Einheit negativ beantwortet werden müsse, wenn die Gesellschaft unmittelbar in das (Rechts-)System eingreifen könne[35]. Teubner setzt wie Luhmann voraus, daß das Primat für die (staatliche) Evolution die Aufrechterhaltung der inneren Zirkularität des Systems (also Überlebensfähigkeit durch Selbsterneuerung) sei, nicht etwa die Anpassung an die

31 Vgl. *Luhmann*, Evolution, S. 22.

32 Luhmann selbst kommt im andern Zusammenhang der Stabilisierung der Selektionsergebnisse zu ähnlichen Schwierigkeiten, vgl. *Luhmann*, Evolution, S. 30 ff.

33 *Luhmann*, Ökologische Kommunikation, S. 222.

34 Vgl. *Teubner*, S. 102.

35 *Teubner*, S. 70.

Umwelt[36]. Ebenso setzt er voraus, daß die Evolution durch die innere Struktur des Systems determiniert wird[37]. Bei zu direkten Einwirkungen bleiben die beteiligten Systeme indifferent oder sie werden gesprengt, je nachdem, ob die Einwirkung die Kraft hat, das Nadelöhr des Code zu zerstören oder nicht[38]. Auch Teubners Lösungsversuche scheitern jedoch. So versucht er die Möglichkeit einer Kontrolle von Systemen untereinander zu beschreiben: Kontrolle heißt, „die Strukturen der zu kontrollierenden und zu entwickelnden Systeme so anzusetzen, daß sie sich weitgehend selbst regulieren und gegenseitig kontrollieren können.“[39] Über den sich entwickelnden Systemen aber gibt es niemand, der sie „ansetzen“ könnte; Teubners Formulierung greift der Sache nach auf die sinnstiftende Souveränität zurück. Auch ein weiter ausgearbeiteter Ansatz scheitert; danach sollen Systeme aufeinander einwirken können, wenn ihre Elemente gleichartig sind[40]. Teubner bezeichnet dies als Interferenz oder strukturelle Koppelung[41]. Die Formulierung weist bereits auf den Mangel dieses Ansatzes hin: ein mit einem anderen gekoppeltes System kann nicht mehr als Einheit im Sinne geschlossener Zirkularität und einheitlichen Codes betrachtet werden.

Wie Teubner hat Ladeur die Schwäche der Theorie Luhmanns gesehen und sucht ihr durch eine Modifikation der Luhmann'schen Systemtheorie beizukommen. Er geht davon aus, daß bei Luhmann echte Evolution unmöglich ist, weil die Funktion eines Systems bei Luhmanns Evolutionskonzept vom System niemals überstiegen werden kann[42]. Dies versucht Ladeur selbst zu vermeiden, indem er die Variationsfunktion der Entwicklung stärkt. Im System sei ein Bestandteil enthalten, der in der Art eines Zufallsgenerators Möglichkeiten produziere, die im Gedächtnis des Systems gespeichert werden[43]. Durch Abruf dieser Möglichkeiten soll das System in der Lage sein, nicht nur seine interne Struktur, sondern auch seine eigene Funktion zu variieren[44]. Damit ist aber nicht geklärt, wie die Selektionsleistung des Systems funktionsübersteigend tätig sein kann. Die Auffassung des Systems als fähig, „strategisch“ zu denken, setzt wiederum eine Art Gesamtbewußtsein und den externen Standpunkt voraus, die gerade nicht vorhanden sein sollen. Ladeur kann auch nicht erklären, wie die Einheit eines solchen Systems noch verstanden werden kann[45]. Ist das System in der Lage, auf Reize aus der Umwelt hin seine eigene Funktion abzuändern, so kann

---

36 *Teubner*, S. 71.

37 *Teubner*, S. 72, 75.

38 *Teubner*, S. 79.

39 *Teubner*, S. 86.

40 *Teubner*, S. 110 f.

41 *Teubner*, S. 106, 120.

42 *Ladeur*, S. 260.

43 *Ladeur*, S. 263 f.

44 *Ladeur*, S. 263. Ladeur spricht auch von „experimental law“; aber das Experiment setzt stets die Versuchsanordnung des externen Beobachters voraus, der zielgerichtet plant.

45 Vgl. *Ladeur*, S. 268-270, 275.

man es nicht mehr als geschlossenes bezeichnen. Ladeur sieht das und behauptet, es gebe Grenzen der Selbstvariation, die er nicht näher beschreibt[46]. Auch er ist nicht in der Lage, Geschlossenheit und Innovationsfähigkeit miteinander zu verbinden.

Damit reproduziert die Theorie der autopoietischen Systeme die wesentlichen Schwächen der Auffassungen von Smend. Einheit als bloße Zirkularität im Sinne wechselseitiger Interdependenz ist eine bloße Tautologie[47], die Normalität der Evolution läßt einen normativen Aspekt nicht erkennen[48].

Angesichts dieser Schwierigkeiten läßt sich, will man nicht ganz auf den Sinn in der Zuordnung von Institutionen verzichten, auf die Vorstellung einer Gesamtordnung[49] nicht verzichten. Dabei reicht es aus, wenn Einheit als regulative Idee, der kein realer Souverän entspricht, gedeutet wird und damit zumindest ein Beurteilungskriterium vorhanden ist. Die Möglichkeit sinnvoller Entwürfe der Zuordnung und Ausgestaltung von Systemen liegt praktisch vor allem im Teilsystem Politik[50]. Politik ist eigenartig dadurch gekennzeichnet, daß sie reaktionsfähig für ganz verschiedene Codes ist. Der Grund dafür liegt in der Tatsache, daß nicht ein Sachprogramm letzte Steuerungsinstanz ist, sondern die Wiederwahlchance. Hier liegt das Nadelöhr für jeden denkbaren Code, der Zugang finden soll. Allerdings wird das politische Handeln trotz dieser Offenheit des politischen Systems nicht vollkommen fremdgesteuert. Dies wird dadurch erreicht, daß mit jeder Stufe der Politisierung einer Entscheidungsebene ihre Offenheit gesteigert wird, gleichzeitig aber formale Einwirkungsrechte gekürzt werden. Dies läßt sich beispielhaft an den Stufen der Normsetzung darlegen. Bebauungsplanung ist weitgehend rechtsgebunden und mit Anhörungspflichten ausgestaltet. Gesetzgebung ist mit einem sehr weiten Ermessen tätig; Anhörungsrechte für die Interessenten gibt es nicht, wohl aber formalisierte Anhörungspraktiken. Verfassungsgebung ist am offensten und ungebundensten.

---

46 *Ladeur*, S. 270.

47 Dies scheint auch *Luhmann* deutlich geworden zu sein, wenn man seine Ausführungen zum Rechtssystem so verstehen darf; vgl. Ökologische Kommunikation, S. 79 f.

48 Hier liegt die Verbindung zur Kritik der autopoietischen Systeme, die diese Theorien als solche eines neo-korporativen Staates beschreibt, der sozial Interessenwahrungsstaat des status quo ist. Vgl. *Nocke*, KJ 1986, 363; Tönnies, Rechtstheorie 18 (1987) S. 105; *Rottleuthner*, S. 112. Teubner ist dem Neokorporatismus am nächsten, wenn er die Systemkommunikation durch formale Organisation als Aushandeln eines für alle Systeme erträglichen Kompromisses beschreibt (*Teubner*, S. 119). Vgl. *Rottleuthners* Kritik an der Autopoiesis, diese stehe der organischen Staatstheorie nahe und erlaube aufgrund ihrer Abstraktheit nicht die eigentlich interessanten konkreten Aussagen (S. 112 f.).

49 Die Tatsache, daß Subjekte heute mehr auf materielle Reize (Preise) als auf rechtliche Gebote reagieren, rechtfertigt m. E. nicht, das Subjekt für irrelevant und moralische und ethische Fragen für lächerlich, weil nicht strukturadäquat zu erklären, wie es die Tendenz von *Luhmann* ist (Ökologische Kommunikation, Kap. XIX, XXI). Hier wird möglicherweise eine Zeiterscheinung zur Theorie stilisiert.

50 Dies kann hier nur ansatzweise begründet werden; demgegenüber hat Vesting nachzuweisen gesucht, daß Hellers Zuschreibung des Politischen zum Bereich der Politik im engen traditionellen, institutionellen Sinn eine Schwäche war.

F. Exkurs: Prinzipieneinheit in der rechtsphilosophischen Begründung des Gedankens der Selbstbestimmung

Das Demokratieprinzip als Faktor der Vereinheitlichung durch die Einheit in der Verantwortung scheint bedroht zu sein. Am deutlichsten ist dies dort, wo Grundrechte oder das Widerstandsrecht als zweite Quelle der Legitimität angeführt werden. Insoweit tritt neben das Kollektivsubjekt Volk als die zum Souverän geeinten Individuen die Menge der isoliert bleibenden Einzelsubjekte im Sinne des liberalen Rechtsstaates. Wenn man eine solche Mehrheit von Legitimationsquellen zuläßt, die über die angeführten auch noch hinausgehen kann, so hätte dies erhebliche verfassungsrechtliche Folgen. Insbesondere wäre es nicht mehr schwierig, unabhängige Institutionen der Gewaltenteilung zu rechtfertigen. Aufschlußreich für die Frage, ob die Volkssouveränität heute noch Anspruch auf den Status als begründende einheitliche Legitimationsquelle erheben kann, kann es sein zu untersuchen, ob das Prinzip der Volkssouveränität von seinen rechtsphilosophischen Voraussetzungen her selber einheitlich ist oder ob ihm eine Prinzipiendifferenz zugrunde liegt. Da das Prinzip der Volkssouveränität demjenigen der reflexiven Subjektivität folgt, ist zu fragen, wie sich die philosophische Destruktion des Subjekts auf den Grundgedanken der Demokratie auswirkt. Dabei erheben die vorgetragenen Gedanken lediglich den Anspruch, Anregungen zu sein, nicht Lösungen.

Eine Interpretation des Demokratieprinzips, die die regelmäßige Ministerverantwortlichkeit fordert, basiert auf bestimmten rechtsphilosophischen Voraussetzungen. Diese liegen darin, daß die Legitimität staatlichen Handelns regelmäßig und ausschließlich aus der durch Wahlen vermittelten Legitimität des Parlamentes abgeleitet werden muß. Sie setzt also eine Monopolstellung der Volkssouveränität als Vermittler von Legitimität voraus.

Im folgenden soll versucht werden zu zeigen, daß diese Voraussetzung nicht unproblematisch ist. Dazu muß gezeigt werden, daß es auch im Problemfeld der Volkssouveränität eine ursprüngliche Prinzipiendifferenz gibt.

Andererseits ist von vornherein klarzustellen, daß der Gedanke der Selbstbestimmung für die Rechtswissenschaft unverzichtbar ist. In keinem Fall kann der Auflösung des Subjekts also bis zu dem Punkt gefolgt werden, wo sie bei M. Foucault in eine Theorie der Macht mündet. Denn dadurch würde gerade die gesuchte Möglichkeit sinnvoller Zuordnung von Kräften vernichtet.

Erste Zweifel an der Einheitlichkeit des Grundgedankens der Volkssouveränität haben sich bereits oben aus der Reduktion der Bedeutung der Subjektorientierung in der Entwicklung der (Rechts-)Philosophie ergeben. Da die Volkssouveränität parallel zur Zentralstellung des Subjekts gedacht wird, könnten sich Folgen dieser Reduktion auch hier bemerkbar machen.

Im Zusammenhang mit der Darstellung von Schmitt und Hobbes ist die Subjektorientierung von Hobbes dargestellt worden. Eine solche Ausrichtung war für Hobbes kein Problem, weil die Vernunft des Subjekts durch die Annnahme von angeborenen Ideen als allgemeine Vernunft erwiesen werden konnte. Damit eignete sie sich als Grundlage einer Souveränität. Welches Subjekt Träger dieser Vernunft wäre, mußte demnach für Hobbes zweitrangig sein und war es für ihn auch. Die Ordnungsleistung konnte sowohl vom Monarchen wie durch ein homogenes Volk erbracht werden.

Im Moment, wo die Historisierung auch die vorher als überindividuell aufgefaßte Vernunft ergreift, wird die Subjektorientierung der Volkssouveränität zum Problem, weil sie zur Subjektivierung im Sinne der Individualisierung führt. Es wird daher notwendig, bestimmte Subjekte als Träger der Souveränität nachzuweisen. Dies wird in den meist geschichtsphilosophisch operierenden Theorien versucht, die eine Teilgruppe des Volkes als Träger der Allgemeininteressen und damit der allgemeinen Vernunft zu bestimmen suchen. Nachdem die Überzeugungskraft solcher Konstruktionen gesunken ist, muß die Subjektorientierung selbst in Frage gestellt werden, da es nicht mehr gelingt, den Bezug des im Ausgangspunkt isoliert gedachten Subjektes zum Allgemeinen darzustellen.

Rousseaus und Kants Begründungen der Volkssouveränität beruhen auf der Zustimmung der Beherrschten zu dem beschlossenen Gesetz. Diese Zustimmung sichert die Legitimität und wirkt durch die Allgemeinheit des Gesetzes auch für die überstimmte Minderheit. Da die Mehrheit beschlossen hat und sich selber kein Unrecht tun kann (qua Interesse und qua Definition), kann das Gesetz auch in seiner allgemeinen Geltung gegenüber der Minderheit kein Unrecht sein. Die dabei implizierten Voraussetzungen über die Allgemeinheit der Geltung des Gesetzes und die Homogenität der Interessenlage von Mehrheit und Minderheit, die heute ebenfalls fraglich geworden sind, sollen hier nicht behandelt werden. Statt dessen soll das zentrale und grundlegende Argument untersucht werden, das der Subjektorientierung zugrunde liegt. Dieses ist in dem Satz ‚volenti non fit iniuria' auf den Nenner gebracht. Die darin liegende Letztbegründung von Legitimität wird aus einer Reflexionssituation abgenommen, in der Subjektivität aufgespalten wird in zwei Positionen; das reflektierende und das reflektierte Subjekt. Damit ist die Grundfigur der legitimen Souveränität gezeichnet, die das Rechtssubjekt als rechtssetzend und rechtsunterworfen zugleich sieht[1].

---

[1] Zur Selbstbezüglichkeit des Subjekts als Grund der Souveränitätsvorstellung bei Rousseau vgl. *Derathé,* Le Rationalisme, S. 369. Derathé weist auf die traditionelle Gebundenheit Rousseaus hin und zitiert Burlamaqui: „la Souverainité réside originairement dans le peuple et dans chaque particulier par rapport à soi-méme." Vgl. auch *Grotius,* Buch VII, Kap. III § 4. Zur individuellen Wurzel der Souveränität bei Rousseau

Zweifel an der alleinigen Geltung des Prinzips, daß dem Einwilligenden kein Unrecht geschieht, lassen sich auf der Ebene des positiven Rechts leicht begründen. Genannt sei die Unveräußerlichkeit der Grundrechte sowie die beschränkte Wirksamkeit der Einwilligung im Strafrecht[2]. Der Grundsatz des volenti non fit iniuria wird rechtlich in der Figur der Einwilligung umgesetzt. Dabei soll der Begriff der iniuria alle Verletzungen von Rechten der Persönlichkeit umfassen[3]. Bemerkenswert ist der sehr weite Anwendungsbereich des Gedankens der Einwilligung im römischen Recht. Der Selbstbestimmung des Subjekts werden keine Grenzen gesetzt, obwohl sie die Verfügung über das eigene und das Leben der Hausangehörigen umfaßt[4]. Diese Rigidität der Auffassung des Selbstbestimmungsrechtes hat sich nicht erhalten. Für die Wirksamkeit der Einwilligung in unrechtstypische Tatbestände hat es Grenzen von zwei Seiten her gegeben. Zunächst scheiterte die Wirksamkeit der Einwilligung an Mängeln der freien Willensbildung: Jugendlichkeit, Geistesstörung oder -krankheit, Drohung und Zwang. Dabei wurde teilweise so weit gegangen, bei vorliegender Einwilligung den Zwang zu vermuten[5]. Das Individuum soll also die Macht der Rechts- bzw. Unrechtskonstituion nur haben, wenn seine Vernunft bestimmten Standards genügt; deswegen wurde die Formel des volenti non fit iniuria durch ein vorgestelltes ‚sapienter' ergänzt[6]. Da ganze Gruppen im Staat diesen Standards nicht genügen[7], sind sie von der Teilnahme an den rechtskonstituierenden Handlungen ausgeschlossen. Ihre Selbstbestimmung wird nicht anerkannt, ihre Einwilligung ist unwirksam.

Eine zweite Grenze ergibt sich aus dem Gedanken der eingeschränkten Verfügbarkeit der von Verletzung bedrohten Rechtsgüter. Eingewilligt werden kann nur in die Verletzung verfügbarer Rechtsgüter[8]. Für die Frage nach der Verfügbarkeit

---

vgl. *Derathé*, Le rationalisme, S. 250 f. Der Monopolcharakter der subjektiven Reflexion für die Souveränität bei Rousseau ist besonders erstaunlich, weil dieser in seiner Erkenntnistheorie keinen eindeutigen Vorrang des Intellekts vor dem Gefühl behauptet; beide Instanzen ergänzen und korrigieren einander in Widerstand gegen die Verführung der schlechten Gesellschaft weg vom natürlichen Gefühl und gesunden Verstand zu deren Korruption; zu dieser Zwiespältigkeit vgl. *Derathé* passim und in Zuspitzung *Zeil-Fahlbusch*, Wissen und Handeln. Zur Begründung der praktischen Philosophie bei Rousseau, 1979.

2 Vgl. z. B. § 226 a StGB.

3 *Honig*, S. 1.

4 Vitae necisque potestas. Vgl. *Kaser*, S. 52. *Honig*, S. 2, dort Fn. 7. Also Straflosigkeit des Selbstmordes auch in der Form der Verfügung über das rechtlich dem Hausvater zurechneten Lebensrechtes der Hausgenossen.

5 Vgl. *Honig*, S. 6.

6 Siehe *Honig*, S. 24.

7 Heute sind dies vor allem noch die Minderjährigen; das ‚sapienter' birgt aber zahllose Auslegungsmöglichkeiten, die sich in den unterschiedlichen Wahlrechtsbeschränkungen widerspiegeln, die trotz der Anerkennung des Grundsatzes ‚volenti ...' auch von und nach Kant und Rousseau noch zugelassen wurden.

8 Öffentlichrechtlich dogmatisch: die Verfügungs-, insb. Delegationsmacht ist durch die Kompetenz begrenzt.

im einzelnen haben die verschiedenen Rechtssysteme auf dem Hintergrund unterschiedlicher rechtsphilosophischer Grundlagen differierende Antworten gegeben. Entscheidend war im Strafrecht stets der Strafzweck. Einerseits reduziert sich die Bedeutung der Einwilligung, wenn kriminalpolitischer Strafzweck die nicht verfügbare Generalprävention sein soll; andererseits wird nach geschützten Rechtsgütern differenziert; hier ist entscheidend, wer Träger des geschützten Rechtgutes ist[9]. Dabei stehen sich Individual- und Gemeinschaftsrechtsgüter gegenüber. Die vernunftrechtliche Strafrechtstheorie suchte diese Doppelung zur individuellen Seite hin aufzulösen, die historische Rechtsschule zur staatlichen Seite hin[10]. Es zeigt sich also in der Lehre von der Einwilligung durchgängig eine Grenze der Einwilligung, die sich daraus ergibt, daß das Subjekt in seiner Fähigkeit zur Selbstbestimmung normativen Grenzen unterliegt und in seiner Verfügungsbefugnis normativ beschränkt ist. Rechtstechnisch kann dies beispielsweise dadurch umgesetzt werden, daß auf ein anderes System positivierter Legitimität verwiesen wird. Dies geschieht, wenn die Wirksamkeit der Einwilligung im Strafrecht von der Nichtverletzung der guten Sitten im Sinne des bürgerlichen Rechts abhängig gemacht wird. Vor dem Inkrafttreten des § 138 BGB wurde der gleiche Effekt auf andere Weise erreicht, indem man die polizeirechtliche Generalklausel aktivierte: Die Begebung eines unveräußerlichen Rechts sei zwar ‚rechtswirksam‘, aber unmoralisch und daher als gegen die öffentliche Ordnung gerichtet polizeiwidrig[11]. Auf diese Weise gelang es, die Wirksamkeit des positivierten Rechts in bestimmten Fällen aus einer von diesem unabhängigen Quelle der Legitimität zu beschränken. Ein Restbestand dieser Technik findet sich in Art. 20 Abs. III GG in der Bindung an „Gesetz und Recht“.

Eine Übertragung auf die Selbstbestimmung des Volkes ist nicht ohne weiteres möglich. Der Gedanke der Kompetenz-Kompetenz legt es nahe, daß es keine für das Volk unverfügbaren Rechtsgüter geben kann, während die positive Rechtsordnung solche Zuordnungen der Verfügbarkeit für das einzelne Subjekt festlegen kann.

Aber auch auf der Ebene des Verfassungsrechts gibt es keine durchgängige Kongruenz von Fähigkeit zur Rechtskonstitution und Rechtsunterworfenheit. Mit der Unverzichtbarkeit der Menschenwürde[12] und dem Widerstandsrecht des Art. 20 Abs. IV GG zeigt der Verfassungsgesetzgeber, daß er eine kollektive Störung der „Vernunft“ des Volkes für möglich hält. Zur Sicherung gegen eine solche Störung muß auf eine von dem Volk unabhängige Quelle von Legitimität verwiesen werden; dieser Verweis führt im Widerstandsrecht (und der Sache nach auch in Art. 20 Abs. III „Recht“) zu dem gewissensgeleiteten Individuum.

---

[9] Vgl. dazu ausführlich *Honig*, S. 6, 10, 12; zu einzelnen Theorien S. 32 ff.

[10] Vgl. dazu *Honig*, S. 32 ff. einerseits, 46 ff. andererseits.

[11] Vgl. *Honig*, S. 10.

[12] Es ist allerdings strittig, ob Art. 79 III GG nur für den pouvoir constitué oder auch für den poivoir constituant gilt.

I. Rousseau: Einheit aufgrund von Verstand und Gefühl

Es stellt sich also die Frage, wie die Figur des reflexiven Selbstbewußtseins geeignet sein kann, eine Formel zu begründen, die die Geltung von Recht legitimiert. Dabei haben sich zwei Schwierigkeiten ergeben. Die erste betrifft die Frage nach der Qualifikation für die Teilnahme an der Selbstbestimmung. Dafür wird vorausgesetzt, daß das Rechtssubjekt als rechtssetzendes — Teil des Souveränes — und rechtsunterworfenes — Untertan — seine Interessen erkennen kann. Daß hier eine Schwierigkeit liegen kann, wird schon bei Rousseau deutlich, wenn er davon ausgeht, daß zwar der allgemeine Wille stets auf das Gemeinwohl gerichtet ist, aber das Volk nicht stets befähigt ist, diesen allgemeinen Willen zu erkennen[13]. Hier liegen denn auch die Ansatzpunkte für eine Ausdeutung Rousseaus im Sinne der Notwendigkeit einer Erziehungsdiktatur. Diese zeigt schon ihrer Struktur nach den Widerspruch zum Gedanken der Selbstbestimmung. Die Aufklärung des Volkes muß von außen kommen; dies wird bei Rousseau besonders deutlich in der Stellung des législateur als des neutralen Weisen, der die Gesetze vorformuliert[14]. Eine weitere Frage geht dahin, wie entschieden werden kann, ob das Rechtssubjekt als Souverän und Untertan identisch ist. Das Problem ist für die Figur der Selbstreflexion allgemein von M. Frank vorgeführt worden[15]. Offenbar muß das reflektierende Subjekt eine vorgängige Kenntnis von sich selbst haben, wenn es in der Reflexion sich selbst wiedererkennen soll. Diese Kenntnis soll sich aber gerade erst im Akt der Reflexion herstellen. Einen Ausweg aus diesem Zirkel wie auch eine Antwort auf die erste Frage gibt es, wenn man die Frage nach den für Selbstbestimmung erforderlichen Qualifikatio-

---

13 Eine Kontrastierung bestimmter Verständnisse von Gewaltenteilung und Demokratieprinzip ist nur möglich, wenn diejenige Auffassung falsch ist, die Rousseau bezüglich der Frage der Gewaltenteilung in unmittelbarer Nähe von Montesquieu sieht. Richtig ist, daß Rousseau ein politisches Gleichgewicht zwischen der jederzeit verantwortlichen Regierung und dem souveränen Volk fordert (*Müller*, Entfremdung, S. 174). Aber dies bedeutet noch nicht, daß Rousseaus und Montesquieus Denken auf das gleiche Ziel gerichtet wären (so aber *Fetscher*, Die politische Philosophie Rousseaus, S. 166 f.). Die von Rousseau geforderte Gewaltenteilung ist Funktionentrennung im modernen Sinne. Sie soll verhindern, daß der Souverän durch wesensfremde Funktionen die Fähigkeit verliert, den Allgemeinwillen zu bilden. Diese Gefahr besteht, wenn sich das Volk mit dem Besonderen, also der Regierungstätigkeit befaßt, da diese Befassung das Interesse am Allgemeinen korrumpiert. Ein Gleichgewicht besteht nur insofern, als die Regierung stark genug sein muß, sich gegenüber den Untertanen durchzusetzen und schwach genug, um dem Souverän keinen Widerstand leisten zu können. Das Gleichgewicht dient keiner Machtbalance, sondern der Stabilisierung einer hierarchischen Struktur, der gegenüber Freiheitssicherung nicht notwendig ist, weil der Allgemeinwille konstruktionsbedingt unrechtsunfähig ist. Rousseau setzt sein Vertrauen auf das Zustandekommen einer unter bestimmten Umständen und in bestimmten Ausgestaltungen gerechten Herrschaft (über sich selbst, also nicht Herrschaft im üblichen Sinne), Montesquieu mißtraut jeder, auch dieser Herrschaft noch und sucht die konkurrierenden Herrschaftsmächte zugunsten der Untertanen zu schwächen.

14 Zu diesen Fragen *Fetscher*, S. 132, 136, 143 f. *Zeil-Fahlbusch*, S. 60.

15 Vgl. *Frank*, S. 250 ff.

nen und nach der Identität von einer übergeordneten Warte aus beurteilt. So geschieht es etwa, wenn für die Frage der Eigenschaften des sich selbst bestimmenden Volkes auf die Verallgemeinerbarkeit der Beschlüsse abgestellt wird. Der Rekurs auf höhere Normebenen setzt aber auch höher angesiedelte Träger von Souveränität voraus und führt daher aus dem Bereich der Immanenz hinaus. Die andere Lösung geht dahin, die Einheit des rechtssetzenden Subjekts, die seine Souveränität begründen soll, aufzubrechen und den Verweis auf normativ wirksame Elemente außerhalb der Subjektivität zuzulassen.

Rousseaus Bezug auf den volenti-Satz liegt in der Anforderung an die Eigenart des Gesellschaftsvertrages. Dieser soll „eine Form des Zusammenschlusses . . ., durch die jeder, indem er sich mit allen vereinigt, nur sich selbst gehorcht und genau so frei bleibt wie zuvor" sein[16]. Auch dies setzt voraus, daß niemand den Gesetzen unterworfen ist, der an ihrem Zustandekommen keinen Anteil hatte. „. . . kein Mitglied, über das man nicht das gleiche Recht erwirbt, das man ihm über sich einräumt"[17]. Bei Rousseau bleibt das Problem der bloß passiven Staatsbürger ungelöst; ihre Existenz durchbricht das Schema der Reziprozität in der Doppelung des Rechtssubjektes[18], die auch für Rousseau die Unrechtsunfähigkeit des Souveräns garantiert[19].

Rousseau benötigt die explizite Verdoppelung, um die Einwilligung des volenti als Vertrag mit sich selbst auffassen zu können. Denn nur der Rechtsfigur des Vertrages traut er Verbindlichkeit und damit dauerhafte Befriedung zu[20]. Deswegen macht er diese Doppelung explizit: Die Einzelnen nennen sich „Bürger, sofern sie Teilhaber an der Souveränität, und Untertanen, sofern sie den Gesetzen des Staates unterworfen sind."[21] Rousseau geht davon aus, daß die zum Souverän vereinigten Bürger einen neuen Organismus bilden, dem die volontée générale zugeordnet ist; demgegenüber ist die volonté des tous Produkt der versammelten, aber nicht vereinigten Untertanen als Individuen[22]. Damit im Akt des Selbstbezu-

---

16 *Rousseau,* Contrat social, Buch I Kap. 6 (S. 17; Seitenangaben nach der deutschen Ausgabe im Reclam Verlag Stuttgart, hrsg. v. H. Brockard). Vgl. dazu *Fetscher,* S. 98 f.

17 *Rousseau,* Contrat social, S. 18. Vgl. Buch II Kap. 6: „Wenn das ganze Volk über das ganze Volk bestimmt, betrachtet es nur sich selbst" und niemand kann gegen sich selbst ungerecht sein (S. 40 f.).

18 In dieser Beschränkung der Aktivbürgerschaft folgt Rousseau wie Kant seiner Zeit, vgl. *Fetscher,* S. 117 f., 146. Selbst die französiche Revolution hält hieran zunächst noch fest (vgl. dazu aus unterschiedlicher Sicht einerseits *Taine,* Bd. 2a S. 244, andererseits *Kropotkin,* Bd. 1 S. 163 f.).

19 Immer, wenn die volontée générale existiert, ist sie schon das, was sie sein soll; der Rechtsgrund ist ihr immanent (*Fetscher,* S. 126/7 [120]).

20 *Rousseau,* Contrat social, Buch I Kap. 7 (S. 19): „. . . daß jeder Einzelne, indem er sozusagen mit sich selber einen Vertrag schließt, sich in doppelter Hinsicht verpflichtet findet, nämlich als Glied des Souveräns gegenüber dem Einzelnen und als Glied des Staates gegenüber dem Souverän".

21 *Rousseau,* Contrat social, Buch I Kap. 6 (S. 19).

22 *Rousseau,* Contrat social, Buch III Kap. 1 (S. 63).

ges noch Identität im Sinne des volenti-Satzes bestehen kann, müßten auch die Untertanen als Gesamtheit betrachtet werden können. Mit einer solchen Betrachtung ist aber die Annahme unveräußerlicher individueller Rechte auch bei Rousseau unvereinbar[23]. Rousseaus Ausführungen schwanken in diesem Punkt; einerseits besteht er auf der Betrachtung der Gewaltunterworfenen als Gesamtheit[24], andererseits auf der Anschauung des Untertanen als gehorsamspflichtigen Individuums[25].

Würde Rousseau die Existenz rein passiver Staatsbürger anerkennen, so fielen diese nicht mehr in die Verdoppelung des Rechtssubjektes. Auch nach Rousseau ist der Wille des Souveräns nur inhaltlich allgemein, wenn alle Stimmen gezählt werden; jeder förmliche Ausschluß zerstört diese Allgemeinheit[26].

Wenn sich Rousseau die Frage stellt, ob der Gemeinwille irren könne[27], ist schon die Fragestellung erstaunlich, da bei ihm der rechtskonstituierende Gemeinwille selbst Kriterium ist. Dagegen setzt die Rede vom Irrtum ein Kriterium voraus, das nicht durch die Selbstbestimmung des Souveräns ausgewiesen ist[28]. Auch bei Rousseau wird also der Weg zum ‚sapienter volenti' eingeschlagen. Häufig werde das Volk trotz guten Willens irregeführt, der das Gemeinwohl zum Ausdruck bringende Gemeinwille entstehe nur bei einem „wohlunterrichteten" Volk[29]. Die Bedingungen, denen ein Volk als Gesetzgebungssubjekt genügen müßte, werden von Rousseau benannt; die Anforderungen sind selbst nach seiner eigenen Einschätzung irreal hoch[30]. Rousseau thematisiert in diesem Zusammen-

---

23 Vgl. *Rousseau,* Contrat social, Buch II Kap. 4 (S. 33). Fetscher betont wie andere, daß bei Rousseau zwischen Untertan und Bürger nichts für den privaten Menschen übrigbleibt; also auch keine Menschenrechte. Er geht ganz in dem neuen Zustand des Bürgers auf (*Fetscher,* S. 103 f., 122). Man kann also nicht Mensch und Bürger gleichzeitig sein (*Spaemann,* Artikel ‚Natur', in: Handbuch der philosophischen Grundbegriffe Bd. 4). Bei aller Kritik daran darf nicht übersehen werden, daß Rousseau sich bemüht die umfassende Entfremdung des Menschen in einem heute kulturrevolutionär zu nennenden Ansatz aufzuheben. Wie jede solche Utopie wird diese Erfassung der Ganzheit des Menschen zum Problem des Totalitären.

24 Vgl. *Rousseau,* Contrat social, Buch II Kap. 6 (S. 40), Buch III Kap. 1 (S. 64).

25 Vgl. *Rousseau,* Contrat social, Buch III Kap. 1 (S. 63). In einer mathematischen Gleichung, die er more geometrico zur Verdeutlichung benutzt, sind die Werte für Bürger und Untertan isoliert abänderbar; das bedeutet fehlende Identität und also keine Selbstbestimmung (S. 63).

26 *Rousseau,* Contrat social, Buch II Kap. 2 (S. 28 Fn. *).

27 *Rousseau,* Contrat social, Buch II Kap. 3 (S. 30).

28 Vgl. dazu *Fetscher,* S. 124; die volontée générale ist stets existent, aber nicht stets erkennbar. Woran aber ist sie erkennbar?

29 *Rousseau,* Contrat social, S. 30 f. Was für das Vernunftnaturrecht wohlunterrichtet bedeutet, sagt z. B. in aller Deutlichkeit *Dilthey* (Schriften, Bd. 2 S. 280): Konsensus der „gebildeten Völker". Am Ende muß also Rousseau wie der von ihm kritisierte Pufendorf nach den gemeinsamen Überzeugungen suchen.

30 *Rousseau,* Contrat social, sagt klar, daß bei inhomogenem Volk die ‚Selbstbestimmung' Unrecht durch nur scheinbare Gleichheit produzieren kann (Buch I Kap. 9 S. 26). Damit wird die rechtskonstituierende Leistung nicht von der Selbstbestimmung geleistet,

hang selbst die Möglichkeit kollektiven Irrtums[31]: ein Volk von Wahnsinnigen könne kein Recht schaffen[32]. Die polemische Spitze dieser Bemerkung zielt gegen die Theorie des Unterwerfungsvertrages. Einen solchen Vertrag schlösse nur ab, wer geistig nicht bei Kräften sei. Auch hier wieder wäre ein höherrangiges Kriterium zur Entscheidung über die „Reife“ oder „Krise“[33] des Volkes notwendig; auch hier ist Rousseau schwankend: an anderer Stelle geht er davon aus, nichts spräche dagegen, daß ein Volk sich in dem Akt der Selbstbestimmung durch Rechtssetzung selbst schade[34]. Überwiegend aber geht er davon aus, daß dem die ‚Sittlichkeit‘ entgegenstehe[35]. Die Argumentation muß wiederholt auf solche dem Recht und der Selbstbestimmung jenseitigen Ebenen ausweichen, sei es die Sittlichkeit, die Religion oder die öffentliche Meinung[36].

Auch Rousseau hat mit dem Einwilligungsproblem (im engeren Sinne des Strafrechts) zu kämpfen[37]. Er geht von dem vorrechtlichen Verbot der Selbsttötung aus und fragt sich, wie dann der Einzelne dem Staat das Recht übertragen könne, ihn zu töten (Todesstrafe, Krieg). Niemand könne doch mehr an Rechten übertragen, als er besitze. Rousseau löst das Problem so, daß die Möglichkeit des eigenen Todes als Mittel der Selbsterhaltung gewollt werden dürfe. Nur dieses Recht werde dem Staat übertragen[38]. Darin liegt aber keine Lösung des Problems, da auch die Mittel des Staates auf den Souverän rückführbar sein müssen. Es gelingt Rousseau also nicht, den die Freiheit und Rechtlichkeit sichernden Grundsatz der begrenzten Delegation durch die Einzelnen mit dem Allgemeinwillen zu vermitteln. Ebensowenig konnte die Vernunftsrechtslehre bei den Einwilligungsproblemen die durchgängige Rückführung auf subjektive Rechte durchhalten. Auch dort endete die Argumentation im Verweis auf zusätzliche jenseitige Rechtsquellen[39]. Nun sagt Rousseau zwar, daß auch ein Teil dieser

---

sondern von der realen Homogenität des Volkes. Außerhalb dieser funktioniert das Prinzip nicht. Rousseau möchte diese Homogenität in der Republik erst herstellen, sieht aber andererseits ihre reale Vorgebenheit oder ihr regelmäßiges Fehlen (vgl. *Fetscher*, S. 139, 210 ff.). Schließlich sagt er, die Sitten und Gebräuche bezögen ihre Geltung nicht aus der Selbstbestimmung, sondern aus dem Herkommen. Damit wird wiederum auf Geltungs- und Legitimitätsquellen (vgl. das mittelalterliche Herkommen als Geltungsgrund) außerhalb der Selbstbestimmung verwiesen.

31 *Rousseau*, Contrat social, Buch II Kap. 8 (S. 48).

32 *Rousseau*, Contrat social, Buch I Kap. 4 (S. 11).

33 *Rousseau*, Contrat social, Buch II Kap. 8 (S. 48, 49). Quis iudicabit?

34 *Rousseau*, Contrat social, Buch II Kap. 12 (S. 59).

35 Vgl. *Rousseau*, Contrat social, Buch II Kap. 4 (S. 11).

36 Vgl. *Rousseau*, Contrat social, Buch II Kap. 12 (S. 60); Kap. 7 (S. 46 f.). Dabei bedrohen diese neuen Ebenen natürlich die Souveränität, insofern sie einen zweiten Geltungsanspruch einführen. Bei der Religion lehnt Rousseau daher das Christentum, das einen eigenen Geltungsanspruch institutionalisiert, ab zugunsten eines Christentums der reinen Innerlichkeit. Er verlangt im Grunde Unmögliches: Absicherung der Argumentation durch externe Geltungsansprüche, ohne daß diese eigene Dynamik entfalten dürfen.

37 *Rousseau*, Contrat social, Buch II Kap. 5: Vom Recht über Leben und Tod.

38 *Rousseau*, Contrat social, Buch I Kap. 7 (S. 20 f.).

39 Vgl. dazu wieder *Honig*, S. 32 ff.

Rechtsquellen erst durch die läuternde Leistung der Republik erkennbar werde; so das ‚wahre Naturrecht', das vorher in der verstandes- und gefühlsmäßig korrumpierten Gesellschaft allenfalls als vages Empfinden wahrnehmbar ist. Aber auch wenn man eine solche Dialektik der Aufklärung zwischen unterschiedlichen Quellen der Geltung und Legitimität anerkennt, wird dadurch die Einheit des Geltungsgrundes aufgehoben[40].

Dieser Befund läßt sich auch für das analoge Problem der Einheit des ‚Ich' aus der Sekundärliteratur zu Rousseau bestätigen. Die neuere Literatur konstatiert die von Rousseau historisch festgestellte Entfremdung des Menschen als Verlust von Einheit und fragt, wodurch diese wiederhergestellt werden kann. Diese individuelle Einheit steht in enger Beziehung zur staatlichen Einheit: „Gesellschaftliche Einheit und Einheit des Menschen mit sich selbst stehen in wesenhafter Analogie, weil die Konstruktion von Staat und Gesellschaft nichts anderes ist als eine der Antworten auf die anthropologische Grundfrage."[41] Das „Verschmelzen des Einzelnen mit dem souveränen Volk in der Gestalt der bürgerlichen Freiheit" wiederholt das „natürliche Einssein des Menschen mit sich"[42]. Der Gedanke der Reflexivität als Selbstbezug spielt dabei eine zentrale Rolle. Allerdings wird der Gedanke häufig unter andern Termini, die sich näher an die Begrifflichkeit Rousseaus anlehnen, benannt[43]. Spaemann z. B. sagt, der neue, epochemachende Maßstab von Rousseau jenseits von Natur und Geschichte sei die „Übereinstimmung mit sich selbst". Dies „Ideal absoluter Identität" sei der Antinomie von ‚Mensch' des Naturzustandes und ‚Bürger' der Republik übergeordnet[44]. Allerdings gelinge Rousseau die Lösung des Konfliktes nicht; der Mensch (beispielsweise Emile) müsse sich aus der Gesellschaft zurückziehen, um in Übereinstimmung mit sich leben zu können, die aber wegen eben dieses Rückzuges unvollkommen bleiben muß. Da man in den Naturzustand nicht zurückkehren kann, was auch Rousseau betont, kann die Sozialität nicht abgestreift werden.

---

40 Vgl. *Rousseau,* Contrat social, Buch II Kap. 6; im Gegensatz zum Vernunftnaturrecht ist das göttliche Recht nach Rousseau auch vom tugendhaften nicht entfremdeten Bürger nicht sicher erkennbar. (Vgl. dazu *Fetscher,* S. 128, 133). Rousseau befreit sich durch diese Annahme von den Rechtsgeltungsansprüchen der Konfessionen.

41 *Müller,* Entfremdung, S. 35; *Fetscher,* S. 111 ff., hat auf die vorherige individualpsychologische Verwendung des Terminus der volontée générale hingewiesen.

42 *Müller,* Entfremdung, S. 174.

43 In inhaltlicher Nähe zum volenti-Satz nennt Müller das Sich-Selbst-Gehorchen die zentrale Grundfigur in Rousseaus Denken *(Müller,* Entfremdung, S. 28 ff.); vgl. auch *Fetscher* S. 135.

44 *Spaemann,* Natürliche Existenz und politische Existenz bei Rousseau, S. 373 ff. (380 f.). Die absolute Identität bei Rousseau ist keine unmittelbare, sondern reflexiv vermittelte; deswegen steht sie jenseits der Natur. In dieser Vermittlung liegt allerdings, wie Hegel (Vorwurf des Mechanischen der Vermittlung) bemerkt hat, Rousseaus Schwäche; sie kann im Ergebnis nicht überzeugend dargestellt werden (vgl. zu Hegels Kritik *Müller,* Entfremdung, S. 43).

Die Überwindung von normativer Auffassung der Natur (i. S. der Teleologie) und Historizität betont auch Zeil-Fahlbusch in dem „konsequent subjektiven Maßstab der Übereinstimmung des Menschen mit sich“[45]. Diese Übereinstimmung ist im Staat, der noch nicht Republik ist, verlorengegangen. Für die Situation dieses Verlustes benutzt Rousseau ebenfalls den Begriff der Reflexion, der klar von der Reflexion der Selbstbezüglichkeit zu scheiden ist. Der negativ besetzte Reflexionsbegriff bezeichnet vielmehr den Verlust der Einheit mit sich selbst. Durch die Vergesellschaftung hat der Mensch die „unreflektierte Einheit seines Wesens“[46] verloren. Der Bruch zwischen Natur und Kultur erzeugt einen Bruch in jedem Einzelnen[47]. Die Reflexion im abwertenden Sinne bezeichnet den Zustand dieses Bruches in der kultivierten Gesellschaft, der sich dadurch erhält, daß die Individuen sich an heteronome Maßstäbe ausliefern, die von der Konkurrenz geprägt sind[48]. Wie gelingt nun die Wiederherstellung der Einheit? Zeil-Fahlbusch bemüht sich zu zeigen, daß dafür die vorreflexiven natürlichen Gefühle und das angeborene Gewissen entscheidend sind[49]. Rousseaus Problem ist aber, daß diese Eigenschaften durch die auf den Naturzustand folgende gesellschaftliche Entfremdung denaturiert worden sind und daher für die intellektuelle Korruption kein Heilmittel sein können. Auch die Gefühle sind für ihn verdorben; so wandelt sich die natürliche Eigenliebe in Selbssucht. Es wäre also notwendig, die ‚natürlichen‘ Gefühle unter der Kruste der Verfremdung wieder zu erkennen. Damit sieht Rousseau sich wieder auf Reflexion, diesmal im positiven Sinne, verwiesen. Auch Zeil-Fahlbusch muß zugestehen, daß Rousseau die neue Einheit des Individuums nur auf reflexivem Wege zu erreichen können glaubt[50], weil die Wahrnehmung der unverdorbenen Gefühle auf die Hilfe der Vernunft angewiesen ist[51]. Die ehemals unmittelbare Stimme der Natur kann unter den Bedingungen der Entfremdung nur durch Reflexion als die Stimme einer Natur im normativen vorbildlichen, nicht im Sinne der schlechten zweiten Natur erschlossen werden[52]. Damit versucht Rousseau der Entfremdung mit der Aufforderung des ‚Erkenne Dich selbst!‘ zu begegnen. Das Identitätskriterium des Selbstbezuges kann aber weder klar erkannt noch problemlos angewandt werden, weil die Instrumente der Selbsterkenntnis geschichtlich verdorben worden sind. Um dem zu entkommen, läßt Rousseau die von einander unabhängigen Instanzen von Vernunft, Gefühl und Gewissen aufeinander einwirken in der Hoffnung, daß sie sich dadurch läutern können.

---

45 *Zeil-Fahlbusch*, S. 44.

46 *Müller*, Entfremdung, S. 25.

47 Vgl. *Müller*, Entfremdung, S. 26.

48 Vgl. *Müller*, Entfremdung, S. 27; *Zeil-Fahlbusch*, S. 54.

49 Vgl. *Zeil-Fahlbusch*, S. 45, 48 f., 70 ff.

50 *Zeil-Fahlbusch*, S. 51.

51 *Zeil-Fahlbusch*, S. 47.

52 Vgl. *Zeil-Fahlbusch*, S. 70 ff.

II. Kant: Einheit durch Wissen und Glauben

Auch bei Kant lassen sich Anhaltspunkte für eine Prinzipiendifferenz als Grund der Möglichkeit der Selbstbestimmung aufweisen. Der Rückgriff auf die Analogie der Selbstbestimmung des Individuums zu der des Volkes hat nicht nur das Argument für sich, daß ein strukturell ähnliches Problem zu lösen ist; stärker noch spricht für diesen Gang der Untersuchung der bereits festgestellte häufige Gleichlauf von Problemen der Einheit des ‚Ich' und des Staates.

Besonders deutlich[53] wird das Problem der Ermöglichung von Einheit auf dem Grund mehrerer von einander unabhängiger Prinzipien im Bereich der praktischen Vernunft. Moralisches Handeln — also solches unter der Vorstellung der Differenz von Gut und Böse — ist nur möglich, wenn gleichzeitig das Prinzip der Lust — Glückseligkeit — und des Sollens — Gebot des kategorischen Imperativs — anerkannt werden. Auch der Unrechttuende anerkennt das Gebot des Sollens; gerade daraus zieht er die Erfolgschance seiner Handlung; ginge er davon aus, daß nur Lust bzw. empirischer Erfolg maßgeblich wäre, könnte er auf keinen beständigen Vorteil hoffen, weil er davon ausgehen müßte, daß alle Anderen ebenso handeln wie er selbst[54]. Der Mensch kann also nach Kant nur moralisch sinnvoll handeln, wenn er zwei unabhängige Triebfedern anerkennt: Sinnlichkeit und Sittlichkeit[55].

Um die moralische Differenz von Gut und Böse zu konstituieren, muß der kategorische Imperativ auf Empirisches bezogen werden. Diese Beziehung wird hergestellt in der Anwendung der reinen Gesetzesform auf die Maximen des

---

[53] Das Problem scheint mir aber auch im Bereich der Wahrheitsurteile zu bestehen: Kant muß feststellen, daß theoretische und praktische Vernunft sich nur als endliche konstituieren können, wenn dabei zwei von einander nicht ableitbare Prinzipien anerkannt werden. Dann erhebt sich jedoch die Frage, wie die Vernunft dennoch zur Einheit gelangen kann.

Hiltscher (dem ich hier insoweit ohne eigene Erkenntnis folge; *Hiltscher*, S. 72) zeigt zunächst an Kants Analyse des Verstandes, daß Verstandeskategorien nur sinnvoll gebildet werden können, wenn man ein vom Verstand unabhängiges Prinzip des Mannigfaltigen, an sich Daseienden annimmt, so daß das gegebene Material vom Verstand sythetisch vereinheitlicht wird.

Die theoretische Vernunft wird in ihrer Einheit durch die transzendentalen Ideen von Welt, Seele und Gott verbürgt. Die Erarbeitung dieser Ideen durch die Selbstbestimmung der Vernunft basiert auf der vorausgesetzten Verstandestätigkeit, da die theoretische Vernunft keinen eigenen Zugang zum Mannigfaltigen hat (*Hiltscher*, S. 76 f.). Auch die Vernunft muß daher, um sich als endliche sinnvoll konstituieren zu können, ein von ihr unabhängiges Prinzip der Unbestimmtheit des Mannigfaltigen mitsetzen. Das bedeutet, daß Urteile über die Wahrheit einer Aussage nur möglich sind, wenn zwei von einander unabhängige Prinzipien zugrunde gelegt werden (vgl. *Hiltscher*, S. 93).

[54] Vgl. *Hiltscher*, S. 88. Häufig wird dies am Beispiel des das Eigentum pragmatisch anerkennenden Diebes deutlich gemacht.

[55] Dagegen ist in Gott diese Differenz aufgehoben; es liegt kein moralisches Handeln vor, weil kein Widerstand der Sinnlichkeit überwunden werden muß; höchstes Recht ist stets auch höchste Lust, darin liegt für Kant ‚Heiligkeit'. In der Tierwelt fehlt demgegenüber das Prinzip des Sollens.

Handelns in Bezug auf Zwecke. Ohne den Bezug auf solche Maximen wäre die Gesetzesform bedeutungslos. „In jede Maxime müssen beide Triebfedern, die der Sinnlichkeit und die der Sittlichkeit, notwendig eingehen“[56].

Theoretische und praktische Vernunft, Wahrheitsdifferenz und moralische Differenz haben also zur Bedingung ihrer Möglichkeit eine innere, nicht von einander ableitbare Prinzipiendifferenz.

Die Frage, wie angesichts dessen Einheit noch möglich ist, stellt sich für Kant in aller Schärfe: wie, wenn Möglichkeit der Glückseligkeit und des moralischen Lebens auseinanderfallen; wenn der Mensch sich in jeder Handlung mit einem dieser Prinzipien in Widerspruch setzt? Offenbar ist praktisches Handeln nur sinnvoll, wenn eine mögliche Einheit der Prinzipien supponiert wird, die aber nicht deren Unabhängigkeit aufgeben darf, weil dann die Endlichkeit der Vernunft aufgegeben und der kritische Horizont überschritten wäre[57]. Sollen also die höchsten menschlichen Zwecke nicht endgültig auseinanderfallen, so muß eine Einheit gedacht werden können[58]. Diese Einheit kann von der Vernunft nicht erwiesen werden, sie kann sie nicht selbst konstituieren. Denn ihre Selbstkonstitution beruhte gerade auf der Prinzipiendifferenz. Der Versuch der Begründung einer Einheit aus der Vernunft selber müßte also ihre Endlichkeit sprengen. Kant kann zwar von seinen Voraussetzungen her eine theologische Lösung nicht akzeptieren, geht aber dennoch einen Schritt in diese Richtung. Er legt dar, daß der Glaube an ein „abgeleitetes höchstes Gut“, die Einheit von Glückseligkeit und Rechtlichkeit, vernunftgemäß notwendig ist. Dieses Gut stellt Einheit nicht aus einem Prinzip her, sondern ist „strukturale Einheit eines koordinierten obersten Endzweckes allen Vernunftgebrauches“[59]. Die Endlichkeit der Vernunft wird dadurch nicht gesprengt, weil die Möglichkeit der Verwirklichung des höchsten Gutes nur geglaubt, nicht bewiesen wird. Dieser Glaube konstituiert die Einheit der Vernunft also nur subjektiv; dies reicht für die Möglichkeit sinnvollen Handelns aus. Konkreter Inhalt dieses Glaubens sind für Kant Gott und Unsterblichkeit. Der Glaube an Gott ermöglicht die Annahme einer durchgängig einheitlichen Erfahrung aufgrund der einheitlichen Schöpfung; die Unsterblichkeit sichert die Möglichkeit der Gleichzeitigkeit von Glück und Tugend in

---

[56] *Hiltscher,* S. 104 f. In dieser Angewiesenheit der praktischen Vernunft auf den Bereich des Mannigfaltigen, der unabhängig von ihr existiert, liegt die Endlichkeit und Beschränkung der praktischen Vernunft: gesichert werden kann nur der gute Wille, das Ergebnis in der Welt der Dinge bleibt unverantwortbar.

[57] *Hiltscher,* S. 113: „Jede Einheit der Vernunft aus einem Prinzip würde die Endlichkeit der Vernunft aufheben, da sich die Endlichkeit der Vernunft als Prinzipiendifferenz erwiesen hat.“

[58] Ebenso im Bereich der theoretischen Vernunft: Es muß vorausgesetzt werden, daß das Mannigfaltige der Erkenntnis eine einheitliche Erkenntnis überhaupt zuläßt und nicht in diverse Welten zerfällt. Früher wurde diese Übereinstimmung von Erkenntnisvermögen und Welt durch die Güte Gottes gesichert. So noch Descartes bzgl. der Täuschungsproblematik.

[59] *Hiltscher,* S. 116.

der in infiniter Vervollkommnung sich entwickelnden Seele. Damit sind Unsterblichkeit und Gott bei Kant als Bedingungen der Möglichkeit einer Einheit der Vernunft als einer nicht „prinzipiell gebrochenen“[60] zwar nicht bewiesen, aber als subjektiv notwendiger Glaubensinhalt ausgewiesen[61]. Auf diese Weise löst Kant das Problem der Einheit der unabhängigen Prinzipien. In dieser Einheit wird die Endlichkeit der Vernunft, also ihre Immanenz, nicht preisgegeben; ebenso wird die Unableitbarkeit der Prinzipien gewahrt. Der dafür zu entrichtende Preis ist die Subjektivität der Einheitsverbürgung, die nur im Glauben geleistet wird.

Die Anwendung einer solchen philosophischen Kritik an der Figur der Selbstbestimmung des reflexiven Subjekts auf den Gedanken der Souveränität des Volkes ergibt, daß möglicherweise auch in diesem Rahmen neben der Selbstbestimmung (volenti ...) als Quelle von Rechtsgeltung weitere Geltungsgründe anerkannt werden müssen, da erst dadurch die Selbstbestimmung praktikabel wird. Es scheint also wie bei der Gewaltenteilung eine Prinzipiendifferenz zugrunde zu liegen.

Dies führt allerdings dennoch nicht zu dem Ergebnis, daß deswegen der Vorrang der Selbstbestimmung als Quelle von Legitimität aufgelöst werden müßte. Nimmt man als Denkmodell eine Gewaltenteilung mit unterschiedlichen Gewalten mit je eigenem Geltungsprinzip, so sollen diese dennoch nicht unverbunden wirken, sondern sich gegenseitig begrenzen und auf eine Leistungsfähigkeit des Gesamtgefüges hinwirken. Es bedarf also einer von einer übergeordneten Warte aus vorzunehmenden Zuordnung der verschiedenen Teilgewalten. Eine solche übergeordnete Stelle existiert aber wegen der Eigenständigkeit der Gewalten weder prinzipiell noch sozial. Die auf das Ganze gerichtete Leistungsfähigkeit läßt sich daher nur durch einen nicht im strengen Sinne zu begründenden Vorgriff auf eine Vorstellung sinnvoller Einheit inhaltlich füllen. Auch hier bedarf es also dieses nicht zu beweisenden Vorgriffes. Für diesen kann es im demokratischen Staat nur die Zuständigkeit der gewählten Volksvertretung geben.

---

60 *Hiltscher,* S. 124.

61 Die Gedankenfigur Kants macht sich Engisch zu eigen, indem er die Lückenlosigkeit des Rechts als etwas, das gedacht werden muß, obwohl es nicht vorhanden ist, bezeichnet. *Engisch,* Einführung in die Rechtswissenschaften, 8. Aufl. S. 160. Ablehnend dazu *Müller,* Die Einheit der Verfassung, S. 99.

Gesamtergebnis

Es ist deutlich geworden, daß sich Einheitlichkeit auch in bezug auf die heterogenen Kräfte, die in der Gesellschaft oder aus der Gesellschaft in den Staatsinnenbereich wirken, nicht begründen läßt, ohne auf vorfindliche Einheit zurückzugreifen. Diese kann in nicht gemeinsamen Überzeugungen oder in einer real vorfindlichen sozialen Homogenität bestehen.

Schmitt hatte versucht, Einheit begründbar zu machen durch das Konzept einer diktatorischen Einheitsherstellung, die sich am eigenen Erfolg legitimiert. Sein Modell der Einheitsherstellung hat Ähnlichkeit mit einer existentialistischen Vorstellung über die Einheit der Person. Diese soll in der Ausnahmesituation gerade durch deren Ausnutzung im Akt der Grenzüberschreitung hergestellt werden. Ein solches Konzept war für ihn notwendig, weil er weder soziale Homogenität noch grundlegenden Konsens erkennen konnte. Die entscheidende Schwäche dieses Konzeptes liegt darin, daß es den Erfolg nicht garantieren kann. Das bedeutet aber, daß der Versuch zur Herstellung von Einheit latent die Diktatur in sich trägt. Um dieses Risiko auszuschließen, versucht Schmitt später Konstanten zu finden, die das Auseinanderfallen der Interessen zwischen dem potentiellen Diktator und dem Volk verhindern. Dazu verweist Schmitt auf eine nicht nachvollziehbare Interessenverkörperung, auf die Gleichheit der Rasse und schließlich auf die Interessenformation durch geopolitische Konstanten. All diese scheinbaren Auswege sind Sackgassen. Festzuhalten bleibt bei Schmitt daher, daß Einheitsherstellung stets ein Wagnis darstellt. Daraus ergibt sich einerseits, daß der Erfolg dieses Wagnisses einer Überprüfung bedarf und andererseits, daß bei diesem Versuch grundlegende Rechtsbestände nicht berührt werden dürfen.

Rudolf Smend hat versucht, den potentiell diktatorischen Charakter der Theorie von Schmitt zu vermeiden. Er setzt deswegen schon in seiner rechtsphilosophischen Grundüberzeugung nicht am Subjektdenken der Aufklärung an, sondern an der durch Historismus und später insbesondere die Sprachphilosophie vermittelten Erkenntnis, daß stets schon ein Lebenszusammenhang existiert, in den das Individuum eingebunden ist. Smend bemüht sich, die Eigenständigkeit des Zusammenhanges und der Individuen auf allen Ebenen zu sichern und greift zu diesem Zweck auf den Strukturbegriff zurück. Jedoch gelingt es ihm nicht, deutlich zu machen, wie strukturelle Einheit hergestellt werden kann. Dagegen ist er in der Lage, die Einheit einer funktionalen Wechselbezüglichkeit in einer existierenden Struktur zu beschreiben. Die Fähigkeit zur Beschreibung von Einheit ersetzt aber nicht Konzepte zu ihrer Herstellung, die stets normativ sein müssen. Auch wird nicht deutlich, wie bei der funktionalistischen Auffassung von Einheit in der interdependenten Struktur Rechtsbestände von einzelnen Strukturelementen gegen die umfassende Funktionalisierung gesichert werden können. Um die Einheit der in der Struktur wirkenden Integrationsfaktoren zu sichern, muß Smend schließlich auf Vorstellungen einer zwingend in den Werten angelegten Verwirklichungs- und Systembildungstendenz zurückgreifen.

Hermann Heller reduziert die Fragestellung und betont wie Smend die real vorfindliche Heterogeneität sowohl im Volk wie innerhalb der Staatsorganisation. Dazu greift er auf den Begriff der Gestalt zurück, der ähnliche Leistungen erbringen soll, wie bei Smend der Begriff der Struktur. Auch hier wird das Konzept der Einheit in der Vielheit nicht deutlich, weil die einzelnen Beziehungen, die aus der Vielheit die Einheit herstellen sollen, nicht genau benannt werden. Beispiele, die Heller für die vereinheitlichende Organisation benennt, vernichten das Eigenrecht der vielfältigen Teile, das Heller gerade erhalten wissen will. Schließlich nimmt auch er seine Zuflucht zu vorfindlicher Homogenität.

Auch der modernen Systemtheorie ist es nicht gelungen, die Einheit innerhalb einer Vielfalt von Subsystemen aufzuweisen. Die Theorie kann nicht erklären, wie die Subsysteme kontinuierlich zusammenwirken und auf veränderte Gesamtaufgabenstellungen reagieren können.

Aus der Untersuchung der Konzeption Schmitts haben sich verschiedene Folgerungen ergeben. Es darf keinen Einheitsbegriff geben, der ein Monopol auf die Umschreibung dessen, was Einheit sein soll, erhebt. Es gibt also nicht nur einen Einheitsbegriff und es gibt keinen ‚wahren‘ Einheitsbegriff. Einigkeit herrschte zwischen Schmitt, Smend und Heller, daß es in der pluralistischen Moderne keine vorfindliche Einheit im Sinne eines umfassenden Konsenses und einer weitgehenden sozialen Homogenität gibt. Bei der Betrachtung von Smend und Heller sowie bei der der Theorien zur Einheit des ‚Ich‘-Begriffes wurde deutlich, daß ein reproduktionsfähiger Staat in keinem Fall eine monolithische Einheit sein darf, sondern stets in sich differenziert sein muß. Die ausdifferenzierten Teile müssen, gleichgültig ob sie der Gesellschaft oder dem Staatsinnenbereich angehören, eine gewisse Unabhängigkeit behalten, die in der Regel im Bereich der Gesellschaft betont ist. Diese begrenzte Selbständigkeit kann beschrieben werden durch die Einheitlichkeit des Codes und die Offenheit des Kriteriums eines Subsystems im Sinne der Systemtheorie. Es hat sich aber auch anhand der Darstellung von Smend und des wissenschaftlichen Umfeldes von Luhmann gezeigt, daß sich eine derartige binnendifferenzierte Einheit nicht zwangsläufig erfolgreich selbst reproduziert.

Da also Heterogeneität stets vorfindlich ist und auch nie in spannungslose Homogenität aufgelöst werden darf und kann, da auch die im Staat vorhandenen Kräfte stets zusammenwirken und ein Souverän als einheitliches organisierendes Zentrum nicht in dem Sinne besteht, daß sein Handeln bedingungsfrei sein kann, ist Einheit im Sinne eines organisierenden Zentrums nie in vollem Sinne vorhanden und aufgrund mangelnder Reproduktionsfähigkeit und Freiheitsermöglichung auch nicht wünschenswert. Daraus ergibt sich, daß die Frage nach der Einheit verstanden werden kann als die nach einer sinnvollen Zuordnung der wirksamen Kräfte in Gesellschaft und Staat. Erforderlich ist nicht eine durchgängige Homogenisierung der unterschiedlichen Kräfte, sondern nur eine Mindesthomogenität, die durch eine sinnvolle Zuordnung dieser Kräfte geschaffen werden kann.

Einerseits liegt demnach in einer monolithischen und ausschließlichen Vorstellung von Einheit eine erhebliche Gefährdung von Frieden, Freiheit und Erneuerungsfähigkeit. Andererseits kann auch das wildwüchsige Zusammenwirken der verschiedenen Kräfte einer vorfindlichen Polykratie Gefahren für eben diese Güter beinhalten. Deswegen bedarf es, damit nicht ein ungeordnetes Zusammenwirken der Kräfte durch gegenseitige Paralyse Freiräume für unkontrollierte und informelle Machtausübung schafft, der Vorstellung einer sinnvollen Zusammenordnung der Kräfte. Diese kann in der gesellschaftlichen Realität aufgrund der entgegenwirkenden Beharrungskräfte nie vollständig hergestellt werden. Da der Struktursinn einer Zusammenordnung auf der Vorstellung über die Funktion der Struktur beruht, ist die Art der Zusammenordnung von Ideen über die Aufgaben des Staates abhängig. Da schon die anerkannten Grundideen betreffend die Staatsaufgaben in einem gewissen Spannungsfeld zueinander stehen (vgl. die Antinomien Radbruchs), ist also eine einsinnige Zusammenordnung weder herstellbar noch anstrebenswert. Dennoch muß insgesamt die Zusammenordnung in grober Übereinstimmung mit solchen Staatsaufgaben gehalten werden, sollen sich nicht die angedeuteten Gefährdungen für grundlegende Rechtsgüter und der Immobilismus eines reinen Machtkompromisses ergeben. Es ist also notwendig, daß es einen Struktursinn für die Zusammenordnung der Kräfte als eine Art regulativer Idee gibt, die Orientierung für das Handeln bietet. Jede gelungene Problemlösung stellt einen Teil Interessenhomogenität her und erhöht dadurch auf Zeit die Legitimation; freilich werden häufig durch die gefundenen Lösungen neue Heterogeneitäten, die auf neue Aufgaben hinweisen, hervorgebracht.

Da sich nun ergeben hat, daß Vorschläge für einen solchen Struktursinn keinen Anspruch auf Wahrheit erheben können und daß sie gegebenfalls die Fähigkeit der heterogenen Kräfte, sinnvoll zusammenzuwirken, erst durch ihre Realisierung hervorbringen müssen, ergibt sich die Verbindung zum pluralistischen demokratischen System.

Jedes Parteiprogramm kann als ein Vorschlag gelesen werden, wie das Verhältnis der gesellschaftlichen und staatlichen Kräfte im Hinblick auf bestimmte Aufgaben zu ordnen und zu gewichten ist. Jeder solche Vorschlag betont dabei unterschiedliche Aspekte (Aufgaben von Staat und Gesellschaft); ein Struktursinn wird also jeweils in verschiedener Weise und mit verschiedenen Auswirkungen für die verschiedenen gesellschaftlichen Interessenten angezielt. Aber nur wenn dem Wähler plausibel gemacht werden kann, daß durch die ihm vorgeschlagenen Gewichtungen der partikularen Kräfte insgesamt eine sinnvolle Entwicklung eingeleitet werden kann, ist die Chance gegeben, eine Mehrheit zu gewinnen.

Der Vorschlag eines Regierungsprogrammes zielt also nicht auf das Gemeinwohl im Sinne des Wohles aller, sondern beinhaltet einen Vorschlag, die Interessen der Mehrheit durch eine bestimmte Gewichtung der Kräfte auf Zeit zu fördern. Jedes Wahlprogramm ist demnach ein einseitiger Vorschlag zur Gewichtung von Interessen, der sich aber vor der Idee der sinnvollen Zusammenordnung legitimieren muß, um Erfolgschancen zu haben. Dem Wagnischarakter, der darin liegt, einen solchen Einheitsvorschlag durch eine Regierungspolitik durchzusetzen, wird im demokratischen Rechtsstaat Rechnung getragen: Der Vorschlag benötigt die Mehrheit der Wählerstimmen, um den Versuch der Realisierung machen zu können. Darüber hinaus wird nach Ablauf der Legislaturperiode überprüft, ob die versprochenen Leistungen erbracht worden sind und ob sie noch zeitgemäß sind. Schließlich bietet das Grundgesetz vor allem durch die Grundrechte (insbesondere garantiert Art. 3 GG eine minimale Interessenverallgemeinerbarkeit) Schutz dagegen, daß dieser Versuch der Realisierung einer bestimmten Einheitsherstellung wichtigen Rechtsgütern der Individuen, insbesondere jener, die der nicht-regierungstragenden Minderheit angehören, irreparable Schäden zufügt. Erfolgreiche Politik darf daher nicht an einer vorgegebenen Interessenkonstellation haften; die Parteien dürfen sich nicht darauf beschränken, ihr bestehendes Stimmpotential zu erhalten. Vielmehr liegt der Versuch einer jeweils neuen Homogenisierung gerade in politischer Führung. Durch neue Vorschläge zur Gewichtung der Interessen kann erreicht werden, daß sich die Formation dieser Interessenbasis selbst ändert und dadurch die Stimmpotentiale verschoben werden. Insofern kann sich Politik auch in der Demokratie über ihren Erfolg selbst legitimieren. Nur wenn dieses Wagnis eingegangen wird, besteht die Chance, über die bloße Reproduktion der gegebenen Machtverhältnisse hinauszukommen.

Literaturverzeichnis

Soweit keine Ausgabe eines Werkes angegeben ist, wird dieses Werk unabhängig von verschiedenen Ausgaben zitiert.

Adorno, Theodor W.: Kierkegaard. Konstruktion des Ästhetischen, 2. Aufl. 1962.

Arendt, Hannah: Elemente und Ursprünge totaler Herrschaft, 2. Aufl. 1991.

Barion, Hans: Kirche oder Partei? Römischer Katholizismus und politische Form, Der Staat 4 (1965), 131 ff.

Bartlsperger, Richard: Die Integrationslehre Rudolf Smends als Grundlegung einer Staats- und Rechtstheorie, 1964.

Bataille, Georges: Oeuvres Complètes, 1970.

— Die psychologische Struktur des Faschismus. Die Souveränität, dt. 1978.

Benjamin, Walter: Gesammelte Schriften, hrsg. v. Tiedemann, Schweppenhäuser, 1974.

Bloch, Ernst: Der Geist der Utopie, Schriften Bd. 3, 1964.

— Naturrecht und menschliche Würde, Schriften Bd. 6, 1961.

— Vorlesungen zur Philosophie der Renaissance, 1972.

Blumenberg, Hans: Die Legitimität der Neuzeit, 2. Aufl. 1983.

Böckenförde, Ernst W.: Die Bedeutung der Unterscheidung von Staat und Gesellschaft im demokratischen Sozialstaat der Gegenwart, in: Recht, Staat, Freiheit, 1991 S. 209 ff.

— Demokratie und Repräsentation, 1983.

— Die Entstehung des Staates als Vorgang der Säkularisation, in: Staat, Gesellschaft, Freiheit, 1976 S. 42 ff.

— Organ, Organisation, Juristische Person, in: FS Wolff, 1973 S. 269 ff.

Bollnow, Friedrich: Dilthey, 4. Aufl. 1980.

Bracher, Karl D.: Die Auflösung der Weimarer Republik, 5. Aufl. 1971.

Broszat, Martin: Der Staat Hitlers, 1969.

Bultmann, Rudolf: Die Bedeutung der dialektischen Theologie für die neuzeitliche Wissenschaft, in: R. Bultmann, Glauben und Verstehen. Gesammelte Aufsätze, 1933.

Carré de Malberg, Raymond: Contribution à la Theorie générale d'Etat, 1920 ff.

Cassirer, Ernst: Das Erkenntnisproblem in der Philosophie und Wissenschaft der neueren Zeit, 1906 ff., Bd. 2, 1911.

— Das Problem J. J. Rousseau, Nachdruck 1970.

Complexio Oppositorum: Hrsg. v. H. Quaritsch, 1988.

Croce, Benedetto: Die Philosophie G. Vicos, 1927.

Crocker, Lester G.: Rousseaus Social Contract. An Interpretative Essay, 1968.

Derathé, Robert: Le Rationalisme de Jean-Jaques Rousseau, Nachdruck der Ausg. v. 1948, 1979.

Derrida, Jacques: Gesetzeskraft. Der „mysthische Grund der Autorität", dt. 1991.

Dietrich, Rudolf: Die Ethik Wilhelm Diltheys, 1937.

Dilthey, Wilhelm: Werke, hrsg. v. B. Groethuysen, 1922 ff.

Duguit, Léon: Traité de droit constitutionel, 3. Aufl. 1928.

Evangelisches Kirchenlexikon: Hrsg. v. E. Fahlbusch u. a., 1959.

Fahrenbach, Helmut: Kierkegaards existentialistische Ethik, 1968.

Fetscher, Iring: Rousseaus politische Philosophie, 2. Aufl. 1968.

Focher, Ferucio: Vico e Hobbes, 1977.

Foucault, Michel: Psychologie und Geisteskrankheit, 1968.

— Von der Subversion des Wissens, 1974.

— Die Ordnung der Dinge, 1974.

Fraenkel, Ernst: Deutschland und die westlichen Demokratien, hrsg. v. A. v. Brünneck, 1991.

Frank, Manfred: Was ist Neostrukturalismus?, 1983.

Gadamer, Hans-Georg: Wahrheit und Methode, Gesammelte Werke, Bd. 2, 1986.

Gauchet, Michel: Die Erklärung der Menschenrechte, 1989, dt. 1991.

Goethe, Wolfgang: Die natürliche Tochter, 1803.

Göldner, Detlef: Integration und Pluralismus im demokratischen Rechtsstaat. Bemerkungen zur Doppelfunktion von Einheit und Gegensatz im System des Bonner Grundgesetzes, 1977.

Gogarten, Friedrich: Ist Volksgesetz gleich Gottesgesetz?, 1934.

Gough, John W.: John Locke's Political Philosophy, 2nd Ed. 1973.

Grotius, Hugo: De iure belli ac pacis, hrsg. v. W. Schätzel, 1950.

Habermas, Jürgen: Die klassische Lehre von der Politik und ihr Verhältnis zur Sozialphilosophie, in: Theorie und Praxis, 1963.

— Legitimationsprobleme des Spätkapitalismus, 1973.

— Moralbewußtsein und kommunikatives Handeln, 1983.

— Theorie des kommunikativen Handelns, 4. Aufl. 1987.

— Der philosophische Diskurs der Moderne, 4. Aufl. 1988.

Handbuch philosophischer Grundbegriffe: Hrsg. v. H. Krings u. a., 1973.

Handbuch der Psychologie: Hrsg. v. Lersch und Thomae, 1960.

Handbuch des Staatsrechts: Hrsg. v. J. Isensee / P. Kirchhof, 1987 ff.

Handbuch theologischer Grundbegriffe: Hrsg. v. H. Fries, 1963.

Hauriou, Maurice: Précis de droit constitutionel, 2. Aufl. 1929.

— Die Theorie der Institution, dt. 1965.

Hauschildt, Friedrich: Die Ethik Sören Kierkegaards, 1982.

Hegel, Friedrich W.: Ästhektik, hrsg. v. F. Bassenge nach der Ausgabe v. G. Hotho von 1842, 1965.

— Die Wissenschaft der Logik, Teil I, hrsg. v. G. Lasson, Nachdruck der 2. Aufl. von 1932, 1975.

Heidegger, Martin: Sein und Zeit, 14. Aufl. 1977.

Heller, Hermann: Gesammelte Schriften, hrsg. v. M. Drath u. a., Bd. I-III, 1971.

— Die Souveränität, 1927.

Hesse, Konrad: Grundzüge des Verfassungsrechts der Bundesrepublik Deutschland, 18. Aufl. 1991.

Hiltscher, Reinhard: Kant und das Problem der Einheit der endlichen Vernunft, 1987.

Historisches Wörterbuch der Philosophie: Hrsg. v. J. Ritter u. a., 1971 ff.

Hobbes, Thomas: Leviathan, dt. 1964.

v. Hofe, Gerhard: Die Romantikkritik Sören Kierkegaards, 1972.

Hofmann, Hasso: Legitimität und Rechtsgeltung. Verfassungstheoretische Bemerkungen zu einem Problem der Staatslehre und der Rechtsphilosophie, 1964.

— Legitimität gegen Legalität. Der Weg der politischen Philosophie Carl Schmitts, 1964.

Honig, Richard: Die Einwilligung des Verletzten, 1919.

Jonas, Hans: Das Prinzip Verantwortung, 1979.

Kant, Immanuel: Metaphysik der Sitten, 1797.

— Kritik der Urteilskraft, 1790.

Kaser, Max: Das römische Privatrecht, 1955.

Kelsen, Hans: Gott und Staat, Logos Bd. 11 (1922/23), 261 ff.

— Der Staat als Integration, 1930.

— Die Lehre von den drei Gewalten oder Funktionen des Staates, in: Die Wiener rechtstheoretische Schule, hrsg. v. H. Klecatsky u. a., 1968, Bd. 2.

Kersting, Wolfgang: Wohlgeordnete Freiheit. Immanuel Kants Rechts- und Staatsphilosophie, 1984.

Kervegan, Jaen F.: Politik und Vernünftigkeit, Der Staat 27 (1988), 371.

Kierkegaard, Sören: Werke, hrsg. v. Chr. Schrempf, 1909 ff.

Koch, Hans J. / *Rüßmann,* Helmut: Juristische Begründungslehre, 1982.

Kramme, Ruediger: Helmuth Plessner und Carl Schmitt, 1989.

Kreissl, Norbert: Das Rechtsphänomen in der Philosophie Wilhelm Diltheys, 1970.

Graf v. Krockow, Christian: Die Entscheidung, 1958.

Kropotkin, Pjotr: Geschichte der französischen Revolution, 1982.

Ladeur, Karl-Heinz: Perspectives on a Post-Modern Theory of Law: A Critique of Niklas Luhmann: The Unity of the Legal System, in: G. Teubner, Autopoietic Law, 1988.

Laski, Harold: Studies in the Problem of Souvereignty, 1924.

Le Fur, Louis: Etat fédéral et Confédération d'Etat, 1896.

Leibholz, Gerhard / *Rinck*, Hans-Justus / *Hesselberger*, Dieter: Das Grundgesetz für die Bundesrepublik Deutschland. Kommentar an Hand der Rechtsprechung des Bundesverfassungsgerichtes.

Lexikon der Psychologie: Hrsg. v. W. Arnold u. a., 1980.

Lexikon für Theologie und Kirche: Hrsg. v. J. Höfer, K. Rahner, 2. Aufl. 1965.

v. Liszt, Friedrich: Strafrechtliche Aufsätze und Vorträge, 1905.

Litt, Theodor: Individuum und Gemeinschaft, 2. Aufl. 1924 (soweit gesondert vermerkt 3. Aufl. 1926).

Löwith, Karl: Weltgeschichte und Heilsgeschehen, 7. Aufl. 1979.

— Der okkasionelle Dezisionismus von Carl Schmitt, Gesammelte Schriften, Bd. 8, 1984 S. 32 ff.

Lübbe, Hermann: Zur Theorie der Entscheidung, 1971.

Luhmann, Niclas: Grundrechte als Institution, 1965.

— Evolution des Rechts, in: Ders.: Ausdifferenzierung des Rechts, 1981 S. 11 ff.

— Die Einheit des Rechtssystems, Rechtstheorie 14 (1983), 129 ff.

— Ökologische Kommunikation, 2. Aufl. 1988.

— Positivität als Selbstbestimmtheit des Rechts, Rechtstheorie 19 (1988), 11 ff.

Luther Deutsch: Werke, 3. Aufl. 1961.

Macpherson, Crawford B.: Die politische Theorie des Besitzindividualismus, 1973.

Maus, Ingeborg: Bürgerliche Rechstheorie und Faschismus, 1980.

Mayer, Hanns: Die Krisis der deutschen Staatslehre und die Staatsauffassung Rudolf Smends, 1931.

Menke-Eggers, Christian: Die Souveränität der Kunst. Ästhetische Erfahrung nach Adorno und Derrida, 1988.

Meyn, Karl-Ulrich: Kontrolle als Verfassungsprinzip, 1982.

Müller, Friedrich: Die Einheit der Verfassung, 1979.

— Entfremdung, 2. Aufl. 1985.

Musil, Robert: Tagebücher, hrsg. v. A. Frisé, Bd. 1, 1976.

Neumann, Volker: Der Staat im Bürgerkrieg. Kontinuität und Wandel in der politischen Theorie von Carl Schmitt, 1980.

Nietzsche, Friedrich: Werke in 3 Bänden, hrsg. v. Schlechta, 1966.

Nippel, Wolfgang: Mischverfassungstheorie und Verfassungsrealität in Antike und früher Neuzeit, 1980.

Nocke, Joachim: Autopoiesis — Rechtssoziologie in seltsamen Schleifen, KJ 1986, 363.

Ott, Emil: Henri Bergson. Der Philosoph moderner Religion, 1914.

Peine, Franz J.: Systemgerechtigkeit. Die Selbstbindung des Gesetzgebers als Maßstab der Normenkontrolle, 1985.

Poeschel, Jürgen: Anthropologische Voraussetzungen der Staatslehre Rudolf Smends, 1977.

Quaritsch, Helmut: Staat und Souveränität. Bd. 1: Die Grundlagen, 1970.

— Souveränität. Entstehung und Entwicklung des Begriffes in Frankreich und Deutschland vom 13. Jahrhundert bis 1806, 1986.

Radbruch, Gustav: Rechtswissenschaft als Rechtsschöpfung, Archiv für Sozialwissenschaften und Sozialpolitik, 22. Bd. (N.F. IV), 1906.

Realenzyklopädie für protestantische Theologie und Kirche: Hrsg. v. A. Hauck, 1908.

Regli, S.: Die Staatsgewalt des Thomas Hobbes im Lichte seines Nominalismus, 1929.

Rennert, Klaus: Die „geisteswissenschaftliche Richtung" in der Staatsrechtslehre der Weimarer Republik, 1987.

Robbers, Gerhard: Hermann Heller. Staat und Kultur, 1983.

Roellenbleck, Georg: Philosophie und Religion bei Bodin, in: Jean Bodin. Verhandlungen der internationalen Bodintagung in München, hrsg. v. H. Denzer, 1973 S. 415 ff.

Rombach, Heinrich: Substanz, System, Struktur, 1965.

Rottleuthner, Hubert: Biological Metaphors in Legal Thought, in: G. Teubner, Autopoietic Law, 1988.

Rousseau, Jean J.: Ouevres, Ed. Pléiade, 1964.

Scelle, Georges: Précis de droit des gens, 1932 ff.

Schluchter, Wolfgang: Entscheidung für den sozialen Rechtsstaat, 2. Aufl. 1983.

Schmitt, Carl: Der Wert des Staates und die Bedeutung des Einzelnen, 1914.

— Die geistesgeschichtliche Lage des heutigen Parlamentarismus, 2. Aufl. 1926.

— Die Diktatur. Von den Anfängen des modernen Souveränitätsgedankens bis zum proletarischen Klassenkampf, 2. Aufl. 1928.

— Der Hüter der Verfassung, AöR NF Bd. 16 (1929), 161.

— Das Reichsgericht als Hüter der Verfassung, 1929.

— Der Hüter der Verfassung, 1931.

— Der Führer schützt das Recht, DJZ 1934, Sp. 945 ff.

— Staat — Bewegung — Volk, 2. Aufl. 1934.

— Der Status quo und der Friede, in: Positionen und Begriffe im Kampf mit Weimar — Genf — Versailles, 1940.

— Verfassungslehre, 3. Aufl. 1957.

— Politische Romantik, 3. Aufl. 1968.

— Gesetz und Urteil, Nachdruck 1969.

— Politische Theologie II. Die Legende von der Erledigung jeder politischen Theologie, 1970.

— Über Schuld und Schuldarten, Nachdruck 1977.

— Politische Theologie I, Nachdruck der 2. Ausg., 1985.

Schnädelbach, Herbert: Philosophie in Deutschland 1831 - 1933, 1983.

Schneider, Peter: Ausnahmezustand und Norm, 1957.

Schulz, Walter: Sören Kierkegaard, Existenz und System, 1967.

Schweppenhäuser, Hermann: Kierkegaards Angriff auf die Spekulation, 1967.

Simmel, Georg: Untersuchungen über die Formen der Vergesellschaftung, 1908.

Smend, Rudolf: Verfassung und Verfassungsrecht, 1928.

— Integrationslehre, 1956.

— Ungeschriebenes Verfassungsrecht im monarchischen Bundesstaat, in: Festgabe O. Mayer, 1916 S. 247 ff.

Smid, Stefan: Recht und Staat als Maschine, Der Staat 27 (1988), 325.

Sorel, George: Refléxions sur la violence, 1906.

Spaemann, Robert: Zur Kritik der politischen Utopie, 1977.

— Natürliche Existenz und politische Existenz bei Rousseau, in: Collegium Philosophicum, Studien J. Ritter zum 60. Geburtstag, hrsg. v. E.-W. Böckenförde u. a., 1965 S. 373 ff.

de Spinoza, Baruch: Politisch-theologisches Traktat, hrsg. v. G. Gawlick, 2. Aufl. 1984.

Stein, Ekkehart: Staatsrecht, 12. Aufl. 1990.

Stern, Klaus: Das Staatsrecht der Bundesrepublik Deutschland, 1977 ff.

Stier-Somlo, Fritz: Die Dreiteilung der Gewalten, in: Handbuch der Politik, hrsg. v. G. Anschütz u. a., 3. Aufl. 1920, Bd. 1 S. 217.

Taege, R.: G. Vico. Neue Wissenschaften und Jurisprudenz, 1988.

Taine, Hippolyte: Die Entstehung des modernen Frankreich, 1877 ff.

Talmon, Jaakov L.: Die Ursprünge der totalitären Demokratie, 1961.

Taubes, Jakob (Hrsg.): Religionstheorie und politische Theologie. Der Fürst dieser Welt; Carl Schmitt und die Folgen, 1983.

Teubner, Georg: Recht als autopoietisches System, 1989.

Theologisches Begriffslexikon zum Neuen Testament: Hrsg. v. L. Coenen u. a., 1967 ff.

Theunissen, Michael: Der Begriff Ernst bei Sören Kierkegaard, 1958.

Thieck, Ludwig: Werke in vier Bänden, hrsg. v. M. Thalmann, o. J.

Tönnies, Sibylle: Ist das Recht ein Biotop?, Rechtstheorie 18 (1987), 105.

Unseld, Siegfried (Hrsg.): Zur Aktualität Walter Benjamins, 1972.

Ursachen, Prävention und Kontrolle von Gewalt: Hrsg. v. Schwind, Baumann u. a., Endgutachten der Gewaltkommission der Bundesregierung, 1990.

Vesting, Thomas: Politische Einheitsbildung und technische Realisation, 1990.

Vogel, H.: Wider die Gleichschaltung von Gottesgesetz und Staatsgesetz, in: Junge Kirche, Heft 19 (1933).

Weber, Max: Die protestantische Ethik und der Geist des Kapitalismus, 9. Aufl. 1988.

Weiß, Ulrich: Das philosophische System von Thomas Hobbes, 1980.

Weisshaupt, Kurt: Die Zeitlichkeit der Wahrheit, 1973.

Wiggershaus, Rolf: Theodor W. Adorno, 1987.

Willms, Bernhard: Thomas Hobbes, 1987.

— Der Leviathan und die delischen Taucher (Bericht über den Stand der Hobbes-Forschung), Der Staat 27 (1988), 569.

Witte, Bernd: Der Intellektuelle als Kritiker, 1976.

Zarka, Y. Ch.: La décision métaphysique de Hobbes, 1977.

Zeil-Fahlbusch, Elisabeth: Wissen und Handeln. Zur Begründung der praktischen Philosophie bei Rousseau, 1979.

Zimmer, Gerhard: Funktion — Kompetenz — Legitimation, 1979.

FSC
www.fsc.org
MIX
Papier | Fördert gute Waldnutzung
FSC® C083411

Kolibri 360 GmbH
Ferdinand-Jühlke-Straße 7
99095 Erfurt, Deutschland
produktsicherheit@kolibri360.de

Druck:
CPI Druckdienstleistungen GmbH
im Auftrag der
Kolibri 360 GmbH
Ferdinand-Jühlke-Str. 7
99095 Erfurt